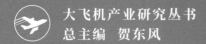

大飞机产业研究丛书

总主编 贺东风

塑造竞争优势

全球大飞机产业和市场格局

The Changing Structure of the Global Large Civil Aircraft Industry and Market

Implications for the Competitiveness of the U.S. Industry

【美】美国国际贸易委员会 / 著
(U.S. International Trade Commission)

孙 志 山

欧 鹏 / 等译

上海交通大学出版社
SHANGHAI JIAO TONG UNIVERSITY PRESS

内容提要

本书从美国政府的视角出发,概述了波音公司兼并麦道公司后的全球大型民用飞机产业格局,提出了大型民用飞机产业竞争力的关键决定因素,并运用该指标框架,系统分析了西欧、亚洲等国家以及美国、俄罗斯的大型民用飞机产业结构、市场变化、优劣势及发展前景,提出了美国在该产业保持竞争力的若干建议。

图书在版编目(CIP)数据

塑造竞争优势：全球大飞机产业和市场格局／ 美国
国际贸易委员会著;孙志山等译. 一上海：上海交通
大学出版社, 2022.11
(大飞机产业研究丛书)
书名原文：The Changing Structure of the Global
Large Civil Aircraft Industry and Market：
Implications for the Competitiveness of the U. S.
Industry
ISBN 978 - 7 - 313 - 26923 - 2

Ⅰ. ①塑… Ⅱ. ①美… ②孙… Ⅲ. ①民用飞机一产
业发展一研究一世界 Ⅳ. ①F416.5

中国版本图书馆 CIP 数据核字(2022)第 177292 号

The original official text of this report is in English. Should any differences in interpretation arise between the official English text and the translated text，those differences should be resolved by referring to the official English text.

塑造竞争优势：全球大飞机产业和市场格局
SUZAO JINGZHENG YOUSHI: QUANQIU DAFEIJI CHANYE HE SHICHANG GEJU

著　　者：[美] 美国国际贸易委员会(U. S. International Trade Commission)　译　者：孙志山　欧　鹏　等
出版发行：上海交通大学出版社　　　　　　　　　　　　　　　　地　　址：上海市番禺路 951 号
邮政编码：200030　　　　　　　　　　　　　　　　　　　　　　电　　话：021 - 64071208
印　　制：上海万卷印刷股份有限公司　　　　　　　　　　　　　经　　销：全国新华书店
开　　本：710 mm×1000 mm　1/ 16　　　　　　　　　　　　　印　　张：19.25
字　　数：234 千字
版　　次：2022 年 11 月第 1 版　　　　　　　　　　　　　　　印　　次：2022 年 11 月第 1 次印刷
书　　号：ISBN 978 - 7 - 313 - 26923 - 2
定　　价：98.00 元

丛书编委会

学术顾问	余永定	林忠钦	路 风	
总 主 编	贺东风			
副 主 编	赵越让			
编 委	张 军	张新苗	张小光	王蒙蒙
	罗继业	彭英杰	王 翾	黄垚翀
	阎 超	孔子成	殷 瑛	黄祖欢
	孙志山	童 悦	屠方楠	何畏霖
	王 璠	史廉隅	刘美臣	惠万举

本书译审团队

王蒙蒙　孙芯山　欧　鹏　李　智　祝国健
何畏霖　刘美臣　诸逢佳　樊文彬

总 序

　　飞翔是人类共同的梦想。从中国神话的列子御风、古希腊神话的伊卡洛斯飞天,到圣本笃修会僧人艾尔默的翅膀、明朝万户的火箭,人类始终未能挣脱地面的束缚。20世纪初,美国莱特兄弟驾驶自己制造的飞行者1号飞上天空,第一次实现了重于空气的动力飞行器可操纵、可持续飞行,人类文明一举迈入航空时代。从两次世界大战期间军用飞机大爆发,到和平年代商用飞机大发展,全球航空产业历经百年演进,孕育出大型客机(以下简称"大飞机"①)这一人类工业的皇冠。

　　大飞机的发展,是一部追逐梦想的不懈奋斗史。

　　几个世纪以来,无数科学家、梦想家、实践家用智慧、奋斗、奉献、冒险、牺牲铺就了人类飞天之路。从第一个开展飞行科学研究的达·芬奇,到开创流体动力学的丹尼尔·伯努利,从提出现代飞机布局思想的乔治·凯利,到首次将内燃机作为飞机动力的塞缪尔·兰利,经过前赴

---

　　① 大飞机这一术语并没有严格的定义。在本丛书中,学者们用到了商用飞机、民用飞机、大飞机等术语,商用飞机、民用飞机往往是相对于军用飞机而言的,民用飞机的概念相对宽泛,不仅包括航空公司用于商业运营的商用飞机,而且包括各种小型的民用飞机。大飞机一般指100座以上特别是150座以上的喷气式商用飞机。

后继的探索，经过两次工业革命的积淀，到 20 世纪初，飞机已经呼之欲出。继莱特兄弟之后，巴西的杜蒙、法国的布莱里奥、加拿大的麦克迪、中国的冯如、俄国的西科斯基，先后驾驶飞机飞上蓝天，将梦想变为现实。

百年来，从科学家、工程师到企业家，大飞机行业群星璀璨，英雄辈出。英国德·哈维兰研制了全球首款喷气客机，将民用航空带入喷气时代。美国比尔·艾伦领导波音公司推出波音 707、727、737、747 系列喷气客机，奠定了波音大飞机的霸主地位。法国伯纳德·齐格勒应用数字电传操纵和侧杆技术打造空客公司最畅销的机型 A320，奠定空客崛起的坚实基础。苏联图波列夫研发世界首款超声速客机图- 144，安东诺夫推出世界上载重量最大、飞行距离最长的安- 225 超重型运输机，创造了苏俄民用航空的黄金时代。

大飞机的发展，是一部波澜壮阔的科技创新史。

天空没有边界，飞机的发展就永无止境。战争年代的空天对抗、和平年代的市场竞争，催动大飞机集科学技术之大成，将更快、更远、更安全、更舒适、更经济、更环保作为始终追求的目标，不断挑战工程技术的极限。飞机问世不久，很多国家就相继成立航空科学研究机构，科学理论探索、应用技术研究、工程设计实践、产品市场应用的紧密结合，使得飞机的面貌日新月异。

从双翼机到单翼机，飞机的"体态"愈加灵活；从木布、金属材料到复合材料，飞机的"骨骼"愈加轻盈；从传统仪表驾驶舱到大屏幕玻璃驾驶舱，飞机的"眼睛"愈加清晰；航空电子从分散连接到一体化高度集成，飞机的"大脑"愈加高效；飞行控制从机械液压到电传操纵，飞机的"肌肉神经"愈加敏锐；发动机从活塞式到涡喷式再到大涵道比、高推力的涡扇式，使人类的足迹从对流层拓展至平流层。现代经济高效、安全舒适的大飞机横空出世，承载着人类成群结队地展翅于蓝天之上，深刻改变了人类交通出行的方式,创造出繁荣的全球民用航空运输市场。

大飞机的发展,是一部追求极限的安全提升史。

安全是民用航空的生命线,"不让事故重演"是这个行业的基本准则。据不完全统计,20 世纪 50 年代以来,全球民用航空发生九千余起事故,其中致命事故近两千起,造成六万余人遇难。事故无论大小,民用航空都会进行充分的调查、彻底的反思,一次次的浴火重生,换来一系列持续扩充、高度复杂、极为严苛、十分宝贵的适航条例,让大飞机成为世界上最安全的交通工具。今天,世界民用航空百万小时重大事故率低于 1,相当于人的自然死亡率,远远低于其他交通工具,但仍然不是零,因此,确保安全永远在路上。

适航性①是大飞机的基本属性,不符合适航条例要求、没有获得适航认证的飞机,不允许进入市场。美国是世界上第一个拥有系统适航条例和严格适航管理的国家,美国联邦航空管理局(FAA)历史悠久,经验丰富,其强大的适航审定能力是美国大飞机成功的关键因素之一。1990 年,欧洲国家组建联合航空局(JAA),后发展为欧洲航空安全局(EASA),统一管理欧洲航空事务,力促欧盟航空业的发展,为空客的崛起发挥了重要的支撑保障作用。我国自 20 世纪 80 年代以来,已逐步建立完备的适航体系,覆盖了从适航法规、航空营运到事故调查等民用航空的方方面面。今天,适航条例标准不断提升、体系日益复杂,不仅维护着飞行安全,也成为一种极高的技术壁垒,将民用航空显著区别于军用航空。

大飞机的发展,是一部激烈竞争的市场争夺史。

大飞机产品高度复杂,具有显著的规模经济性、范围经济性和学习经济性,促使飞机制造商努力扩大规模、降低成本。虽然大飞机的单价

---

① 适航性,指航空器能在预期的环境中安全飞行(包括起飞和着陆)的固有品质,这种品质可以通过合适的维修而持续保持。

高,但全球市场容量较为有限,相比智能手机年交付上十亿台、小汽车年交付上千万辆,大飞机年交付仅两千架左右,不可能像汽车、家电等行业容纳较多的寡头企业。大飞机的国际贸易成为典型的战略性贸易,各国飞机制造商纷纷以客户为中心、以技术为手段、以产业政策为支撑,在每个细分市场激烈角逐,谋求占据更大的国际市场份额。很多研制成功的机型没能通过市场的考验,而一款机型的失利,却可能将一家飞机制造商带向死亡的深渊。

20世纪50年代,波音707力压道格拉斯DC-8,打破了道格拉斯在客机市场近30年的垄断。60年代,波音747、麦道DC-10和洛克希德L-1011争雄,L-1011不敌,洛克希德退出客机市场。70年代,欧洲联合推出A300,在可观的财政补贴下,逐步站稳脚跟,空客公司成为大飞机领域的二号玩家。80年代,空客推出A320,与波音737缠斗数十年,而麦道MD-80/90在竞争中落败,导致企业于90年代被波音公司兼并。进入21世纪,加拿大庞巴迪力图进军大飞机领域,曲折艰难地推出C系列飞机并获得达美航空75架订单,引发波音公司诉讼而止步美国市场,遂将C系列出售给空客公司,彻底退出商用飞机领域。

大飞机的发展,是一部全球协作的产业变迁史。

早期的客机,技术相对简单、成本相对较低,有着众多的厂商。伴随着喷气飞机的出现,产业集中度快速提升。美国的马丁、洛克希德、康维尔、道格拉斯等一大批飞机制造商在激烈的厮杀中一一退出,最终仅波音公司一家存活。欧洲曾经孕育了一大批飞机制造商,如德·哈维兰、英宇航、达索、法宇航、福克、道尼尔等,最终或退出市场,或并于空客公司。今天,全球大飞机产业形成了波音、空客双寡头垄断格局,波音覆盖150～450座,空客覆盖100～500座,两家公司围绕全产品谱系展开竞争。在两大飞机制造商的牵引下,北美和欧洲形成两个大飞机产业集群。

　　在产业格局趋于垄断的同时，大飞机的全球分工也在不断深化。出于降低成本、分担风险以及争夺市场等方面的考虑，飞机制造商在全球化的时代浪潮下，通过不断加大业务分包的比例，建立和深化跨国联盟合作，形成飞机制造商—供应商—次级供应商的"金字塔"产业格局，将企业的边界外延到全球，从而利用全球的科技、工业、人才和市场资源。在此过程中，新兴经济体通过分工进入产业链的低端后，不断尝试挑战旧秩序，逆势向飞机制造商的角色发起了一次次冲锋。然而无论是采取集成全球资源、直接研制飞机的赶超战略，还是选择成为既有飞机制造商的供应商、切入产业链后伺机谋求发展的升级战略，以塑造一家有竞争力的飞机制造商的目标来衡量，目前成功者依然寥寥。

　　大飞机研制投入大、回报周期长、产品价值高、技术扩散率高、产品辐射面宽、产业带动性强，是典型的战略性高技术产业。半个多世纪以来，各国学者围绕大飞机产业的发展，形成了琳琅满目、浩如烟海的研究成果，涉及大飞机产业发展历程、特点规律、战略路径、政策效果等方方面面，不仅凝聚了从大量失败案例中积累的惨痛教训，也指引着通往成功的蹊径，成为后发国家汲取智慧、指导实践以及开展理论创新的重要参考。相比之下，中国的研究相对较少，可以说凤毛麟角。为此，我们策划了这套"大飞机产业研究丛书"，遴选、编译国外相关研究，借他山之石以攻玉，帮助更多的人了解大飞机产业。

　　我们的工作只是一个开始，今后将继续努力推出更多优质作品以飨读者。在此，感谢参与本丛书出版工作的所有编译者，以及参与审校工作的专家和学者们，感谢所有人的辛勤付出。希望本丛书能为相关人员提供借鉴和启迪。

译者序

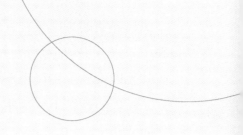

　　大型民机制造业及其市场结构一直处于动态变化过程中,20 世纪 90 年代尤其如此。这主要体现在两个方面:一是波音公司兼并麦道公司,全球民机主制造商形成波音、空客双寡头竞争格局;二是运营成本因素取代技术因素,成为航空公司选择购买哪款飞机的关键。叠加激烈的市场竞争(尤其是价格竞争),民机主制造商削减成本的诉求空前高涨。

　　为应对挑战并保持美国大型民机制造业的长久持续优势,应美国众议院筹款委员会 1997 年 8 月的要求,美国国际贸易委员会对 1992—1997 年全球大型民机产业结构变化对美国在该产业主导地位的影响进行了全面的分析,于 1998 年 11 月完成最终报告——《塑造竞争优势:全球大飞机产业和市场格局》(*The Changing Structure of the Global: Large Civil Aircraft Industry and Market*)(以下简称"报告")。众议院筹款委员会主要对收入、拨款、银行、关税、互惠贸易协定和保税债务等重要领域行使管辖权,曾在该委员会任职的很多政策制定者后来都升任美国政府更高职位,其中包括八位总统、八位副总统、二十一位众议院议长和四位最高法院大法官。众议院筹款委员会对大型民机产业的高度重视，凸显了该产业对美国全球竞争力的重要性，体现了立法者主动了解全球民机产业的宏观视野，以及寻求配套相关法律政策以保持美国民机产业领先地位的远见卓识。

报告的逻辑十分清晰，就是聚焦大型民机制造业和市场结构两个方面的变化，尤其是前者。第1章介绍了报告的背景情况；第2章分析了大型民机制造业竞争力的关键决定因素，从资本可用性、行业和人口特征、企业特征、项目特征等几个方面进行考察，有较强的创新性，可为相关研究提供借鉴和参考；第3、4、5章系统分析了美国、西欧、俄罗斯、亚洲等民机主制造商、产业链上下游和内外部环境因素，指出各国民机制造业的优劣势及发展前景；第6章分析了导致大型民机市场结构变化的重要因素，特别是影响100座级和500座级及500座级以上飞机项目发展的因素；第7章简述了报告的主要研究成果。

该报告为读者了解1992—1997年全球民机产业和市场格局的变化提供了独特视角和宝贵资料，对未来发展做出了一系列研判，如"波音公司和空客公司的新竞争对手可能会来自俄罗斯和/或亚洲""俄罗斯民机主制造商不太可能在未来10年获得全球市场份额""亚洲航空实体在未来15～20年不太可能对现有的民机主制造商构成重大直接竞争"等，值得深入思考分析。

时隔近25年，在新冠肺炎疫情严重冲击全球民机产业、美欧大型民机补贴争端"休战"、俄乌冲突引发西方对俄民机产业制裁、全球化进程不断遭受打击等复杂的国际政治、经济、社会背景下，全球大型民机产业结构早已"沧海桑田"。波音公司经历波音737 MAX空难后元气大伤；空客公司收购C系列，持续稳步向前发展；加拿大庞巴迪公司彻底退出民机主制造商的行列；巴西航空工业与波音公司的联姻计划告吹，未来发展前景不甚明朗；日本三菱公司研发搁浅，MRJ飞机恐将成为南柯一梦；美国雷神与联合技术公司合并，GE公司一分为三专注于航空发动机,派克收购美捷特……全球民机制造业资源更加集中,整合趋势加强,寡头垄断更加明显。

"唯一不变的就是变化",唯有拥抱变化才能生存。后发国家的民机产业尚属"幼稚产业",易受外界因素变化的影响,因此更有必要时刻关注全球大型民机产业结构的变化情况。鉴古而知今,读者或能从报告中吸取经验和教训,找到符合客观规律、符合自身条件的发展之路,努力开创未来。

前　言

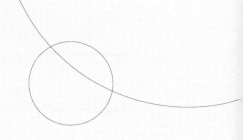

本书是应众议院筹款委员会(以下简称"委员会")①请求开展调查研究形成的一份报告。调查工作始于 1997 年 9 月 23 日,目的是了解全球大型民用飞机(large civil aircraft,LCA)产业和市场的最新发展。美国国际贸易委员会根据 1930 年《关税法》第 332(g)条发起了第 384 号调查,调查范围与委员会 1993 年 8 月提交给参议院财政委员会的报告相似。1993 年的报告也是根据 1930 年《关税法》第 332(g)条的要求(美国国际贸易委员会:编号 332 - 332,《美国先进技术制造业的全球竞争力:大型民用飞机》,出版号 2667)开展调查后撰写而成。

本书包括以下内容:

(1) 介绍全球大型民用飞机产业结构变化,包括波音公司(Boeing,简称"波音")与麦克唐纳·道格拉斯公司(McDonnell Douglas,简称"麦道")的合并、空中客车工业公司(Airbus Industrie,简称"空客")的重组、俄罗斯制造商的出现,以及亚洲零部件供应商组成联合体并制造整机机体结构的可能性。

---

① 众议院筹款委员会的要求全文见附录 A。

（2）介绍全球飞机市场发展，包括支线喷气式飞机的出现和计划研发的大型喷气式飞机，以及涉及"开放天空"和"自由飞行"的相关问题。

（3）介绍《1992年美国-欧盟大型民用飞机协议》的执行情况和现状。

（4）介绍影响美国大型民用飞机产业竞争力的其他因素。

（5）分析上述大型民用飞机产业和市场的结构变化，并评估这些变化对美国大型民用飞机产业竞争力的影响。

在过去50年，美国一直是全球大型民用飞机的主要生产国。随着竞争的不断加剧和有抱负的制造商陆续进入市场，全球大型民用飞机产业及其市场结构的变化可能最终影响美国在产业中的持续主导地位。最显著的结构变化是波音和麦道的合并，这从本质上使全球大型民用飞机产业呈现出两大民用飞机制造商——美国波音公司和欧洲空客公司（总部位于法国，由4个欧洲合作伙伴组成的联合体）相互竞争的格局。波音从麦道获得了大量资源，但也面临着诸多挑战。如果空客进行中的业务运营重组能够成功，其经营成本将大幅降低，相对于波音的竞争地位将有所提高。

波音和空客的新竞争对手可能会来自俄罗斯和/或亚洲。虽然俄罗斯在航空设计和制造方面有着悠久的历史，一直服务于本国和苏联解体后的国家的市场，但资本的局限性导致其新设计的机型推向市场的进程遭遇了重大延迟。自苏联解体以来，对生存至关重要的产业整合和企业重组未能实施，导致俄罗斯航空产业几近崩溃。尽管亚洲当前的经济危机导致可用资本有限，但亚洲国家仍然坚定地发展大型民用飞机产业。亚洲的高客运增长率激励着西方生产商参与抵销贸易协议，这将进一步加深亚洲国家对飞机和零部件制造流程的了解。

大型民用飞机制造商目前正在探索研发两种新型飞机，即100座级和 500 座级飞机。新进入者还将 100 座级飞机作为进入大型民用飞机市场的战略基础。尽管市场对这些新机型,特别是 100 座级的飞机,产生了浓厚兴趣,但是目前其市场潜力仍不明朗。

开展本调查的通知副本张贴在位于华盛顿特区 20436 号的美国国际贸易委员会秘书办公室中,并于 1997 年 10 月 1 日在《联邦公报》(第 62 卷,第 190 号)上公布①。与此书相关的公开听证会于 1998 年 3 月 17 日举行②。本书中的任何内容均不得解释为表明委员会在根据其他法定机构进行的涉及相同或类似主题的调查结论。

---

① 委员会的机构通知和《联邦公报》通知的副本见附录 B。
② 听证会证人名单见附录 C。

目　录

第 6 章
大型民用飞机市场结构的变化 189

第 7 章
主要研究成果 217

导言

1997 年 8 月 13 日，美国众议院筹款委员会致信美国国际贸易委员会，要求其撰写一份关于全球大型民用飞机产业的研究报告，即本书内容。应该委员会要求，本报告与美国国际贸易委员会 1993 年 8 月提交给参议院财政委员会的报告调查范围类似。1993 年的报告是根据 1930 年《关税法》第 332（g）条而撰写的（USITC inv. No. 332 - 332，《美国先进技术制造业的全球竞争力：大型民用飞机》，出版号 2667）。在本研究报告中，筹款委员会要求国际贸易委员会分析并讨论 1992—1997 年全球大型民用飞机（LCA）产业和市场的结构变化对美国航空产业竞争地位的影响。这些变化包括波音与麦道的合并，空客的重组，俄罗斯大型民用飞机制造商的诞生，亚洲零部件供应商组建合资企业和联合体并制造完整机体的可能性，支线喷气式飞机和大型喷气式飞机市场的出现，以及涉及开放天空协议和自由飞行系统的相关问题。

大型民用飞机通常是指座位数超过 100 个、重量①超过 3.3 万磅②的民用飞机。全球大型民用飞机产业包括西方的两家大型主制造商和一家小型主制造商，以及俄罗斯的两家主制造商。西方的两家主制造商分别是美国波音公司和欧洲空中客车工业公司。空客是由 4 家西欧制造商组成的联合体，这 4 家制造商分别为法国宇航公司（Aérospatiale）、德国戴姆勒-奔驰宇航空中客车公司（Daimler-Benz Aerospace Airbus）、英国宇航空中客车公司（British Aerospace Airbus Ltd.）和西

---

① 这里的"重量"，实际指的是"质量"，下同。
② 磅（lb），质量单位，1 lb＝0.453 592 kg。

班牙航空工业公司(Construcciones Aeronáuticas S. A.)。西方的小型主制造商是英国宇航支线飞机公司（British Aerospace Regional Aircraft），该公司目前只在大型民用飞机短程市场（少于128座）具有竞争力，因此属于全球大型民用飞机产业的次要参与者。两家主要的俄罗斯制造商伊留申(Ilyushin)和图波列夫(Tupolev)长期为其国内和苏联解体后的国家的市场设计并生产大型民用飞机，并有兴趣将业务扩大至其他出口市场。目前，大型民用飞机的主要市场是美国、西欧和亚太地区。

大型民用飞机订单量从1994年的273架增至1997年的1 054架，翻了两番多，这反映出全球大型民用飞机产业的周期性。窄体飞机（通常低于200座）的订单约占总订单量的72%（761架），这表明在目前的航线结构中，中短航程、低密度航线占据主导地位。在高密度航线上经常使用的宽体飞机（200座以上）订单约占28%（293架）。

大型民用飞机产业全球竞争力概述

越来越多的证据表明，运营成本已经取代飞机上应用的技术，成为航空公司选择飞机的主要考量因素。尽管以技术进步为导向仍然至关重要，但这似乎意在提高生产过程中的生产力。

从金融市场、政府资源、风险共担协议和外国投资获得资本是决定全球大型民用飞机产业竞争力的最重要因素。影响竞争力的其他因素包括设计能力、制造基础设施、国内市场需求、企业结构、市场分析能力、采购价格和运营成本、产品线和通用性、全球支持网络，以及飞机取得符合西方适航标准的认证。

1）美国和西欧大型民用飞机产业

波音和麦道的合并使全球民用飞机市场形成了双寡头垄断格局，具体体现为波音和空客努力维持甚至扩大市场份额以获得大宗商品定

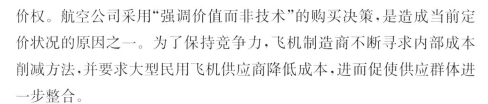

价权。航空公司采用"强调价值而非技术"的购买决策，是造成当前定价状况的原因之一。为了保持竞争力，飞机制造商不断寻求内部成本削减方法，并要求大型民用飞机供应商降低成本，进而促使供应群体进一步整合。

据报道，波音收购麦道的目的是缓和大型民用飞机业务的周期性波动，并增强波音在不断萎缩的防务产业中的地位。通过收购，波音可以提高财务稳定性，增加现金流；通过继承 MD‒95 喷气式飞机，可以迅速进入 100 座级细分市场，并从麦道员工身上获得宝贵的大型民用飞机工程、产品研发和生产专业知识。然而，波音在努力融合两家公司不同企业政策和文化的同时，也面临着巨大的管理挑战。

波音和麦道合并后一直面临着整合进度滞后和生产方面的问题，从而导致其财务表现不佳、客户满意度降低和征信降级问题。波音能否最大限度地发挥其运营潜力，取决于它能否在重组后的空客实力增强之前，加快整合步伐和稳定其大型民用飞机制造能力。

作为企业联合体，空客当前的组织架构为其提供了诸多好处，比如整合合作伙伴的技术优势，放开大量资金的获取渠道，以及汇集庞大的资源基础，但企业联合体架构存在集中管理和决策的缺陷，可能出现内部效率低下和反应迟缓等问题。为了在大型民用飞机市场上更有效地竞争，空客计划在 1999 年年底重组为单一企业实体（single corporate entity，SCE）。

重组为单一企业实体，将使空客成为一个更强大的、以利润为导向的竞争者。将决策整合到单一的管理架构中，可能会创造出一个反应更快、效率更高的企业组织。但是，内部冲突和企业自身对业务灵活性的限制可能妨碍其充分发挥潜力。

虽然组建企业联合体是飞机制造商研发新飞机的有效手段，可以汇集产业、金融和研发资产并共担风险，但各个伙伴不同的文化、目标以及财务状况会引发内部冲突,从而破坏联合体的稳定。例如,航空国际(支线)公司［Aero International(Regional),AI(R)］和空中客车亚洲工业公司(Airbus Industrie Asia,AIA)两个联合体分别负责研发 70 座级和 100 座级的飞机,但由于研发问题导致项目延期进而迫使这两个飞机项目在 1998 年被取消。

随着麦道被兼并和新研发项目的缺乏,大型民用飞机供应商的商业机会越来越少。全球大型民用飞机制造商表示,行业可能会经历进一步的整合,波音和空客之间的两极分化将会加剧,新产品和市场将变得更加多样化,垂直整合和优先供应商关系的趋势也将更加明显,供应商所面临的来自飞机制造商降低成本的压力也会越来越大。

尽管两家飞机制造商都有机会向麦道原有的运营商销售更多的产品,但最近的订单数据显示,随着航空公司鼓励竞争并有意维持两家飞机制造商之间的平衡,空客可能在获得市场份额方面处于更有利的地位。主流航空公司强调大型民用飞机市场上有两个旗鼓相当的参与者是必要的,这可以确保有竞争力的价格水平和充足的选择空间。

2)俄罗斯大型民用飞机产业

在过去 10 年里,俄罗斯投入了所有可用资源来研发新款大型民用飞机,以在全球市场与波音和空客竞争。但由于缺乏资本和未采取以市场为导向的企业结构,因此俄罗斯飞机制造商不太可能在未来 10 年获得全球市场份额。

俄罗斯大型民用飞机产业的企业结构继承自苏联体系,其设计部门和生产设施未能有效整合,导致了运营的脱节和低效。企业结构缺乏精简,企业内部出现了最明显的劣势:获得资金的渠道较少,内部决策能力较弱,将产品推向市场的能力不足。目前,俄罗斯大型民用飞机产业面临严重的资金缺口,以至于企业甚至无法满足如支付工人工资等最基本的运营需求。

俄罗斯大型民用飞机产业面临的其他竞争劣势包括缺乏健康和可靠的供应链，缺乏市场分析能力和客户支持能力，毫无向以市场为导向的航空公司销售获得适航认证的飞机和提供相应的售后服务的经验，无法大量提供具有通用性的飞机，国内市场资金拮据，设计和制造基础设施信息化程度低。

3）亚洲航空产业

近年来，中国、韩国、印度尼西亚、新加坡和日本等越来越多地通过国际合作和本土航空项目参与到与飞机相关的项目中。然而，由于缺乏全面的飞机研发技术基础，缺少飞机生产制造各个阶段的经验，以及缺乏足够的国际和地区合作，亚洲国家至少在未来 15～20 年似乎都不太可能出现具有国际竞争力的大型民用飞机制造商。

政府对本国航空航天产业发展的支持是亚洲大型民用飞机产业最大的竞争力之一。一方面，该地区最近的经济危机限制了印度尼西亚和韩国的资金可用性，从而阻碍了两国航空航天产业的发展。韩国和新加坡的国内市场较小，这可能会限制它们在自主研发的飞机项目上实现规模经济的能力。另一方面，中国受益于政府对航空产业的支持和庞大的国内市场，其国内飞机制造商获得了合作生产和技术转移的机会。

大型民用飞机产业中较新的进展是亚洲企业成立联合体，进军 100 座支线客机市场。亚洲航空航天实体正试图与邻国和西方制造商达成合作协议，以弥补自身研发能力不足的缺陷，分散研发的风险。虽然亚洲企业联合体已就一些潜在的合作项目进行了讨论，并签署了初步协议，但迄今未取得明显进展。

大型民用飞机市场

随着航空运输业价格竞争日益激烈和由此带来的成本压力增大，

100 座级客机成为航空公司的市场需求。该市场的进一步发展可能会使波音和美国航空产业受益。针对这一潜在市场，波音是目前最接近推出 100 座级客机的制造商。这一细分市场的激烈竞争可能会给市场上其他支线（19～70 座）飞机制造商带来更大的压力，并使新制造商——尤其是来自亚洲国家的制造商——更难获得成功。

在中短期内，空客的产品不太可能威胁波音在 400 座级以上市场（波音 747）的主导地位。空客计划研发一款全新的超大客机——空客 A3XX，以争夺波音 747 当前所占据的市场份额。尽管该座级市场的规模最终可能会比早期预测的要小，但空客需要形成一个完整的产品谱系来提高其相对于波音的竞争地位。波音计划研发波音 747 加长型，以进入低端超高密度市场，且研发衍生机型的成本将大大低于研发一款全新机型的成本。从长远来看，空客 A3XX 的缩短型有可能与波音 747 加长机型形成竞争关系。

外部市场因素的变化，比如国际交通的新双边协议和空中交通管制系统的发展，对波音或空客产生的影响不会有太大差异。新的双边开放天空协议将增加航空公司选择和扩展国际航线的自由，而最终自由飞行的实施将迫使空中交通管制系统处理更多的空中流量。这些变化最终将影响航空公司的飞行频率和航线，并决定商业航空公司运营飞机的数量和机型。

第 1 章
概　述

1.1　报告范围

美国国际贸易委员会收到众议院筹款委员会 1997 年 8 月 18 日的请求[①]后，于 1997 年 9 月 23 日发起了第 332—384 号调查——《塑造竞争优势：全球大飞机产业和市场格局》。委员会要求根据 1930 年《关税法》第 332(g)条开展此项研究。

筹款委员会要求国际贸易委员会研究 1992—1997 年[②]全球大型民用飞机(LCA)产业的最新发展，包括波音与麦道的合并，空客的重组，俄罗斯大型民用飞机制造商的出现，亚洲零部件供应商组成合资企业和联合体并制造完整机体的可能性，支线和大型喷气式飞机市场的出现，以及涉及开放天空协议和自由飞行的相关问题。

传统来讲，全球大型民用飞机产业一般包括生产 100 座级以上、重量超过 3.3 万磅的民用飞机的制造商。全球大型民用飞机制造商主要包括西方的两家大型主制造商和一家小型主制造商，以及俄罗斯的两

[①]　众议院筹款委员会在其请求中表示，正在寻求一份调查范围与美国国际贸易委员会于 1993 年 8 月提交给参议院财政委员会的报告类似的报告。该报告是根据 1930 年《关税法》第 332(g)条(USITC inv. No. 332 - 332，Global Competitiveness of U. S. Advanced-Technology Manufacturing Industries：Large Civil Aircraft，Publication 2667)发起的。

[②]　在许多情况下，1998 年发生的事件也在讨论范围之内。

家主制造商。目前，大型民用飞机产业的主要市场是美国、西欧和亚太地区。

西方的两家大型主制造商是美国的波音公司和欧洲的空中客车工业公司。空客是由 4 家西欧制造商组成的联合体——法国宇航公司、德国戴姆勒–奔驰宇航空中客车公司、英国宇航空中客车公司和西班牙航空工业公司。西方的小型主制造商是英国宇航支线飞机公司，只在低端大型民用飞机市场（少于 128 座）具有竞争力，而且在全球大型民用飞机产业中只是一个次要参与者。两家主要的俄罗斯制造商——伊留申和图波列夫在为俄罗斯国内和苏联解体后的国家的市场设计和生产大型民用飞机方面有着悠久的历史，并有兴趣将出口范围扩大到其他市场。

1.2 研究方法

本书分析参考了许多资料，其中包括与美国国内外大型民用飞机和主要零部件制造商、行业协会、航空公司、国内外政府官员的面对面或电话采访记录，以及前往比利时、中国、法国、德国、印度尼西亚、韩国、新加坡、俄罗斯、英国和美国进行采访和参观工厂的记录。为了收集大型民用飞机需求变化的信息，我们向美国、西欧和亚太市场的主要航空公司发送了调查问卷。1998 年 3 月 17 日，针对该书的公开听证会召开，听证会证词和结论已纳入本书。

本书通过定性和定量分析，评估了影响美国在全球大型民用飞机市场竞争力的因素。其中，通过定性分析的方法确定了一些因素的相对影响，如第 3 章波音与麦道合并及空客的重组，第 4 章俄罗斯制造商的出现，第 5 章亚洲零部件供应商有能力制造完整机体的可能性，第 6 章 500 座级飞机市场以及开放天空和自由飞行对大型民用飞机市场的影响。在第 6 章中使用了定量和定性分析的方法，以评估大型民用飞机和 100 座级飞机之间的竞争程度。

1.3　大型民用飞机产业竞争力概述

1.3.1　竞争力的决定因素

在第 2 章中会详细讨论竞争力的决定因素，这是对俄罗斯大型民用飞机产业和亚洲航空产业开展定性分析的具体因素。这些决定因素既是新进的和有抱负的大型民用飞机制造商的进入门槛，也是全球知名制造商的竞争因素。这些决定因素可以分为 4 类：资本可用性、行业和人口特征、企业特征、飞机项目特征。新飞机项目所需的巨额资金投入是全球大型民用飞机产业的一个基本要素。制造商必须通过金融市场、直接或间接的政府援助获取资金，以及向意在分摊部分成本并共担风险的合资企业筹集大量资金。

融资能力必须与大型民用飞机制造基地所在国的行业和人口特征相匹配。这些特征包括具有高技能和受过教育的从业人员，广阔的大型民用飞机国内市场，以及可以获取充足土地和研发设备的制造业基础设施。制造商的企业特征决定了它能否很好地利用这些资源。对于一家具备灵活性、责任感、良好信用声誉和快速适应动态市场能力的企业来说，建立全球销售、营销和支持网络至关重要。

在单个项目层面上，大型民用飞机制造商必须考虑其客户的成本以及自身的成本。运营成本和采购价格是航空公司在做出采购决策时需要评估的关键因素。对于特定飞机的购买，航空公司使用净现值（net present value，NPV）来计算、评估全生命周期的成本与预期回报。净现值的重要决定因素是购买价格（包括融资），基于飞机在航线和载客量方面的使用频率计算得出的全生命周期内的维护和运营成本,以及转售价值。尤为重要的是运营成本,低运营成本能增加飞机对航空公司的吸引力。更广泛的通用性①和提高运行效率的技术都会降低运行成本。

1.3.2　影响采购决策的因素

运营成本已逐渐取代技术,成为航空公司选择现有制造商生产的大型民用飞机的首要因素。这一转变的第一个迹象始于1978年美国航空运输业放松管制之后,当时航空公司开始大幅降低成本,并要求大型民用飞机制造商生产更实惠、更高效的飞机②。虽然放松管制有助于提高大型民用飞机制造商的总销售额和效率,但一些业内观察人士认为,由此产生的产业环境对航空产业产生了不利影响:"……对技术的需求减弱了,航空公司工程技术加速衰落,从启动客户获得的进度款已耗尽,而租赁公司的出现削弱了密切的客户关系和服务。"③

为适应这些变化,大型民用飞机产业已经调整了应对竞争的方法。波音民机集团总裁指出,波音产品的技术进步已几近耗尽④。因此,在飞机销售中,大型民用飞机制造商不再强调技术功能和产品支持,而是通常推广以成本为重点的功能包。在评估新技术的任何潜在优势的同

---

① "通用性"是指大型民用飞机制造商的飞机系列采用相同的特征、零部件和系统。附录 D 为本报告使用的行业术语表。

② Kirkor Bozdogan, Massachusetts Institute of Technology, telephone interview by USITC staff, Dec. 22, 1997.

③ Artemis March, *The U. S. Commercial Aircraft Industry and its Foreign Competitors* (Cambridge, MA: MIT Commission on Industrial Productivity, 1989), p. 1; 另见 George Eberstadt, "Government Support of the Large Commercial Aircraft Industries of Japan, Europe, and the United States," contractor document for Office of Technology Assessment, *Competing Economies: America, Europe, and the Pacific Rim* (Washington, DC: Congress of the United States, 1991), pp. 195 – 210。

④ David Vadas, Aerospace Industries Association of America, Inc., telephone interview by USITC staff, Jan. 6, 1998.

时，制造商还会考虑航空公司继续使用效率较低但已经贬值或价格很低的老旧飞机的动机[1]。美国航空航天产业协会指出，以技术进步为导向仍然至关重要，但这更多是为了提高生产过程中的生产率（如精益制造的改进），而不是将技术进步整合到飞机中[2]。

其他行业观察人士指出，技术是降低运营成本和提高安全性的关键因素[3]，这也使其成为销售的核心要素[4]。与通过提高生产效率降低成本的低价机型相比，采用新技术降低运营成本的新机型可能更有吸引力。然而，由于新机型的研发需要大量的资金，因此不更改具有良好销售记录的机型有更明显的成本优势。

1.4 报告的结构

第 2 章详细讨论了竞争力的关键决定因素。第 3 章研究了美国和西欧的大型民用飞机产业，提供了背景信息；分析了这些产业正在发生的结构变化，包括波音与麦道的合并及空客的重组；分析了供应商和航空公司的看法以及产业结构变化对美国大型民用飞机产业的影响。该章还讨论了西欧大型民用飞机产业的其他变化，包括欧洲飞机联合体的发展，并介绍了 1992 年《美欧大型民用飞机贸易协定》的现状，分析了其对美国大型民用飞机产业竞争力的影响。

第 4 章研究了自苏联解体以来俄罗斯大型民用飞机产业的结构变

---

[1] Artemis March, telephone interview by USITC staff, Jan. 5, 1998; and March, *The U. S. Commercial Aircraft Industry*, pp. 5 - 6.

[2] David Vadas, telephone interview by USITC staff, Jan. 6, 1998.

[3] Boeing Co. official, interview by USITC staff, Seattle, WA, Feb. 12, 1998.

[4] David Mowery, Associate Professor of Business Administration, University of California at Berkeley, interview by USITC staff, Washington, DC, Dec. 9, 1997.

化,并基于第 2 章讨论的竞争力决定因素评估了俄罗斯制造商的竞争潜力,分析了俄罗斯大型民用飞机产业对美国大型民用飞机产业竞争力的影响。

第 5 章研究了亚洲航空制造能力的提升和亚洲制造商为组建商用飞机制造联合体所做的努力——这是过去 5 年全球航空产业的 2 项重大进展。本章详细分析了中国、韩国、印度尼西亚、新加坡等的航空航天产业,包括制造企业、产品、与外国航空航天企业的协议以及产业发展目标等。该章基于第 2 章讨论的竞争力的决定因素,分析了亚洲对美国大型民用飞机产业竞争力的影响。

第 6 章评估了全球大型民用飞机市场的结构性变化。对新细分市场的讨论分析了 100 座级飞机和超高载客量(或 500 座级)飞机的市场,研究了开放天空协议和自由飞行的实施对大型民用飞机需求的影响,介绍了这些结构性变化对美国大型民用飞机产业竞争力的影响。第 7 章在前 6 章的基础上,总结了 1992 年以来大型民用飞机产业和市场结构变化对美国大型民用飞机产业竞争力的影响。

第 2 章
全球大型民用飞机产业
竞争力的决定因素

2.1 引言

本章讨论了大型民用飞机（LCA）产业竞争的重要决定因素，以及这些决定因素影响飞机制造商进入全球市场并取得成功的机制。虽然获得资本是全球大型民用飞机市场竞争力的首要决定因素，但其他决定因素也很重要：一是一个国家的行业和人口特点（如设计能力、制造基础设施和广阔的国内市场）；二是企业特点（如企业结构和市场分析能力）；三是复杂的项目特点（包括与外国航空航天实体的合作），以上因素都会对取得市场成功产生影响。

2.2 资本可用性

大型民用飞机产业是资金高度密集型产业，成为该产业制造商所需的投资规模较大，使该产业与其他制造行业十分不同。事实上，研发新飞机项目所必需的金融投资规模通常需要制造商以公司的未来作赌注[1]。大量可用资本对于新飞机项目至关重要。工程研

---

① 例如，1966 年，波音 747 项目的研发成本估计为 12 亿美元，是当时波音公司总资本的 3 倍多。

发、新厂房建设和设施扩建、零部件和材料采购以及全球售后支持网络的建立，都需要大量资金。这些资金可以通过风险共担企业的合作伙伴和政府援助在金融市场筹集。重要的是，所需的大部分资本用于预付或作为沉没成本，这些成本通常无法通过出售基础资产来回收[①]。这些投资性质使得成熟的制造商享有竞争优势，因为他们通常可以从以往成功的项目中获取更多的资金[②]。此外，在该产业有着成功历史的现存企业可能拥有更高的信用评级，并更容易获得成本更低的商业资本。

2.2.1　金融市场

与其他行业一样，在金融市场筹集资金的能力取决于大型民用飞机制造商的财务承诺、总体财务状况和声誉或信誉。在全球任何一个股票和债券市场筹集资本都需要企业达到某些标准，而且每个市场都有自己的要求[③]。通常，这些要求包括企业净收入、净有形资产以及企业外部股东持有的股份数量（指通常不积极交易股票的内部人士持有的股份数量）。

2.2.2　风险共担合作伙伴

在大型民用飞机产业，风险共担合作伙伴的数量正在增加。这种伙伴关系通常由供应商和大型民用飞机制造商，或者单个机体结构制造商之间达成，每个合作伙伴承担飞机研发和生产的一部分财务风险。

---

① Gellman Research Associates, Inc. for the U. S. Department of Commerce, *An Economic and Financial Review of Airbus Industrie*, Sept. 4, 1990, pp. 1 - 11.

② European aerospace industry officials, interview by USITC staff, Brussels, Mar. 31, 1998.

③ U. S. and European aerospace industry officials, interviews by USITC staff, Seattle, London, Brussels, Bonn, Paris, and Toulouse, Feb. 10 - 12 and Mar. 30 - Apr. 8, 1998.

在某些情况下合作伙伴可以组成单一商业实体，在特定项目上合作①。风险共担合作伙伴可以填补产品线的空白，并帮助维持或实现关键技术的领先地位②。

风险共担的一个重要好处是，大型民用飞机制造商能将部分生产成本进行分摊③。行业信息报告表明，通常情况下分包商从大型民用飞机制造商那里提前收回其非经常性成本（non recurring cost，NRC），然后在交付部件时按件获取报酬。然而，风险共担分包商将其固定投资成本（如工装和测试设备）按商定的飞机数量按比例分摊，并分担实现该销售目标的风险。如果超出目标销售量，则风险共担分包商将收回成本并获得额外利润。如果未达到目标销售量，则风险共担分包商必须承担部分非经常性成本④。

2.2.3　政府来源

国家政府可以是大型民用飞机产业的重要资金来源。由于该产业的高进入壁垒，这一资金来源通常对新进制造商至关重要。总的来说，政府财政援助可以是直接的，也可以是间接的。尽管 1992 年《美欧大型民用飞机贸易协定》限制了政府为飞机项目提供的直接和间接支持

---

① European aerospace industry officials，interviews by USITC staff，London，Brussels，Bonn，and Paris，Mar. 30 – Apr. 3，1998.

② Artemis March，*The U. S. Commercial Aircraft Industry and its Foreign Competitors*（Cambridge，MA：MIT Commission on Industrial Productivity，1989），p. 44.

③ European aerospace industry officials，interview by USITC staff，London，Mar. 30，1998.

④ John F. Hayden，corporate vice president，Washington，DC，operations of The Boeing Co.，hearing testimony in connection with USITC investigation No. 332 – 332，*Global Competitiveness of U. S. Advanced-Technology Manufacturing Industries：Large Civil Aircraft*，Apr. 15，1993.

的程度,但产业内外对于允许政府援助的具体含义仍存在相当大的分歧①。

1)直接政府支持

政府财政援助最公开的方式是通过直接拨款、"软"贷款②或专门针对特定产业的项目提供直接支持。许多人认为,空客联合体崛起的一个主要因素是其成员国政府向该联合体提供了资金③。除了以低于市场的利率获得政府有条件偿还贷款和递延利息外,空客的合作伙伴还获得了民间借贷机构提供的政府担保贷款④。

政府的直接支持也可以采取航空研发的形式——由政府机构资助或在政府机构执行——直接为大型民用飞机项目提供援助。政府资助的研究项目通常适用于不针对特定产品的长期项目,而非短期项目⑤。航空航天领域的政府资助研发可以通过为制造商提供直接经验或分享关于新技术和新工艺的知识来分摊大量成本。然而,为了达到这一目的,各种政府负责的项目和商业项目之间必须有效合作与协调。

2)间接政府支持

为其他行业制定激励措施而间接给民用飞机产业带来的利益被视为间接支持。由于美国和欧盟(European Union,EU)对防务航空制造和研发给民用飞机产业竞争力带来的"交叉效益"在数量方面持不同立

① 该协议执行情况见第3章,签署人意见见附录 E。

② "软"贷款可被解释为低于市场要求的贷款,可以享受更低的优惠利率或不寻常的还款条件,或两者的组合。

③ European aerospace industry officials, interviews by USITC staff, London, Brussels, Bonn, and Paris, Mar. 30 - Apr. 3, 1998.

④ Virginia C. Lopez and David H. Vadas, *The U. S. Aerospace Industry in the 1990s: A Global Perspective* (Washington, DC: The Aerospace Research Center, Aerospace Industries Association of America, Inc. , Sept. 1991), p. 54.

⑤ European aerospace industry officials, interview by USITC staff, Brussels, Mar. 31, 1998.

场,因此这类支持成了双方众多争论的焦点①。尽管 1992 年美欧协定涉及间接支持问题,但行业官员表示,目前针对哪些类型的援助构成间接支持还未形成全面的定义,这是一个持续争论的主要问题②。

2.3　行业和人口特征

有助于发展具有竞争力的大型民用飞机制造商的国家行业和人口特征包括与制造工艺和设施充分集成的综合设计能力和管理机构、先进的交通、航空试验和制造基础设施,以及受过教育的从业人员。同样重要的是,大型民用飞机项目是否存在或可能存在一个巨大的国内市场。

2.3.1　设计能力

飞机设计能力(包括集成飞行所需的许多复杂系统的能力)的提高需要时间,同时需要大量的资金、研发和人力的投入。尽管可以通过购买成熟机型所需的必要部件来模仿生产,但打造自主设计并将其转化为全球可接受机型所需的经验并不容易获得。此外,虽然新飞机项目的设计阶段可能很长,但一旦决定研发新机型,就必须尽早将其推向市场。有效管理设计阶段所需的管理和生产专业知识,以及从设计阶段过渡到生产阶段对产品市场竞争力有重大影响③。

---

① Boeing officials, interview by USITC staff, Seattle, WA, Feb. 10 - 12, 1998; and European industry officials, interviews by USITC staff, London, Brussels, Bonn, and Paris, Mar. 30 - Apr. 3, 1998.

② European aerospace industry officials, interviews by USITC staff, Brussels and Paris, Mar. 31 and Apr. 3, 1998.

③ David C. Mowery, *Alliance Politics and Economics: Multinational Joint Ventures in Commercial Aircraft* (Cambridge, MA: American Enterprise Institute, Bollinger Publishing Co., 1987), pp. 32 - 33.

老牌的大型民用飞机制造商不会轻易分享有关技术和设计能力的关键知识①,但考虑新制造商所在国家生产成本低以及常设实体无法单独对特定市场的商机做出反应等综合因素,老牌制造商可能会与有抱负的新进制造商分享有限的技术和设计信息,作为市场准入的先决条件②。

2.3.2　制造业基础设施

能够支持大型民用飞机生产的制造基础设施必须包括以下要素:熟练且受过高等教育的从业人员;航空研发设施;航空制造设施设备,包括用于试验和飞机交付的机场;达到飞机质量要求的铝、钢、电线、电缆和紧固件等飞机基本部件。在人口密集的国家,所需的土地面积可能成为大型民用飞机制造的障碍。大型民用飞机制造场地通常包括配备精密和自动化工装设备的大型生产设施,一条或多条跑道,以及用于零部件运输的铁路、船舶和卡车通道③。

任何复杂机械制造商都必须拥有一批熟练的从业人员。此外,希望建立和促进大型民用飞机制造的国家必须具备能培养高学历工程师的复杂学术体系。这对于希望为全球发达的航空市场生产能被广泛接受的飞机的大型民用飞机制造商来说尤为重要。因为制造商的产品要符合大多数发达国家所采用的严格的国际标准。

大型民用飞机制造商还需要获得飞机设计工具,如超级计算机和计算流体力学(computational fluid dynamics,CFD)软件、风洞以及用

---

① U. S. and European aerospace industry officials, interviews by USITC staff, Seattle, London, Brussels, Bonn, Paris, and Toulouse, Feb. 10 - 12 and Mar. 30 - Apr. 8，1998.

② Asian aerospace industry officials, interviews by USITC staff, Seoul and Beijing, Apr. 27 - May 8, 1998.

③ Boeing officials, interviews by USITC staff, Seattle, WA, Feb. 10 - 12, 1998, and Airbus officials, interview by USITC staff, Toulouse, France, Apr. 6 - 7, 1998.

于飞行演示和技术验证的原型机。计算流体力学软件和风洞能够减少设计和飞行试验所需的时间，在飞机设计中发挥着关键作用。借助这些工具，大型民用飞机制造商可以在较短的时间内研究出更多的设计方案①。大型民用飞机制造商还需要持续对风洞和计算机进行升级，以跟上航空和空气动力学的新技术发展。

由于大型民用飞机产业日益全球化，国内机体分包商和零部件供应商的供应重要性正在下降②。对于目前的世界贸易组织（World Trade Organization，WTO）签署国，1979 年《贸易协定法》中的关税及贸易总协定（General Agreement on Tariffs and Trade，GATT）《民用航空器贸易协定》消除了民用飞机和零部件贸易的大部分障碍，促使跨境分包和零部件采购大幅增加。此外，外国零部件通常可以在风险共担的基础上获得，而作为承担额外研发风险的回报，外国供应商获得市场准入。

行业官员表示，尽管出于国家安全或汇率风险等原因，保持国内供应商基数仍然很重要，但大型民用飞机制造商通常会在全球范围内寻找高质量的产品及具有价格竞争力的零部件供应商③。大型民用飞机项目外包的发展趋势表明了该产业的全球化特征。波音报告显示，除发动机外，波音 727（于 1959 年启动）的国外零部件比重最多为 2%④，

① 更多信息，见 U. S. International Trade Commission，Global Competitiveness of U. S. Advanced-Technology Manufacturing Industries：Large Civil Aircraft（investigation No. 332 - 332），USITC publication 2667，Aug. 1993，p. 6 - 1.

② European aerospace industry officials，interviews by USITC staff，Brussels and Paris，Mar. 31，and Apr. 3，1998.

③ European aerospace industry officials，interview by USITC staff，London，Brussels，Bonn，and Paris，Mar. 30 - Apr. 3，1998.

④ Jonathan C. Menes，acting secretary for trade development，posthearing submission on behalf of the U. S. Department of Commerce in connection with USITC investigation No. 332 - 332，*Global Competitiveness of U. S. Advanced-Technology Manufacturing Industries: Large Civil Aircraft*（1993），p. 10.

波音 767（于 1978 年启动）的国外零部件比重在 10%～26% 之间[①]，配备美国或外国发动机的波音 777（于 1990 年启动）的国外零部件比重在 15%～29% 之间[②]。此外，空客报告显示，包括发动机在内的国外零部件比重（主要是美国）占 A310 - 300 的 30%，A320 的 17%，A330 - 300 的 30%（采用美国发动机）或 10%（采用英国发动机）[③]。

2.3.3　国内市场条件

大型民用飞机国内市场或潜在市场的存在是现有和潜在大型民用飞机制造商的竞争优势[④]。大型民用飞机市场给制造商提供了规模经济[⑤]，而强大的国内航空公司可以作为有抱负的制造商的启动客户[⑥]，以在制造商建立出口所需的信誉和服务支持网络之前证明飞机的可靠性和价值。波音和空客分别进入了美国和欧盟的大型国内市场。新加坡和韩国等国指出，各自国内市场规模小是大型民用飞机产业发展的劣势，并强调外国合作伙伴对进入国外市场的必要性。相对较大的中国市场被视为中国潜在制造商的优势[⑦]。

[①] John F. Hayden，Boeing Co.，posthearing submission，USITC investigation No. 332 - 332.

[②] Boeing official，e-mail communication to USITC staff，July 27，1998.

[③] Renee Martin-Nagle，corporate counsel，Airbus Industrie North America，Inc.，posthearing submission，USITC investigation No. 332 - 332，p. 2.

[④] European airline official，interview by USITC staff，London，May 22，1998.

[⑤] Korea Institute for Industrial Economics and Trade official，interview by USITC staff，Seoul，Apr. 27，1998.

[⑥] 通常情况下，空客的主要启动客户一直是欧洲航空公司，而波音的启动客户一直是美国航空公司。European airline officials，interviews by USITC staff，London and Paris，Mar. 30 and Apr. 2，1998.

[⑦] Asian LCA industry officials，interviews by USITC staff，Seoul，Apr. 27 and May 1，and Jakarta，May 13，1998.

2.4 企业特征

大型民用飞机制造商具备竞争力所必需的企业特征包括但不限于灵活的、负责的、可信的和充满活力的企业结构体系。评估和应对需求变化以及为市场研发新产品的综合能力（即市场分析能力）对竞争力也至关重要。

2.4.1 企业结构

企业结构对全球大型民用飞机产业的竞争力有显著的影响。例如，企业的结构形式决定了获得资本的水平，并影响内部决策过程。大型民用飞机产业中的所有企业并非采用某一类企业结构，有些企业兼具私有企业、上市企业和国有企业的特征①。

某些形式的企业结构使企业更有可能获得资本。对于上市企业来说，由于潜在的投资者可获得的强制性财务信息，以及股票市场监管机构规定的报告和管理标准可降低投资者和贷款人的不确定性，因而他们通常比私有企业拥有更多筹集低成本资金的选择②。较低的不确定性或较低的风险通常赋予企业较低利率和更多融资选择的优势。一般来说，私有企业的风险更高，从而提高了融资成本。私人控股企业也不能像上市企业那样获得广泛的债务工具和股权融资的机会。

---

① 上市企业在股票市场上交易，必须履行权威机构（如美国证券交易委员会）的相应义务，而私有企业无须向公众公布其财务或运营数据。国有企业是那些主要由政府控制的企业，即使政府没有拥有多数股权。

② U. S. and European aerospace industry officials, interviews by USITC staff, Seattle, London, Brussels, Bonn, Paris, and Toulouse, Feb. 10 - 12 and Mar. 30 - Apr. 8，1998.

政府运营的组织可能有途径也可能没有途径获得直接资金支持，但该类企业能够获得具备优惠条款的政府资金或贷款①。相比之下，该类企业却无法以同样的条件从无关的金融市场获得所需资金或贷款。对政府研发项目的深入认识和利用渠道是该类企业结构的另一个优势②。

企业决策速度的快慢会影响企业的灵活性和响应时间，这两者对于在动态市场中取得成功至关重要。集中决策可以缩短响应时间，使公司在面临新的市场机会时能够快速、果断地行动③。明确规定流程中的责任可以减少不确定性，更专注于及时解决问题，这有利于提高运营效率。虽然上市企业和私有企业都有可能做到这一点，但某些上市企业存在一个许多私有企业没有的弊病。上市企业有义务根据其股东的要求做出商业决策，但这些股东倾向于关注短期结果④。这在一个倾向于长期、重大、战略投资的行业中可能是一个劣势⑤。私有企业更集中的所有权结构可以缓解股东目标和管理目标之间的冲突。政府运营的企业在决策过程中面临另一种类型的挑战，因为这些企业受到层层官僚机构的拖累，响应速度和项目研发时间遭受影响。此外，由于权力和责任来源冲突，企业可能放缓做出决策，或基于政治考量而非以企业或飞机项目的最佳利益为优先做出决策⑥。

---

① U. S. and European aerospace industry officials, interviews by USITC staff, Seattle, London, Brussels, Bonn, Paris, and Toulouse, Feb. 10 - 12 and Mar. 30 - Apr. 8, 1998.

② 见本章"间接政府支持"部分。

③ U. S. and European aerospace industry officials, interviews by USITC staff, Seattle, London, Brussels, Bonn, Paris, and Toulouse, Feb. 10 - 12 and Mar. 30 - Apr. 8, 1998.

④ 更多信息见 USITC investigation No. 332 - 332，p. 4 - 2。

⑤ 在大型民用飞机产业，飞机订单的传统商业周期和新产品推出的时间框架等因素也可能对决策过程产生重大影响。

⑥ European aerospace industry officials, interviews by USITC staff, Paris, Apr. 2 - 3, 1998.

最后，企业结构形式决定了一家企业是否必须报告财务业绩或缴纳所得税。例如，根据法国法律，经济利益集团（groupement d'intérêt économique，G. I. E. ）不需要对其利润纳税，除非其自愿①。空客采用的正是这种法国企业结构。

2.4.2　市场分析能力

市场分析能力可让大型民用飞机制造商根据预测的市场需求研发新飞机或增加特定类型飞机的产量。如前所述，飞机研发的资本投资巨大且不可逆转。因此，任何新项目在启动前都必须仔细评估，以权衡飞机的生产成本与预期需求以及由此产生的投资回报。为了成功推出新飞机，制造商试图确定一个需求不断增长的领域，而在该领域其自身或其竞争对手的机型尚不能很好地满足需求②。通过市场分析形成的企业战略是市场开拓和赢利能力的关键组成部分。

市场分析至关重要的另一个原因在于，制造商通过市场分析，能够应对其提供的各类飞机的需求变化。影响市场需求的众多因素包括大型民用飞机市场的结构变化，这种变化可能同时影响飞机的总需求和对特定类型飞机的需求③。如果没有深入分析市场的能力，就很难应对不同飞机类型之间不断变化的需求。

---

①　Gellman Research Associates，*An Economic and Financial Review of Airbus Industrie*，p. 1 - 2；and George Eberstadt，"Government Support of the Large Commercial Aircraft Industries of Japan，Europe，and the United States," contractor document for Office of Technology Assessment，*Competing Economies：America，Europe，and the Pacific Rim*（Washington，DC：Congress of the United States，1991），p. 236.

②　由于特定的大型民用飞机产品的潜在市场可能有限，因此成功的"先发"企业通常在新市场中占有最大份额。在这一阶段，积极定价以获得市场份额可以进一步提高企业的竞争地位。

③　有关大型民用飞机市场变化的具体信息，请参见第 6 章。例如，与其他类型相比，放松管制增加了对小型飞机的需求，也通过降低机票价格和增加航空旅行需求增加了对飞机的总需求。

2.5　飞机项目特征

大型民用飞机制造商必须敏锐地对决定其项目成功与否的市场因素做出响应。制造商能够通过对需求变化的快速响应来对飞机项目做出必要的调整，以确立明显的竞争优势。制造商需要考虑的决定大型民用飞机市场吸引力的最重要因素包括有竞争力的采购价格和运营成本、与其他机型的通用性、具备全球服务支持网络以及取得符合国际标准的飞机认证[1]。

2.5.1　采购价格和运营成本

当航空公司或租赁公司决定购买飞机时，净现值（NPV）——以贴现现金流计算——是最重要的决定因素。用于计算净现值的主要变量包括飞机的购买价格和飞机的运营成本[2]。据报道，新飞机的购置成本目前约为其寿命期直接运营成本的30%～40%。由于运营成本作为一个组成部分越来越重要，因此航空公司更加注重控制这些成本，尤其是中期维护成本[3]。

业内人士普遍认为，大型民用飞机制造商竞争力的一大决定性因素是飞机的直接运营成本。尤其是在放松管制后，美国航空公司不太愿意在其机队中引进新飞机，因为这些飞机在座英里运营成本[4]方面没有显著改善。然而，机体制造商现在更难在降低直接运营成本方面做

---

① 更多信息，见 USITC investigation No. 332-332，p. 4-7.
② 运营成本由多项投入组成，包括员工工资、燃油和维护成本。
③ European airline official，interview by USITC staff，London，May 22，1998.
④ 航空公司运输一个座位（有人或没有人）一英里的费用。

出更多的改进，部分原因是燃料价格从 20 世纪 80 年代初的高位回落，抵消了燃油效率技术改进带来的好处。

产品特性的变化由市场和有关安全和环境标准的公众诉求驱动。然而，在设计新飞机时，大型民用飞机制造商必须权衡采用新技术的成本与飞机可节约的成本。换句话说，制造商使用可论证的成本效益作为评估是否开发和应用新技术的指南。产品特性的改进通常分为以下几类：① 改善飞机的运营成本（如降低燃油消耗、重量和维护成本）；② 改善环保性能（如噪声、排放、材料和制造工艺）；③ 增强对乘客的吸引力（如乘坐舒适性、舱内环境、登机/下飞机的便捷性、客舱噪声水平）[1]。

2.5.2　与其他飞机的通用性

通用性是指在大型民用飞机制造商的飞机中使用通用特征、零部件和系统，使航空公司能够尽可能地在机队中运营多种飞机。航空公司和大型民用飞机制造商都受益于通用性。研发成本效率是制造商的主要利益。通过在不同层面上使用通用特征和零部件，制造商将研发成本分摊到更多的产品上。此外，一款具有共同特征的衍生机型的研发成本远低于一款全新飞机的研发成本。例如，一项估计表明，加长机身的增量成本极少超过原始研发成本的 25%[2]。通用零部件和制造要求还允许在同一生产线上高效组装不同的飞机，并通过使用通用生产线提高生产率。

在飞机系列机型之间[3]以及整个产品线[4]中采用通用性，进而激励

---

①　European airline official，interview by USITC staff，London，May 22，1998.

②　改变飞机长度从而改变其载客量的能力是飞机设计中的一个重要考虑因素。改变机身长度比改变机翼设计要便宜得多。飞机机翼设计决定了其极限起重能力和速度。因此，制造商会考虑当前和将来预计的升力需求或飞机项目对机翼进行最适合的设计。

③　一个飞机系列由一款机型的多款改型组成，例如，波音 737 系列包括 737 - 100 到 737 - 900。空客也有飞机系列。

④　产品线指每家大型民用飞机制造商提供的所有产品。

航空公司从同一制造商的其他系列中选择产品,这对大型民用飞机制造商是有益的。换言之,这是鼓励整个机队而不仅仅是整个系列的通用性。但通用性对制造商来说确实也有一个缺点:由于整个系列的飞机都采用较老的技术,制造商必须不断评估在保持一定程度的通用性和引进新技术之间的经济平衡。

通用性给航空公司带来的一些好处包括零件和工具库存的减少、飞行员和机械师培训的减少以及地面维修人员工作程序的简化,从而使飞机能够在登机口更快地周转。设计通用性使飞行员能够更容易地在多款机型间进行交叉训练。当飞行员只需要进行补充培训而不是针对不同机型的全新培训时,时间和成本都会减少[1]。交叉培训对航空公司也有好处,因为这增加了机组人员的调度灵活性。所有这些因素都有助于降低飞机的最终成本。

通用性也会阻碍新制造商的进入。例如,俄罗斯大型民用飞机制造商表示,要在西方市场销售,他们必须使用西方发动机和航空电子设备,这不仅是出于质量考虑,也是出于通用性考虑[2]。业内人士表示,过去航空公司通常不会考虑打破机队的通用性,除非一架新飞机能为现有机队降低至少10%的成本,而大幅降低成本通常是通过引入新技术来实现的[3]。航空公司最近注意到,通用性的好处可能被夸大了[4]。随着市场双寡头格局的形成以及航空公司由此希望市场维持两家相互竞争的飞机制造商,这种看法可能已经改变[5]。

---

[1] Airbus Industrie officials, interview by USITC staff, Toulouse, France, Apr. 6, 1998.

[2] 如果俄罗斯飞机采用与非俄罗斯大型民用飞机相同的发动机,也会具备相同优势。Russian aerospace industry officials, interviews by USITC staff, Moscow, Mar. 26 - Apr. 3, 1998。

[3] European airline official, interview by USITC staff, London, May 22, 1998.

[4] 同上。

[5] 根据 USITC 航空公司调查问卷的答复编制。

2.5.3　全球支持网络

售后支持和人员培训对于大型民用飞机制造商来说是极其重要的竞争营销工具。行业官员承认，提供具有竞争力的产品支持与成功的飞机设计同等重要①。尽管建立和维护令人满意且具有竞争力的售后支持网络所涉及的前期成本是巨大的，提供此类支持的每架飞机的成本仍随着市场份额的增加而大幅下降，因此规模经济意义重大②。大型民用飞机制造商产品质量支持的最重要的衡量标准是其快速维修故障飞机(通常称为"飞机停场"，aircraft on the ground，AOG)的能力。由于航空公司遭遇 AOG 时会产生巨大的机会成本，因此航空公司需要立即获得全球 AOG 服务③。为了满足这一需求，飞机制造商已在全球许多机场战略性地设置了全球零件库和工厂代表，以备万一航空公司需要特定的产品信息④。维护这一全球网络的成本是产品支持中一项艰巨但必要的工作。产品支持不仅包括对机组人员和航空公司维修工程师的培训、运营工程支持、售后支持、日常维护和地面操作，还包括为航空公司制订教育培训计划，以确定其应储备的工具、设施、试验设备和备件库存⑤。

2.5.4　飞机的合格审定

对于一个有抱负的大型民用飞机制造商来说，生产符合全球安全

①　John E. Steiner，"How Decisions Are Made：Major Considerations for Aircraft Programs，" speech delivered before International Council of the Aeronautical Sciences，American Institute of Aeronautics and Astronautics，Aircraft Systems and Technology Meeting，Seattle，WA，Aug. 24，1982，p. 32.

②　Gellman，*An Economic and Financial Review*，p. A‑8.

③　飞机在完成修理之前不能飞行，将会产生机会成本。

④　Airbus Industrie and Aero International (Regional) officials，interviews by USITC staff，Toulouse，France，Apr. 6‑8，1998.

⑤　March，*The U. S. Commercial Aircraft Industry*，p. 29.

和噪声标准的飞机并因此获得西方适航当局的认证是一项艰巨的任务，无论是在技术上还是在财务上都是如此①。《美国联邦航空法》要求无论是在美国生产还是在美国注册的进口大型民用飞机，其产品设计安全性均需获得美国联邦航空管理局（Federal Aviation Administration，FAA）的认证②。1970 年以来，西欧监管机构还通过单一组织——联合航空管理局（Joint Aviation Authorities，JAA）③协调飞机合格审定活动，并制定了自己的标准和惯例④。除 FAA 和 JAA 外，许多其他国家的适航当局也主要遵循 FAA 或 JAA 颁布的标准和要求⑤。因此，任何新进入者，如果希望确保其产品获得全球认可并进入重要的美国或西欧飞机市场，则必须符合这些标准。

行业共识表明，一套通用的国际标准和惯例将消除合格审定方面的差异和重复，从而使大型民用飞机制造商和航空公司都受益⑥。对老牌制造商而言，FAA 和 JAA 法规和解释中的细微差异都可能导致成

---

① 该过程可能会花费数百万美元，并且需要数年才能完成。Airbus Industrie official，interview by USITC staff，Toulouse，Apr. 6，1998。

② 14 C. F. R. pt. 25.

③ 但是，适航证和取证流程仍在西欧各国民航当局的职责范围内。Commission of the European Communities，*A Competitive European Aeronautical Industry* (*Communication from the Commission*)（Brussels：Commission of the European Communities，SEC（90）1456 final，July 23，1990），p. 11。

④ U. S. General Accounting Office （GAO），*Aircraft Certification: Limited Progress on Developing International Design Standards* （Washington，DC：GAO，Aug. 1992），p. 2. JAA 成员包括以下国家的民航当局：欧盟国家、塞浦路斯、捷克共和国、匈牙利、冰岛、马耳他、摩纳哥、挪威、波兰、斯洛文尼亚、瑞士和土耳其。欧盟委员会最新法规要求所有欧盟委员会国家加入 JAA，采用 JAA 的联合适航要求，并在无额外技术条件的情况下，认可经 JAA 认证的进口产品。详见网址 http://europa. eu. int/en/comm/dg07/press/ip961157. htm#1，retrieved Dec. 30，1997。

⑤ Boeing officials，interviews by USITC staff，Seattle，WA，Feb. 10 - 12，1998.

⑥ "Responses of Airbus Industrie，G. I. E. to Questions Regarding the ITC's Study on Global Competitiveness of the U. S. Aircraft Industry，" tab K；and submission from the Aerospace Industries Association of America，Inc.，in connection with USITC investigation No. 332 - 332，p. 17.

本大幅增加和生产进度延迟①。鉴于新进入者在处理和遵守此类法规方面缺乏经验，这些不利因素可能会对其造成更大的影响。

2.5.5　与外国航空实体的合作

由于完成原始设计并将其转化为商业成功需要丰富的经验，同时还要考虑随之而来的营销因素，因此没有经验的大型民用飞机制造商可能会选择与现有的制造商合作。与老牌的航空实体达成合作协议可以为有抱负的制造商提供其不可能具备的竞争要素，包括关键技术、设计能力和市场分析能力等。此外，有抱负的制造商可以从老牌制造商成熟的全球营销、销售和售后支持网络中获益。因此，与老牌的航空制造商达成的协议将使有抱负的制造商获得老牌制造商享有的公众对其产品和产品支持的部分信心。作为回报，老牌制造商可以进入新的和发展中的市场。

2.6　总结

本章所述的竞争决定因素既包括进入壁垒，也包括老牌制造商的竞争因素。因此，制造商在购买者认真考虑其提供的飞机之前，必须要满足这些决定因素的最低要求。对于有抱负的新进制造商来说，这些决定因素在很大程度上成为其进入该产业的障碍。老牌制造商波音和空客已经满足了基础设施要求等基本标准，并根据其满足这些竞争决定因素更多方面的相应能力来开展竞争。

---

① Boeing officials, interviews by USITC staff, Seattle, WA, Feb. 10 - 12, 1998, and Airbus Industrie officials, interview by USITC staff, Toulouse, France, Apr. 6 - 7, 1998.

第 3 章
美国和西欧大型民用飞机产业结构的变化

3.1 引言

波音和麦道的合并从根本上改变了全球大型民用飞机市场的格局，形成了以价格竞争加剧为特征的双寡头垄断[①]。为了响应航空公司价值驱动的采购策略，当前给飞机定价更像是给可替代商品而不是高科技的定制产品定价。因此，目前飞机在技术应用方面侧重于削减制造成本、符合适航规章要求和降低全生命周期成本，而对技术创新的重视程度较低[②]。

由于波音和空客不惜降低以往价格和利润水平以获取或维持市场份额，双方均通过大力实施内部成本节约措施、要求供应商降低成本、

[①] See, for example, Richard Aboulafia of the Teal Group, "Uncertain Upturn Challenges Commercial Transport Makers," Aviation Week Group, found at Internet address http://awgnet.com/aviation/sourcebook/sbtrans.htm, retrieved Sept. 11, 1997; Ronald Henkoff, "Boeing's Big Problem," *Fortune*, Jan. 12, 1998, found at Internet address http://pathfinder.com/fortune/1998/980112/boe.html, retrieved Jan. 8, 1998; Frederic M. Biddle and John Helyar, "Fearing a Loss of Its Market Share, Boeing Took Orders It Couldn't Fill," *The Wall Street Journal*, Apr. 24, 1998, The PointCast Network; and U. S. Securities and Exchange Commission (SEC), Boeing's Form 10-K Annual Report for Fiscal Year 1997, http://www.sec.gov/Archives/edgar/data/12927/0000012927-98-000007.txt.

[②] European airline official, interview with USITC staff, London, May 22, 1998, and U. S. LCA supplier industry official, telephone interview with USITC staff, Aug. 5, 1998.

减少供应商数量、提高外包水平、将更大的设计和制造的责任和风险转移给规模更大的次级生产商等一系列手段来降低成本。美国供应商之间的大型结构重组已经屡见不鲜，这些变化可能带来的最终影响将是航空产业更加集中。

全球航空产业的结构变化源于20世纪80年代末和90年代初的一系列事件：海湾战争的政治和经济影响、冷战紧张局势的缓和与全球性经济衰退，以及航空公司财务表现不佳和可用于采购新飞机的资金减少。这些因素导致对军用和商用飞机的总需求下降，从而在生产力、人力和财务方面对该产业产生了多重负面影响。对民用飞机领域而言，航空公司在20世纪80年代中后期经济繁荣时代订购的大量飞机订单大多在1990年完成交付。而在20世纪90年代初，生产率下降（见表3-1），这一下降的趋势恰好与1990—1992年全球航空产业的财务损失及市场上大量涌现新飞机和二手飞机的局面交织在一起，从而使飞机价格下降。1993年以后，航空公司财务业绩得到改善，飞机价格竞争以及新机型的推出使得大型民用飞机订单增加并可能已达到一定周期内的峰值，从而导致该10年内剩余时间的预期产量增长。

表3-1　全球大型民用飞机订单和交付数量(1992—1997年)

制造商	1992	1993	1994	1995	1996	1997
LCA 净订单						
波音	234	209	109	338	712	551
空客	123	35	115	103	314	459
麦道	43	16	13	130	45	17
其他	30	42	36	60	21	27
总计	430	302	273	631	1 092	1 054

（续表）

制造商	1992	1993	1994	1995	1996	1997
	LCA 交付量					
波音	441	330	270	206	220	321
空客	157	139	123	123	126	182
麦道	127	79	40	50	51	54
其他[①]	59	82	61	37	30	21
总计	784	630	494	416	427	578

注：① 包括福克 F100 以及所有 BAe146 和 RJ 机型，100 座级以下机型也在统计范围内。

资料来源：*World Jet Inventory Year-End 1997*，Jet Information Services，Inc.，Mar. 1998，p. 14.

为了应对业务的周期性波动，许多航空航天企业进行了兼并、收购和联合来保持或增加市场份额，降低成本，扩大产品范围，分摊项目研发、制造和后续生产活动的风险，以巩固其在该产业的地位并改善其财务状况。其他航空公司在这段动荡时期内倒闭或关停了生产线，福克(Fokker)便是一个例子。尽管大部分收购、兼并都是发生在美国企业之间，但随着各国政府和航空航天企业纷纷宣布需要整合防务和商用航空航天部门以更好地与美国同行竞争，欧洲航空航天产业的重组步伐正在加快[①]。

---

① Dr. Norbert Lammert，"Europe Needs An Integrated Aerospace Industry," Flug Revue Online，Oct. 1997，found at Internet address http://www. flug-revue. rotor. com/FRheft/FRH9710/FR9710c. htm，retrieved Oct. 8，1997；and John D. Morrocco，"EC Outlines Path for Consolidation," *Aviation Week & Space Technology*，Oct. 6，1997，p. 24.

3.2 美国大型民用飞机产业

3.2.1 波音公司

波音与麦道于 1996 年 12 月 15 日宣布合并①,这对波音有着明显的好处。一方面,波音一直在寻找一个拥有强大防务产品能力的合作伙伴,以扩充其现有的产品系列,并在不断整合的防务产业中获得先机。另一方面,由于防务市场疲软、关键项目亏损、客户信心下降②以及商用飞机业务竞争激烈,麦道的财务状况不佳。

3.2.1.1 合并前两家公司简介

尽管波音和麦道在合并前都是全球航空航天产业的主要参与者,但两家企业各自在不同的市场领域拥有稳固的地位。合并前的波音在 1996 年的销售额为 227 亿美元③,是仅次于主要防务承包商洛克希德·马丁公司(Lockheed Martin,简称"洛·马")的全球第二大航空航天企业④。作为波音的商用飞机部门,波音民机集团(Boeing Commercial Airplane Group)是全球最大的商用飞机生产商,在 1992—

① 此次合并是一次价值 133 亿美元的换股并购。"McDonnell Douglas to Merge with Boeing," Boeing news release, Dec. 15, 1996, found at Internet address http://www. boeing. com/news/releases/mdc/961215. html,retrieved Aug. 25,1997。

② U. S. SEC,McDonnell Douglas Form 10-K Annual Report for Fiscal Year 1996,found at Internet address http://www. sec. gov/Archives/edgar/data/63917/0000063917-97-000005. txt.

③ U. S. SEC,Boeing Form 10-K Annual Report for Fiscal Year 1996,found at Internet address http://www. sec. gov/Archives/edgar/data/12927/0000012927-97-000020. txt.

④ Kevin O'Toole,"Only the Beginning," *Flight International*,Aug. 20 - 26,1997,p. 30.

1996 年民用飞机销售额一直占波音年销售额的 70％ 以上①。凭借其在既往项目上的成功，波音在产品质量、工程和客户支持②等领域表现出相当的实力，并且特别擅长通过研发衍生机型来扩大其产品范围和客户群③。但由于其企业文化和在产业中的主导地位，波音也变得有些孤僻、狭隘、拒绝改变④。此外，波音在业务和制造过程中的关键成本改进以及在应对繁荣—萧条的大型民用飞机产业周期的战略制定方面显得迟缓。1996 年 12 月，波音收购了罗克韦尔国际公司（Rockwell International Corp.）的大部分航空航天和防务业务，成了美国领先的防务相关设备供应商。然而，波音仍在进行更多的军事业务收购，以提高其防务业务比例，并帮助抵御大型民用飞机产业固有的周期特性。

麦道是全球领先的军用飞机制造商⑤和第三大航空航天企业⑥，1996年销售额为 138 亿美元。防务业务一直是麦道最大的收入来源。1996年，其防务业务收入占公司总收入的 74％⑦。通过瞄准细分市场，麦道在民用飞机市场上也展示了其竞争力并获得了更多的飞机订单⑧。然

---

① 1996 年，商用飞机的销售额约占波音总收入的 73％（169 亿美元）。美国证券交易委员会，波音 1996 财年 10‑K 年度报告。

② Stanley Holmes，"European Airline Executives Blast Boeing Production Problems," *The Seattle Times*，Mar. 27，1998，found at Internet address http：//newsedge，retrieved Apr. 20，1998；and "Boeing Positioned Well for the Future，Woodard Says，" PR Newswire，Mar. 10，1998，found at Internet address http：//newsedge，retrieved Mar. 11，1998.

③ Polly Lane，"Boeing Plans New Twists on Old Frames，" *The Seattle Times*，Aug. 25，1997，found at Internet address http：//newsedge，retrieved Aug. 26，1997.

④ "Boeing President Sees Greatest Challenge Coming from Within the Company，" *The News Tribune*，Mar. 27，1998，found at Internet address http：//newsedge，retrieved Apr. 20，1998.

⑤ Michael Skapinker，"＄1. 4bn Charge to Put Boeing in Red，" *Financial Times*，Jan. 22，1998，p. 16.

⑥ O'Toole，"Only the Beginning."

⑦ U. S. SEC，McDonnell Douglas Form 10-K Annual Report for Fiscal Year 1996.

⑧ 同上。

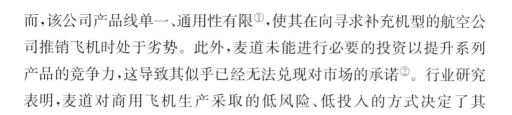

而,该公司产品线单一、通用性有限①,使其在向寻求补充机型的航空公司推销飞机时处于劣势。此外,麦道未能进行必要的投资以提升系列产品的竞争力,这导致其似乎已经无法兑现对市场的承诺②。行业研究表明,麦道对商用飞机生产采取的低风险、低投入的方式决定了其命运③。

3.2.1.2 合并背景

波音成为全球最大的航空航天企业和美国领先的军事承包商之一,这要归功于与麦道合并以及其早期收购了罗克韦尔防务和航天业务。这些扩张使波音在 1997 年的销售额达到 458 亿美元④,并有助于平衡波音的民用和军事业务。1997 年,随着信息、空间和防御系统的销售额上升到 40%,商用飞机业务占公司销售额的比例下降到 59%⑤。

尽管这两家公司的合并已于 1997 年 7 月 1 日获得美国联邦贸易委员会的批准,但在欧盟委员会进行合并审查期间,该交易引发了相当大的争议,并经历了多次谈判。在从 1997 年 3 月开始的为期 4 个月的调查过程中,欧盟委员会对合并提出了几项反对意见⑥,声称合并将在短期内减少大型民用飞机市场潜在竞争对手(即空客)的机会。经过数周的谈判,合并于 1997 年 7 月 30 日正式获得批准,当时波音和欧盟委

---

① Mark Egan, "Boeing Unveils Newest Jet for Regional Carriers," Reuters Ltd., June 10, 1998, The PointCast Network. 对通用性的讨论见第 2 章。

② Airbus Industrie, G. I. E. official, interview by USITC staff, Toulouse, France, Apr. 6, 1998.

③ "Requiem for a Heavyweight," *Air Transport World*, Sept. 1997, p. 128.

④ U. S. SEC, Boeing Form 10-K Annual Report for Fiscal Year 1997.

⑤ 波音剩余销售额来源于服务和其他杂项业务。Boeing Form 10-K Annual Report for Fiscal Year 1997。

⑥ 三个主要反对意见如下:波音将在全球民用飞机市场占据主导地位,从而削弱空客的竞争能力;美国政府用于军事研究的国防资金可用于支持波音的商用飞机项目;波音最近与美国航空公司、大陆航空公司和达美航空公司签订了为期 20 年的独家供应协议,这将限制其他大型民用飞机供应商的进入。

员会就一系列合并条款达成修改协议①。1997 年 8 月 1 日，波音与麦道的合并生效。1997 年 8 月 4 日，合并后的公司正式开始运营。

3.2.1.3　产品

作为全球最大的大型民用飞机生产商，波音拥有庞大的商用飞机生产线，对麦道民用飞机集团相对有限的产品系列兴趣不大②。波音在产的 5 个民用飞机系列——波音 737、波音 747-400、波音 757、波音 767 和波音 777——载客量为 110～568 名，航程范围能满足国内和跨洋航线的全部需求③。MD-95 是麦道为满足细分市场需求而研发的 100 座级飞机④。对波音来说，这是一个扩展产品范围，快速进入支线客机市场的机会。1998 年 1 月，波音宣布 MD-95 更名为波音 717-200，并作为波音产品线进行销售⑤。尽管该机型与其他波音产品的通用性有限，但其优势在于专为 100 座级市场设计，并且是进入该市场的最新型飞机。波音将在现有订单完成后停止生产麦道的其他飞机——双发的 MD-80 和 MD-90 以及三发的 MD-11，因为这些飞机缺乏足够的客户支持，在当前订单完成后，几乎不会有新订单以供继续

---

①　波音同意将麦道的民用飞机业务作为一个独立的法律实体保留 10 年，并且不利用其客户群来获得更大的市场支配地位；向其他飞机制造商授予因防务合同而获得的专利许可，将与欧盟有关此类许可的任何争议提交仲裁，并在 10 年内提供获得政府资金间接支持的科研项目信息；不强制执行其与美国、大陆和达美三家航空公司签订的独家代理商协议，10 年内不签订任何此类协议，除非其他飞机制造商也获得此类协议。更多信息，见"Peace in Our Time," *The Economist*, pp. 59-61; "Boeing Deal Includes Arbitration Process on Patent Licensing Disputes," *Inside U. S. Trade*, Aug. 1, 1997, found at Internet address http://www. inside. trade. com/sec-cgi, retrieved Aug. 12, 1997; and "Boeing, EU Resolve Dispute Over Merger," *Aviation Week & Space Technology*, July 28, 1997, pp. 22-24.

②　Boeing official, interview with USITC staff, Seattle, Feb. 10, 1998.

③　美国、西欧和俄罗斯大型民用飞机的航程和载客量数据见附录 F。

④　有关 100 座级市场的更多信息，见第 6 章。

⑤　"Boeing Introduces the 717-200 Airplane as New Regional Jet," PR Newswire, Jan. 8, 1998, found at Internet address http://www. newsedge, retrieved Jan. 9, 1998.

生产[1]。不过，波音承诺投入资源支持仍在服役的麦道飞机。

尽管波音的大部分飞机是在 1992 年之前设计和研发的，但从那时起，波音已经研发了 4 款波音 737 衍生机型、一款波音 757 衍生机型，并交付了第一架波音 777 飞机。波音公司就波音 777 的研发向航空公司客户进行了广泛的咨询，并将这种合作方法应用于新一代波音 737 系列的研发，为未来的飞机设计开了先河[2]。

随着新一代波音 737 飞机的推出，波音 737 的衍生型号达到了 7 个。波音 737 是一款双发窄体飞机，能满足较大范围的载客量（110～189 名）和多种航线需求。波音 737 飞机被航空公司广泛用于中心辐射式网络航线，在该类航线中，载客量高的飞机可能没有办法得到充分利用，成本效益也较低。

波音 747-400 宽体客机是全球最大的商用飞机[3]，航程为 7 250 海里（n mile），在 3 舱布局下可容纳 420 名乘客。这款飞机是远程、高密度市场的主力机型，也是波音最赚钱的飞机。波音 757 和波音 767 同时研发，并于 1982 年在 5 个月内交付给启动客户，这两款机型的航程和座级瞄准波音 737 和波音 747 之间的市场。波音最新的波音 777 双发飞机，旨在满足市场对介于波音 767 和波音 747 航程和座级之间的飞机的需求。

波音还在评估研发大型飞机（通常座级在 500 以上）的可行性，以满足市场对更长航程、更大座级飞机的长期需求。由于波音认为这一市场

① Stanley Holmes, "Boeing Will Likely Phase Out MD-80, MD-90 Jet Production Lines," *The Seattle Times*, found at Internet address http://www. newsedge, retrieved Oct. 1, 1997, and "Boeing Announces Phase-Out of MD-11 Jetliner Program," PR Newswire, June 3, 1998, found at Internet address http://newsedge, retrieved June 4, 1998.

② Stanley Holmes, "Boeing Asks Airlines for Advice on New 737s, and Old Customers Help Out," *The Seattle Times*, Nov. 17, 1997, found at Internet address http://www. newsedge, retrieved Nov. 18, 1997.

③ 除了此型号的客机外，波音还提供 747-400 货机，可容纳 568 名乘客的适用于短程、高密度美国国内航线的国内版机型，以及满足同时载客和载货需求的组合机型。

规模将不足以覆盖全新飞机的昂贵研发费用,因此波音目前正在考虑研发一款更大的,可额外容纳 70～100 名乘客的波音 747 衍生机型,来参与这一细分市场的竞争。波音预计将于 1998 年底做出是否研发该机型的决定[①]。

3.2.1.4 市场

算上麦道民用飞机业务的份额,波音目前约占全球主要客运航空公司在役大型民用飞机机队(共约 11 413 架西方制造飞机)的 82%[②]。波音飞机数量约占在役大型民用飞机机队的 58%,其中波音 737 系列约占波音飞机总数的 40%(见表 3 - 2);麦道飞机数量约占全球主要客运航空公司在役大型民用飞机机队的 24%,其中 MD - 80 型号约占麦道飞机总数的 41%(见表 3 - 3)。波音和麦道飞机主要由北美和南美的航空公司执飞,它们分别约占波音在役飞机的 53% 和麦道在役飞机的 71%。亚洲、澳洲及中东地区的航空公司运营着大部分(约 51%)波音 747 宽体飞机,主要应用于洲际航线。

表 3 - 2　按地区划分的在役波音大型民用飞机数量(1997 年 8 月数据)

机　型	地　区				
	非　洲	亚洲、澳洲及中东地区[③]	欧　洲	北美和南美	总　计
波音 707	56	33	10	32	131
波音 720	1	0	0	0	1

① Jeff Cole and Stanley Holmes,"Boeing to Revive Plans for Larger Jumbo Jet," *The Seattle Times*,Sept. 9,1998,found at Internet address http://www. newsedge,retrieved Sept. 10,1998.

② 包括截至 1997 年 8 月仍在役的波音、麦道、空客、福克、洛·马和英国宇航公司所生产的大型民用飞机。"World Airliner Census,"*Flight International*,Oct. 15 - 21,1997,pp. 46 - 52。

③ 译者注:中东地区既有亚洲国家也有非洲国家,原文中并未对统计的数据是否重叠做出说明,故此处翻译时尊重原文,表 3 - 3 和表 3 - 10 亦如是。

机　型	地　区				
	非　洲	亚洲、澳洲及中东地区	欧　洲	北美和南美	总　计
波音 727 - 100	47	10	23	321	401
波音 727 - 200	39	47	95	759	940
波音 737 - 100	0	0	0	17	17
波音 737 - 200	83	131	169	543	926
波音 737 - 300	7	195	241	552	995
波音 737 - 400	7	127	200	95	429
波音 737 - 500	17	43	138	133	331
波音 737 - 600①	0	0	0	0	0
波音 737 - 700②	0	0	0	0	0
波音 737 - 800③	0	0	0	0	0
波音 747 - 100/SP	10	60	23	77	170
波音 747 - 200	9	152	111	89	361
波音 747 - 300	7	52	13	5	77
波音 747 - 400	5	243	100	47	395
波音 757	8	62	172	509	751
波音 767 - 200	13	60	15	132	220
波音 767 - 300	5	140	114	175	434
波音 767 - 400④	0	0	0	0	0
波音 777 - 200	3	46	14	26	89

机 型	地 区				
	非 洲	亚洲、澳洲及中东地区	欧 洲	北美和南美	总 计
波音 777 - 300⑤	0	0	0	0	0
总计	317	1 401	1 438	3 512	6 668

① 于 1998 年 9 月交付。
② 于 1997 年 11 月交付。
③ 于 1998 年 4 月交付
④ 预计于 2000 年 5 月交付首架机。
⑤ 于 1998 年 6 月交付。
注：数据包括截至 1997 年 8 月在全球航空公司运营商运营的所有波音商用涡轮喷气飞机（客运和货运）。

资料来源：World Airliner Census, Flight International, Oct. 15 - 21, 1997, pp. 46 - 52.

表 3 - 3　按地区划分的在役麦道大型民用飞机数量(1997 年 8 月数据)

机 型	地 区				
	非 洲	亚洲、澳洲及中东地区	欧 洲	北美和南美	总 计
MD - 11	0	46	47	72	165
MD - 80	8	100	333	689	1 130
MD - 90	0	24	10	19	53
DC - 8	11	3	5	244	263
DC - 9	9	9	90	676	784
DC - 10	8	39	46	246	339
总计	36	221	531	1 946	2 734

注：数据包括截至 1997 年 8 月在全球航空公司运营商运营的所有麦道商用涡轮喷气飞机（客机和货机）。

资料来源：World Airliner Census，*Flight International*，Oct. 15 - 21，1997，p. 52.

波音和麦道的民用飞机业务均受益于20世纪90年代中期全球大型民用飞机市场状况的改善——航空公司选择更换旧飞机、开辟新航线并增加班次[①]。得益于对新一代波音737的需求增加——1995—1997年波音订单增长了86%（见表3-4），在很大程度上刺激同期交付量增长了56%（见表3-5）。尽管1995年麦道的订单激增至130架，其中38%是新研发的MD-95，但1995—1997年的飞机交付量仍未达到早期的高点（见表3-6和表3-7）。1995年后，麦道飞机的订单未能跟上其他飞机制造商的步伐，连续几年减少直至1997年的17架订单。1997年波音的订单占全球大型民用飞机订单的54%，低于1996年的69%。

表3-4　按机型划分的波音净订单（1992—1997年）

机 型	1992	1993	1994	1995	1996	1997
波音737	111	101	66	172	449	320
波音747	24	2	16	39	75	37
波音757	35	33	12	13	59	45
波音767	22	53	15	22	44	98
波音777	42	20	0	92	85	51
总计	234	209	109	338	712	551

资料来源：Jet Information Services, Inc., World Jet Inventory Year-End 1997, Mar. 1998, p. 12.

[①]　Boeing Commercial Airplane Group Marketing, *1988 Current Market Outlook*, June 1998，pp. 28 - 35.

表 3-5　按机型划分的波音交付数量（1992—1997 年）

机　型	1992	1993	1994	1995	1996	1997
波音 737	218	152	121	89	76	135
波音 747	61	56	40	25	26	39
波音 757	99	71	69	43	42	46
波音 767	63	51	40	36	44	42
波音 777	0	0	0	13	32	59
合计	441	330	270	206	220	321

资料来源：Jet Information Services, Inc., World Jet Inventory Year-End 1997, Mar. 1998, p. 14.

表 3-6　按机型划分的麦道订单（1992—1997 年）

机　型	1992	1993	1994	1995	1996	1997
MD-11	7	6	4	9	10	11
MD-80	10	10	9	14	17	2
MD-90	26	0	0	57	18	4
MD-95	0	0	0	50	0	0
总计	43	16	13	130	45	17

资料来源：Jet Information Services, Inc., World Jet Inventory 1997, Mar. 1998, p. 12.

表 3-7　按机型划分的麦道交付数量（1992—1997 年）

机　型	1992	1993	1994	1995	1996	1997
MD-11	42	36	17	18	15	12
MD-80	85	43	23	18	12	16

（续表）

机 型	1992	1993	1994	1995	1996	1997
MD-90	0	0	0	14	24	26
MD-95	0	0	0	0	0	0
总计	127	79	40	50	51	54

资料来源：Jet Information Services，Inc.，World Jet Inventory Year-End 1997，Mar. 1998，p. 14.

3.2.1.5　合并后的发展

债务评级下调[①]、客户满意度下降、产品质量和售后支持等方面的声誉下降[②]均体现了行业和市场对波音合并后整体业绩的负面反馈[③]。合并后，波音面临着如何迅速将防务、航天和大型民用飞机整合进组织架构以及如何确定麦道飞机项目的未来等问题。与此同时，波音未能充分预估即将涌现的大型民用飞机需求的规模以及月产量增长给其生产基础设施带来的压力。20世纪90年代初，波音在向

---

① 标准普尔将波音的债务评级下调至 AA 级，这通常会导致借款利率上升。然而，波音的运营负债相对较低，这种降级可能对运营几乎没有影响。Stephen H. Dunphy，"Standard & Poor's Lowers Boeing's Debt Rating，"*The Seattle Times*，June 8，1998，found at Internet address http://newsedge，retrieved June 10，1998。

② 继 1997 年第四季度亏损 4.98 亿美元后，波音报告 1998 年第一季度整体运营净收益为 5 000 万美元，第二季度整体运营净收益为 2.58 亿美元。尽管收入不断增加，但商用飞机运营在 1998 年第一季度亏损 2.51 亿美元，在 1998 年第二季度亏损 1 000 万美元。"Boeing Reports 1998 1st Quarter Results，" Apr. 22，1998，and "Boeing Reports 1998 2nd Quarter and First Half Results，"July 23，1998，Boeing press releases，found at Internet address http://www. boeing. com/news/releases/1998/news_release_980723a. html，retrieved July 27，1998。

③ 参见 Holmes，"European Airline Executives Blast Boeing Production Problems；""Boeing Earnings Take Another Hit，"*The Seattle Times*，found at Internet address http://newsedge，retrieved Apr. 20，1998；and Jeff Cole and Polly Lane，"Boeing Moves to Reduce Customer-Service Complaints，"*The Seattle Times*，Nov. 11，1998，found at Internet address http://newsedge，retrieved Nov. 13，1998。

精益生产①转型的过程中大幅削减了员工和供应商，并对其生产和采购流程进行了持续改造（本章后面将讨论），这一错误导致先前的问题被进一步放大。生产线效率低下的问题大量暴露出来，一方面导致波音 747 生产线分阶段停产了一个月②，另一方面使得波音公司不得不于 1997 年 10 月"重新平衡"其波音 737 生产线③。

波音于 1997 年秋季对麦道大部分产品的命运做出决定，并于 1998 年 3 月发布了一项整合计划，旨在"简化设施、聚焦制造和组装，移除冗余实验室"④。波音仍在与生产和升级困难作斗争，特别是在波音 737 生产线上。波音还修改了未来的生产计划和产品组合，以期符合亚洲金融经济危机后市场需求疲软的前景⑤。

3.2.1.6　未来的方向

当前市场需求处于高位，而合并占用了波音大量的现有资源，这使得波音面临着许多竞争挑战。合并似乎对全球大型民用飞机市场格局和波音的整体运营产生了极大的影响，因为波音从一家主要从事商用飞机业务的企业转变为更加多元化的航空航天制造商。与之相反的是，合并对波音的大型民用飞机部门的直接影响较小，反而促成了其产品、工程、人员和市场的扩张。波音业务的拓展可能有助于降低大型民用飞机产业周期性对其财务和生产造成的影响，但这势必需要其付出加倍的努力来整合资产。此外，波音的多项新职能可能会对财务和资

---

①　精益生产通常描述一种流线型的生产过程，其重点是最小化浪费，以降低成本和使利润最大化。精益制造包括各种生产概念，如准时库存和生产系统、强调员工在特定产品方面的专业知识以及模块化制造单元，这些概念可根据公司要求实施。

②　波音 747 的生产困难部分原因是其组件制造商将工作转移给了整合后的上游供应商。Boeing official，interview with USITC staff，Seattle，Feb. 10，1998。

③　"Parts Shortages Slow Down Boeing Production，" *Flight International*，Oct. 15‑21，1997，p. 11.

④　"Boeing Reports 1998 1st Quarter Results，" Boeing press release.

⑤　Frederic M. Biddle，"Boeing to Cut 747 Output 30% in 1999 and to Curtail Production of Its 777，" *The Wall Street Journal*，June 10，1998.

产管理造成额外的消耗，这可能会对波音大型民用飞机部门的长期竞争力产生不利影响。波音正致力于降低成本、提高生产率、改善供应链管理、扩大市场机会、增加国外零部件采购，以保持或扩大其60％的市场份额目标[①]，从而应对全球大型民用飞机市场向商品型定价的行业转变[②]，具体如下所述。

1）合并对波音可能产生的影响

收购罗克韦尔和麦道的资产给波音带来了管理方面的严峻挑战。波音必须协调不同的企业政策和运营体系，整合资产以优化运营连续性。与其他正在进行重大收购的美国防务公司一样，行业分析师指出，尽管与大型民用飞机部门相比，波音的军机项目重叠较少，但其防务业务整合似乎存在相当大的问题，进展缓慢[③]。为了提高灵活性并突出重点，波音计划剥离一些非核心资产，"在更少的地方做更少的事情"[④]。此外，不仅需要实体资产的整合，还需要企业文化、雇员和管理的融合[⑤]。据说，波音内部为此产生了冲突，因而阻碍了平稳过渡[⑥]。

关于可用资金，许多行业分析师预计，波音在合并后作为防务承包

① Boeing official, interview with USITC staff, Seattle, Feb. 10, 1998.

② Henkoff, "Boeing's Big Problem."

③ Anthony L. Velocci, Jr., "Boeing Integration Strategy Faces a Skeptical Audience," *Aviation Week & Space Technology*, May 11, 1998, p. 74.

④ Mr. Harry Stonecipher, President and Chief Operating Officer of Boeing, as reported by Chris Genna, "Boeing Faces Plenty of Questions But Gives Few Answers at Farnborough," AeroWorldNet, Sept. 7, 1998, found at Internet address http://www. aeroworldnet. com/1in09078. htm, retrieved Sept. 11, 1998.

⑤ 波音还重组了董事会，以更准确地体现新的企业架构。由于麦道董事会四位前成员的加入，新董事会拥有更广泛的航空航天经验、更多元化的行业视角以及更多的政府关系方面的专业知识。因此，董事会可能会对波音的决策过程和企业理念给出更广泛的意见和方法。"Boeing to Face Scrutiny," *Puget Sound Business Journal*, Oct. 31, 1997, found at Internet address, http://newsedge. retrieved Nov. 6, 1997。

⑥ Stanley Holmes, "Growing Pains, Part I: Boeing's Toughest Test Yet," *The Seattle Times*, Feb. 1, 1998, found at Internet address http://www. seattletimes. com/news/business/html98/boe_020198. html, retrieved Feb. 2, 1998.

商的地位得到了加强，这将有助于其获得可观的现金流，从而在大型民用飞机产业衰退和激烈竞争的定价周期内创造获利机会①。此外，获得的现金流可以通过提供更多的产品和市场多元化来抵消大型民用飞机市场的周期性，从而为波音的财务业绩带来更大的稳定性②。随着更稳定的财务状况和更充足的现金流，波音有可能改善其整体财务状况并获得外部资本的青睐，以履行当前职能，并获得更大的财务灵活性以资助未来项目研发，从而获得其他生产性收益。

尽管存在这种潜力，但部分由大型民用飞机生产问题和价格压力导致的整合工作滞后和赢利能力下降的问题还是对波音的财务状况和股票价值产生了负面影响③。非大型民用飞机业务利润水平低，占用研发和投资资金比例逐渐提高，这会对大型民用飞机生产可用资金产生挤占。如果没有新项目上马，则短期内资金的短缺可能并不重要。但如果大型民用飞机市场需要全新的飞机或需要高投入的技术，则资金可能成为中长期发展的一个重要影响因素。

波音收购麦道的商用飞机业务后，可以通过吸纳麦道的工程人员来提高其设计和研发能力，并通过增加灵活性和产能来提高其制造能力。麦道技能熟练的工程师有望为波音的设计和制造做出重大贡献④，

① Stanley Holmes，"Boeing is Coming Up Short in Fat Times," *The Seattle Times*，Oct. 23，1997，found at Internet address http://newsedge，retrieved Oct. 24，1997.

② 到 2002 年，该部门的收入可能在 22 亿～250 亿美元，利润率为 10%～14%。Anthony L. Velocci, Jr., "Boeing Integration Strategy Faces a Skeptical Audience," *Aviation Week & Space Technology*，May 11，1998，p. 75.

③ 波音最近宣布打算通过提高生产率和整合收益，实现 7% 的年销售回报率，从而提升股票价值。Jeff Cole，"Boeing Expects Upturn in Profits by Late 1999," The Seattle Times，July 23，1998，found at Internet address http://newsedge，retrieved July 24，1998。

④ European airline official，interview with USITC staff，London，May 22，1998.

如改善波音的生产成本和流程①。这些员工身上的麦道商业文化,可以激发不同的工作灵感②和生气,带来不同的飞机设计、研发和制造理念。麦道位于加利福尼亚州长滩的基地已成为波音 717 - 200 喷气式客机的组装、集成和测试中心。波音也正在重新评估先前的一项决定,即在长滩增加新一代波音 737 总装线作为主生产基地西雅图的产能补充③。长滩早前被选为公务机和其他波音 737 特种机型的装配基地,这凸显了波音通过增设该生产场地而获得的生产灵活性。此外,波音还收购了几家为麦道系列飞机制造子组件和部件的工厂,从而增强了零部件制造能力④。

尽管麦道生产的大型民用飞机产品范围相对狭窄,但增加波音 717 - 200 可以使波音的产品系列以相对较低的成本扩展到短程和支线市场。如果市场有需求⑤,波音将研发该飞机的更小或更大的衍生产品,使其在大型民用飞机和支线飞机市场之间的细分市场中成为处于有利地位的竞争者。麦道在役机队也增加了波音在役飞机的基数。随着维护和支持设施对飞机和零部件制造商赢利的重要性日益增加,波音更大的在役飞机基数可能会创造更多的收入机会⑥,尤其是在波音对

① Airbus Industrie official,interview with USITC staff,Toulouse,France,Apr. 6,1998.

② European airline official,interview with USITC staff,London,May 22,1998.

③ Polly Lane,"Boeing Rethinks Plans for 737 Jet Assembly in Long Beach, Calif.,"*The Seattle Times*,Oct. 20,1998,found at Internet address http://newsedge, retrieved Oct. 21,1998.

④ 例如,"Salt Lake Boeing Plant Prides Itself on High Productivity,Low Cost," *The Salt Lake Tribune*,July 20,1998,found at Internet address http://newsedge, retrieved July 21,1998。

⑤ 波音有意推出一个完整的波音 717 系列,包括一款可容纳 80~85 名乘客的波音 717 - 100 和一款可容纳 125~130 名乘客的波音 717 - 300。Mark Egan,"Boeing Unveils Newest Jet for Regional Carriers,"Reuters News Service,The PointCast Network,June 10,1998。

⑥ European industry officials,interview with USITC staff,Paris,Apr. 3,1998.

进一步发展其维护网络表现出了兴趣的情况下①。大基数也可成为影响航空公司采购决策的一个因素,并且可以为供应售后市场的组件和零部件制造商提供更大的稳定性②。

2)应对大型民用飞机市场的变化

由于现有飞机生产线的技术变革已接近尾声③,激烈的价格竞争促使波音加快了喷气式飞机的组装速度,其目标是在 6 年内将飞机成本降低 25%,将交付周期④缩短 33%～40%⑤。为了实现这一目标,波音于 1994 年对其过时的劳动密集型工程、生产和采购流程进行了全面改革。波音引入精益制造以提高员工生产力,重新设计生产线并转向准时制库存管理⑥。然而,由于波音着力于解决更紧迫的生产问题⑦,该计划的全面实施已被推迟⑧。在努力寻求其他降低成本的方法方面,波音打算在 1999 年底前将员工数量减少 18 000～28 000 人⑨,并生产更多零件通用和有限选型的标准化飞机⑩。这一措施的目的是通过减少

① Paul Proctor, "Boeing Buys Stake in Maintenance Center," *Aviation Week & Space Technology*, Aug. 18, 1997, p.36.

② European industry officials, interview with USITC staff, Bonn, Apr. 1, 1998.

③ Ron Woodard, President of Boeing Commercial Aircraft Group, as cited by Henkoff, "Boeing's Big Problem."

④ 飞机从下订单到交付的时间。

⑤ Holmes, "Growing Pains, Part 1: Boeing's Toughest Test Yet."

⑥ 该项目名为确认和控制飞机构型/制造资源管理(DCAC - MRM)。Holmes, "Growing Pains, Part 1: Boeing's Toughest Test Yet."。

⑦ 由于大型民用飞机部门的生产和财务表现不尽如人意,波音于 1998 年 9 月更换了其民用飞机集团新管理层,任命了新的集团总裁。Jeff Cole, "Boeing Removes President of Commercial Airplane Group," *The Seattle Times*, Sept 1, 1998, found at Internet address http://newsedge, retrieved Sept. 2, 1998。

⑧ 据报道,该计划阻碍了飞机组装的及时完成,未来是否继续实施正在评估中。Stanley Holmes, "Boeing Puts Process of Revamping Production on Hold," The Seattle Times, Oct. 22, 1998, found at Internet address http://newsedge, retrieved Oct. 27, 1998。

⑨ "Boeing Announces Additional Consolidation and Realignments," Boeing press release, Aug. 13, 1998, found at Internet address http://www.boeing.com/news/releases/1998/news_release_980813a.html, retrieved Aug. 14, 1998。

⑩ Holmes, "Growing Pains, Part 1: Boeing's Toughest Test Yet."

零部件库存、简化飞机装配和缩短周期来降低生产成本。

波音更加重视通过供应链管理①降低成本、提高响应速度，并在数量不断减少的供应商的基础上提高产品质量、鼓励竞争、确保主要部件由多个供应商提供维护服务②。如何使小型零部件制造商更好地规划未来并回收其固定投资成本，是一个与该产业周期性相关的难题。波音正在与其全部供应商签订长期（5～10年）合同，希望通过这种方法，保持健康的供应商体系③。

为了扩大其市场份额，波音正寻求通过一系列手段来吸引客户，包括使飞机的通用性最大化④、提升客户服务水平、在飞机研发阶段征求航空公司的意见、在其飞机系列中增加支线飞机、探索大型飞机选项等。然而，波音目前还没有考虑研发全新的飞机⑤。

最后，鉴于大型民用飞机产业的全球性⑥，针对市场准入受到限制且预计将成为主要飞机购买者的国家⑦，波音可能会增加国外零部件的

---

① 更多信息见本章"美国和欧盟大型民用飞机产业结构变化的影响"部分内容。

② Boeing official，interview with USITC staff，Seattle，Feb. 10，1998.

③ 例如，波音最近与主要铝生产商谈判并签订了10年合同，以确保金属的持续供应。Frank Haflich，"Boeing Pacts：Firm on Prices，Less on Path，" *American Metal Market*，Sept. 2，1998，p. 1.

④ 波音在1996年的报告中称其"基本战略是通过最大化波音商用飞机系列的通用性，保持丰富的产品系列，以应对不断变化的市场条件"。U. S. SEC，Boeing Form 10-K Annual Report for Fiscal Year 1996。

⑤ Henkoff，"Boeing's Big Problem."

⑥ "Business for Boeing Means Business for Europe，" speech by Mr. Ron Woodard，President，Boeing Commercial Airplane Group，at European Aviation Club，Brussels，Boeing press release，Feb. 10，1998，found at Internet address http://www. boeing. com/news/speeches/current/europe，retrieved June 30，1998.

⑦ 波音管理人员指出，尽管波音近85％的飞机在美国组装，仍有约70％的飞机出售给非美国客户。"Company Must Increase Its Overseas Production，Commercial Airplane Group President Insists，" *Morning News Tribune*，Nov. 21，1997，found at Internet address http://newsedge，retrieved Nov. 25，1997；and "Boeing Takes the Gloves Off，" *Aviation Week & Space Technology*，Dec. 1，1997，p. 13。

生产①。由于许多海外市场有发展航空产业的雄心壮志，国外零部件采购已成为一项重要的市场准入战略②。飞机制造商通常通过生产抵销③从较新的外国供应商处采购不太复杂和非技术密集型部件，而这也成为其进入相应市场开展销售的机会。此外，从成本较低的制造国家采购也有助于降低飞机生产成本。

3.3 西欧大型民用飞机产业

3.3.1 空中客车工业公司

3.3.1.1 背景

空客联合体④的形成源于西欧政府认为本国领先的航空航天企业的生存受到美国飞机日益普及的威胁，而合作设计大型民用飞机的方法将有助于形成更强大的竞争地位。空客主要承担管理、市场、销售和客服的职能。联合体合作伙伴参与空客飞机的设计和制造，每个成员负责特定飞机组件的生产⑤。负责设计的机构位于法国图卢兹，同时某些空客飞机的总装也在法国宇航公司的工厂完成；其余的空客飞机在

---

① Boeing official, interview with USITC staff, Seattle, Feb. 10, 1998.

② 同上。

③ 对抵销的讨论见附录 G。

④ 空客于 1970 年开始运营，目前所有权归属于以下 4 方：法国宇航和德国戴姆勒-奔驰子公司德国航宇空客（DASA）分别占股 37.9%，英国宇航公司（BAe）占股 20%；西班牙航空工业公司占股 4.2%。意大利阿莱尼亚和比利时 Belairbus 等其他企业以风险共担伙伴的方式参与特定项目。

⑤ 法国宇航负责制造驾驶舱、前机身、部分中机身/翼盒部段、发动机吊架和减升板；BAe 负责制造机翼；戴姆勒-奔驰负责制造机身部段、垂尾、尾锥、方向舵襟翼、扰流板、襟翼整流罩，以及机翼部段组装；CASA 负责制造水平安定面、升降舵、前起落架舱门和后客舱服务门。见网址 http://www.airbus.com/overview.html, retrieved Jan. 8, 1998。

位于德国汉堡的戴姆勒-奔驰工厂进行组装①。

空客因其技术创新和跨项目通用性而得到了广泛的认可。空客还通过合作伙伴的内部改进②和实施模块化组装提高了生产效率③。然而,空客仍然缺乏某些业务要素,如完整的产品阵容和成熟的服务文化④。此外,空客当前组织结构的某些固有特征,如缺乏集中决策,妨碍了其尽可能高效和负责地运营。

3.3.1.2 空客架构概述

空客目前是根据法国法律设立的经济利益集团(G. I. E.)⑤。G. I. E. 是一种具有独立于其成员的法律身份且无固定出资要求的合资企业。每家合伙企业都根据其注册所在国的法律运作,因此无须顾及其他国家相互冲突的税收和法律体系。与美国的合资企业一样,G. I. E. 无须公布财务业绩或缴纳利润税⑥,除非其选择这样做。但是,G. I. E. 的合伙企业必须遵守各自国家的法律和税法,根据公司整体利润缴纳税款。G. I. E. 成员对 G. I. E. 的债务和义务依据其对应的成员

---

① 法国宇航负责 A330、A310、A320、A300 和 A340 的总装;戴姆勒-奔驰负责 A321 和 A319 的总装。见网址 http://www. airbus. com/overview. html, retrieved Jan. 8, 1998。

② 例如,DASA 在 1997 年完成了业务整合,以提高其空客装配线竞争优势。Oliver Sutton, "Ramping Up Airbus Production," *Interavia*, May 1998, p. 28。

③ 空客已经将图卢兹 A330/340 的生产从线性装配转向模块化流程系统,消除了生产障碍,减少了飞机的移动,从而使制造系统更加精简,停机时间更少。Airbus Industrie official, interview with USITC staff, Toulouse, France, Apr. 7, 1998。

④ Airbus Industrie presentation to USITC staff, Toulouse, France, Apr. 7, 1998.

⑤ 该类型组织根据 1967 年 9 月 23 日 Ordinance No. 67 - 821 和 1968 年 2 月 2 日 Decree No. 68 - 109 于法国成立。

⑥ Gellman Research Associates, Inc. , for the U. S. Department of Commerce, *An Economic and Financial Review of Airbus Industrie* (Jenkintown, PA: Sept. 4, 1990), p. 1 - 2, and George Eberstadt, "Government Support of the Large Commercial Aircraft Industries of Japan, Europe, and the United States," contractor document for Office of Technology Assessment, *Competing Economies: America, Europe, and the Pacific Rim* (Washington, DC: Congress of the United States, 1991), p. 236.

权利承担连带责任[①]。由于空客成员企业无须分享其成本信息，因此成员企业和空客（财务总监除外）均不知道飞机制造的实际成本。透明度的缺乏降低了合作企业对空客的监督和控制。

法国 G. I. E. 可以获取包括财务在内的资源，而这些资源可能是单独的美国企业无法比拟的。此外，G. I. E. 汇集资源的方法并不影响其成员的自主权[②]。就空客而言，G. I. E. 结构提供了很多好处，例如在全面伙伴关系的基础上进行合作[③]，整合合作企业的技术优势，放开获取巨额资本的渠道，在资金和技术方面汇集大量资源基础，在更大的基础上分散风险和成本，以及促进新成员的发展。G. I. E. 结构还允许成员企业作为联合体参与集团项目，同时也为合作企业提供独立开展其他非竞争性项目的选择[④]。

虽然 G. I. E. 结构带来了一些益处，但一个明显的短板就是在企业决策过程中有发言权的合作企业的数量较多。由于每个空客股东也是其制造投入的来源，因此合作企业可能会做出不符合空客整体最佳利益的决策[⑤]。空客合作企业更倾向于优化其作为股东和供应商的地位，而不是为空客争取最佳结果[⑥]。因此，决策过程可能比完全整合的企业

① "Responses of Airbus Industrie, G. I. E., to Questions Regarding the ITC's Study on Global Competitiveness of the U. S. Aircraft Industry," tab J. 1; and Gellman, *An Economic and Financial Review of Airbus Industrie*, p. 1 - 2.

② Transcript of hearing for USITC investigation No. 332 - 332, Apr. 15, 1993, pp. 182 - 183, 191, 222; and Mary Anne Rose, *Airbus Industrie: High Technology Industrial Cooperation in the ECStructure, Issues, and Implications with a View Towards Eurofar*, paper for conference on The European Community in the 1990s, Emerging Concepts and Priorities, George Mason University, May 24 - 25, 1989 (San Jose, CA: San Jose State University Foundation for NASA Ames Research Center, May 1989), p. 11.

③ "Responses of Airbus Industrie," tab J. 2.

④ 同上。

⑤ Airbus Industrie official, interview with USITC staff, Toulouse, France, Apr. 7, 1998.

⑥ "Responses of Airbus Industrie," tab J. 2.

更加复杂,甚至耗时更长。客户寻求产品支持时也可能出现问题,因为空客必须将客户推荐给具体负责的联合体成员,这可能导致运营延迟和缺乏凝聚力①。业内人士还指出,由于合作企业作为所有者和供应商的双重角色,空客可能无法获得性价比最高的飞机部件,部分原因是缺乏激烈的外部竞争和业务职能的重复②以及无法整合供应商之间的部件采购。在产业日益全球化和某些采购国期望参与部分飞机生产业务以换取市场准入的情况下,合作企业的双重角色也可能限制离岸部件外包③。

3.3.1.3　产品

空客在 20 世纪 80 年代末和 90 年代初实施了一项雄心勃勃的扩张计划。在此期间,该公司在 1992—1996 年首次交付了 4 款新机型,包括 A319、A321‐100、A330‐300 和 A340 的 2 个衍生机型,从而使飞机数量增加了一倍。这些飞机填补了空客产品线的空白。目前空客产品线覆盖 124～380 座级④,与波音和麦道的许多现有大型民用飞机形成直接竞争关系。

尽管产品线有所扩大,但空客在目前由波音 747 主导的大型(超过 400 个座位)远程市场⑤上仍缺乏机会。为了扩大其产品范围,空客正在研发 A3XX 飞机。第一款机型将有望达到 550 个座位,当时预计于 1999 年底启动,2004 年底交付⑥。由于与该项目相关的成本极高(估计

---

①　"Responses of Airbus Industrie," tab J. 2.

②　"The Sole Competitor," *Fortune*，Jan. 12，1998，网址为 http://www. pathfinder. com/fortune/1998/980112/boe2. html，retrieved Jan. 12，1998.

③　Aerospace Industries Association, Inc. officials, interview with USITC staff, Washington，DC，Dec. 3，1997.

④　A330‐300 可配置为 440 名乘客的高密度布局。

⑤　关于 500 座级市场的更多信息,见第 6 章。

⑥　"Airbus Readies Challenge to 747's Long Dominance," *Puget Sound Business Journal*，June 5，1998，found at Internet address http://newsedge，retrieved June 10，1998.

在 100 亿～200 亿美元之间①），因此空客已引入其他合作伙伴共同研发②。同时，空客最近宣布针对 100 座级市场研发 A318，即 A319 的缩小机型，预计投入运营的时间为 2002 年③。鉴于空中客车工业亚洲公司 100 座级飞机研发项目④已被取消，这款成本低上市快的飞机有望成为波音 717‑200 的竞争对手⑤。

A320 系列窄体客机的吸引力部分来自创新技术和简化驾驶舱设计的结合（例如，侧杆和电传系统已成为空客后续飞机的标配），以及其相对于第一代波音 737 系列更具竞争力的运营成本。驾驶舱的通用性遍及 A320 系列⑥，允许所有三款系列飞机⑦共用同一个驾驶员型别等级。A330/340 宽体飞机比 A320 飞机拥有更长的航程和更大的座级，但这两款飞机配备了相同的驾驶舱（略有改变），这有助于窄体客机和宽体客机的机组人员完成交叉认证⑧。空客还在探索在合适的时候推出 A330 和 A340⑨的衍生机型，以进入目前由波音主导的持续增长的 300～400 座级远程飞机市场。

---

① Cole and Holmes，"Boeing to Revive Plans for Larger Jumbo Jet."

② 阿莱尼亚（意大利）、Belairbus（比利时）、福克（荷兰）、萨博（瑞典）和 Finavitec（芬兰）都参与了 A3XX 项目。

③ Pierre Sparaco，"Airbus to Launch Boeing 717 Rival，"*Aviation Week & Space Technology*，Sept. 14，1998，p. 26.

④ 关于该 100 座级飞机项目的更多信息，见第 5 章。

⑤ 更多信息见本章"空中客车工业亚洲公司"。

⑥ 包括 A319（124 座）、A320（150 座）和 A321（185 座）。空客现有飞机系列，见网址 http://www. airbus. com，retrieved July 16，1998。

⑦ 机组人员交叉认证通过突出飞机的差异而不是学习全新的飞机来降低培训成本，从而减少航空公司在飞行员/客舱人员方面的支出。

⑧ "25 Flying Years，" *Flight International* supplement，Oct. 29，1997‑Nov. 4，1997.

⑨ "Airbus Gives Go-Ahead for A340‑500/600，" PR Newswire，Dec. 8，1997，found at Internet address http://www. newsedge，retrieved Dec. 9，1997；以及 Michael Skapinker，"Lufthansa to Buy Ten A340‑600s，"*Financial Times*，Dec. 5，1997，p. 3. A340‑500 在三舱布局下能够搭载 313 名乘客，最大载客量可达 440 名。A340‑600 在典型三舱布局下载客量为 380 名。A340‑600 计划于 2002 年初开始交付，A340‑500 将在随后几个月开始交付。空客网址，http://www. airbus. com，retrieved Sept. 4，1998。

3.3.1.4 市场

自 1995 年以来,全球飞机市场的复苏对空客的交付和订单产生了与其他大型民用飞机制造商相同的积极影响。自 1995 年以来,空客的飞机订单增长了 4 倍,产量大幅增加。1997 年交付 182 架飞机,同比增长了 44%(见表 3-8 和表 3-9)。空客 1997 年收获了 44% 的全球大型民用飞机订单,高于 1996 年的 29%。

表 3-8　按机型划分的空客大型民用飞机净订单量(1992—1997 年)

机　型	1992	1993	1994	1995	1996	1997
A300	16	3	0	2	15	6
A310	13	3	0	4	0	1
A319	6	0	41	30	51	240
A320	58	13	27	39	128	73
A321	9	0	18	12	45	50
A330	1	2	2	9	42	64
A340	20	14	27	7	33	25
总计	123	35	115	103	314	459

资料来源:Jet Information Services,Inc.,*World Jet Inventory Year-End 1997*,Mar. 1998,p. 12.

表 3-9　按机型划分的空客大型民用飞机交付量(1992—1997 年)

机　型	1992	1993	1994	1995	1996	1997
A300	22	22	23	17	14	6
A310	24	22	2	2	2	2

（续表）

机　型	1992	1993	1994	1995	1996	1997
A319	0	0	0	0	18	47
A320	111	72	48	33	38	58
A321	0	0	16	22	16	22
A330	0	1	9	30	10	14
A340	0	22	25	19	28	33
总计	157	139	123	123	126	182

资料来源：Jet Information Services，Inc.，*World Jet Inventory Year-End 1997*，Mar. 1998，p. 14.

在全球约 11 413 架西方生产的在役大型民用飞机中，空客目前占 13%。欧洲、亚洲、澳洲及中东地区的航空公司分别拥有这些空客飞机的 36% 和 35%（见表 3-10）。航空公司运营的空客飞机主要为 A300 宽体飞机，主要用于亚洲、澳洲及中东地区的高密度航线；以及 A320 单通道飞机，主要用于欧洲、北美和南美，这些市场对中航程、中等座级飞机的需求更大。

表 3-10　按地区划分的在役空客大型民用飞机数量（1997 年 8 月数据）

机　型	地　区				
	非　洲	亚洲、澳洲及中东地区	欧　洲	北美和南美	总　计
A300	28	214	91	76	409
A310	13	72	86	55	226
A320	24	136	230	192	582

机　　　型	地　　区				
	非　　洲	亚洲、澳洲及中东地区	欧　　洲	北美和南美	总　　计
A321	3	10	62	0	75
A330	0	46	13	1	60
A340	7	38	55	8	108
总计	75	516	537	332	1 460

注：数据包括截至 1997 年 8 月全球所有航空公司运营商正在运营的所有空客商用涡轮喷气式飞机（客机和货机）。

资料来源：World Airliner Census，*Flight International*，Oct. 15 - 21，1997，pp. 42 - 44.

3.3.1.5　未来的方向

空客最重要的目标是组建一个单一企业实体（SCE），这要求对其企业结构进行全面重组，以增强其在当前价格敏感的飞机市场上的竞争力。空客希望通过 SCE 实现更高的运营效率，并扩大未来项目投资的国际融资渠道。空客还是与业界一样对降低成本、改进流程和组织形式以及推进全球化表示关注。此外，空客正在优先研发其现有飞机系列的衍生产品，在支线喷气式飞机和大型飞机市场上寻求机会，并响应客户的需求（如提高运营能力、支持服务能力和乘客舒适度），以实现其占全球飞机市场 50％ 份额的目标[①]。

空客运营结构的变更建议和可能的影响

空客的重组可提高其满足未来全球大型民用飞机市场需求的能力，促进新型号的成功研发，并在现在和未来的市场领域与波音竞争。

---

① "Boeing and Airbus Report 1997 Orders/Deliveries," Jan. 12，1998，AeroWorldNet，found at Internet address http://www. aeroworldnet. com/1tw01128. htm，retrieved Jan. 13，1998.

通过将空客的权力和责任整合到一个单一公司管理层中，预计该单一实体将缩短产品周期并提高生产力、赢利能力和客户支持服务水平①。从长远来看，空客可能会通过简化流程和提高效率来降低运营成本，更灵活地将飞机部件进行外包，并在国际市场上获得更多的资金资源。空客还可以更加专注于提高利润，这可能会对战略规划产生长期影响。然而，对运营灵活性的自我限制和尚未解决的内部分歧可能会影响空客实现最佳的业绩水平，并阻碍其与全球大型民用飞机市场全面接触。在过渡过程中，解决合作伙伴们各自关注的不同文化和政治问题一直是一项艰巨的任务，这导致向 SCE② 转变的日期从 1999 年 1 月 1 日被推迟到 1999 年的某个时候③。

G. I. E. 结构已经被证明是建立具有全球竞争力的欧洲大型民用飞机制造商的成功手段。然而，全球市场的变化迫使合作伙伴们寻求一个反应更迅速、效率更高的 SCE 结构，以应对与国外市场上大型民用飞机制造商进行更多产业合作的需求以及政府资助水平下降④、贸易和关税总协定监管加强、股东期望值增高、更有效地与波音竞争的需要⑤。

空客在运营和竞争方面最重要的改进之一将是转向集中管理和决策，聚焦于空客而非合作伙伴的目标⑥。SCE 将对公司的行为和职责

---

① British Aerospace，1996 Financial Statement；and Airbus Industrie North America officials，interview with USITC staff，Herndon，VA，Nov. 20，1997.

② Airbus Industrie official，interview with USITC staff，Toulouse，France，Apr. 7，1998；and European industry official，interview with USITC staff，London，Mar. 29，1998.

③ Airbus Industrie official，interview with USITC staff，Toulouse，France，Apr. 7，1998.

④ 为了遵守马斯特里赫特条约货币联盟标准，欧洲各国政府有义务将预算赤字保持在国内生产总值的 3% 或以下，从而限制政府支出。

⑤ Airbus Industrie official，interview with USITC staff，Toulouse，France，Apr. 7，1998.

⑥ 同上。

承担唯一责任,并将获得对其工业资产的控制权①,为其客户和供应商提供单一接口。合作伙伴们在推进这一新的管理结构方面正在取得进展,并已经任命了一名首席执行官②。公司总部将留在图卢兹,但空客尚未宣布新公司将在何处注册并进行税务登记③。

空客有凝聚力的新组织结构预计将对国际金融市场产生更大的吸引力④,并有机会获得更多的、更多元化的财务资金(目前通过合作伙伴获得的直接政府支持除外),以支持新项目研发和其他生产性项目⑤。预计空客的财务业绩和报告将更加透明。因此,随着空客采用国际公认的商业会计原则,其对市场的反应会更加迅速。通过了解其实际成本,空客可以更好地采取针对性的措施来降低成本,在未来的业务中更合理地分配其财务和工业资源,并专注于赢利能力的提升⑥,以便在竞

---

① 合作伙伴在大型民用飞机设计、工程、采购和制造方面的资产与资源将被转移到重组的企业。尽管法国宇航不愿将其制造设施的控制权交给合并后的空客,但法国宇航于1998年底宣布打算剥离其空客业务,并将该子公司转让给空客。David Owen,"Aérospatiale Spins Off Business," *Financial Times*, Jan. 14, 1998; and Paul J. Devery, "Airbus Conversion Gets a Lift," *Wall Street Journal*, Jan. 14, 1998. BAe 和戴姆勒-奔驰此前曾同意将其资产转让给重组后的空客。之所以出现这种差异,部分原因是英国和德国的合作伙伴维持独立的空客业务,而法国宇航的空客业务则与其他业务混合在一起。Airbus Industrie North America officials, interview with USITC staff, Herndon, VA, Nov. 20, 1997。

② Airbus Industrie official, interview with USITC staff, Toulouse, France, Apr. 7, 1998.

③ Michael Skapinker, "Consolidation is the Name of the Game," *Financial Times*, Sept. 3, 1998. 荷兰因其优惠的税率而被列为可能的注册地点。Pierre Sparaco, "European Industry Readies for Monetary Unification," *Aviation Week & Space Technology*, Aug. 10, 1998, p.60。

④ Airbus Industrie official, interview with USITC staff, Toulouse, France, Apr. 7, 1998.

⑤ 未获得空客合作伙伴政府提供的直接财政支持数据。

⑥ 政府官员称,重组将提高空客的赢利能力,创造更高的投资回报。"Airbus Stays on Track for 232 Jet Deliveries in 1998," Reuters, The Point Cast Network, Nov. 10, 1998. 尽管空客没有发布公开财务报表,但其合作伙伴 DASA 母公司戴姆勒-奔驰公司自1996年以来已将空客的损益数据纳入其年度报告。空客在1997年实现了1.47亿美元的利润,比1996年下降了61%。

争激烈的金融市场中吸引私人资本。

然而，空客利用充分融入国际金融市场的优势进行融资的能力可能会因其融资灵活性受限而受阻。预计空客近期不会向公众开放股权①。在 SCE 的初始阶段空客将依靠其合作伙伴提供资金支持，直到公司能够获得国际融资②。在此期间，合作伙伴将独立筹集资金，以满足任何必要的财务需求，但合作伙伴对这些资金的分配或使用没有直接控制权。尽管空客可以为新项目（如 A3XX③）引入风险共担合作伙伴，但现有合作伙伴最初只能在获得一致同意的情况下向外部利益集团出售股份。这一限制不仅缓解了对大股东可能在空客完全壮大之前就离开的担忧④，还保留了空客最初的 4 个最重要的合作伙伴。通过推迟公开发行股票，空客限制了其股东数量，从而直接避免了来自外部股东和国际金融市场的压力，以牺牲市场份额或其他企业目标来实现某些财务业绩标准。合作伙伴们仍在就财政政策的最终条款达成一致意见进行谈判⑤。

从长远来看，SCE 结构下的集中决策应有利于优化制造，提高生产率、采购效率和定价灵活性。尽管预计当前的运营模式短期内不会发生重大变化，但某些生产流程会发生更改，如减少库存和缩短交付周期，效率必然会提高⑥。与部分供应商的合同需重新谈判，以整合采购

① Airbus Industrie official，interview with USITC staff，Toulouse，France，Apr. 7，1998.

② DASA 母公司戴姆勒-奔驰和 BAe 为上市企业，从而间接为空客提供了进入国际金融市场的渠道。

③ European industry official，interview with USITC staff，London，Mar. 29，1998.

④ Airbus Industrie official，interview with USITC staff，Toulouse，France，Apr. 7，1998.

⑤ Pierre Sparaco，"Airbus Boosts Production，Eyes Early A3XX Launch，" *Aviation Week & Space Technology*，May 25，1998，pp. 31 - 33.

⑥ Airbus Industrie officials，interview with USITC staff，Toulouse，France，Apr. 7，1998.

流程,减少供应商与4个合作伙伴的重复工作,因为统一采购和批量采购可以降低价格①。

原则上,空客将可以自由地进行外包,并以竞争性招标方式签订合同。然而,空客声称,目前的工作分工模式带来了规模经济和高水平的技术,也使得空客的合作伙伴比任何其他供应商都具有优势②。空客内部一直在施压要求保持当前工作分工,这就可能导致外包的暂停③,相应地会影响空客充分实现降低组件成本和改善市场准入机会的能力,而SCE结构将有助于实现这一点。尽管空客表示有兴趣通过生产补偿获得市场准入,但合作伙伴们通常不愿意遵循这一策略④。因为采购模式的变化可能会应用于未来的项目中,而在项目早期就参与项目设计和研发的企业将比合作伙伴更容易获得采购订单。

仍在讨论的问题中⑤,最值得注意的是新企业的资产估值和股东所有权。为了在SCE中建立新的所有权分配方案,必须确定重组后空客的每个合作伙伴资产的价值以及企业的整体价值。据报道,合作伙伴们正处于这一敏感过程的开端⑥。合作伙伴的不同资本结构也使这一问题的解决变得复杂⑦。例如,法国政府持续对法国宇航多数股权的掌

---

① Airbus Industrie officials, interview with USITC staff, Toulouse, France, Apr. 7, 1998.

② 同上。

③ 同上。

④ 同上。

⑤ 由于合作伙伴在谈判桌上对法律和税法以及劳工问题的不同观点,共同法律结构和人力资源政策的选择仍在讨论中。Airbus Industrie official, interview with USITC staff, Toulouse, France, Apr. 7, 1998。

⑥ Stanley Holmes and Jeff Cole, "Price War with Boeing Pares Profits at Airbus," *The Seattle Times*, Sept. 20, 1998, found at Internet address http://newsedge, retrieved Sept. 22, 1998.

⑦ 法国宇航和CASA目前由各自政府拥有多数股权,DASA由戴姆勒-奔驰所有,而BAe是一家上市企业。

控及其对未来新空客运营的影响一直被英国和德国合作伙伴看作是将空客完全转变为 SCE 的障碍①。英国和德国的合作伙伴声称空客必须私有化②。据报道，为了缓解此类担忧并促进重组，法国政府已同意法国宇航通过与法国投资公司拉加代尔（Lagardère S. C. A.）③旗下的一家防务公司——马特拉豪特斯技术公司（Matra Hautes Technologies）合并实现私有化。此举可使法国宇航获得股市估值，这被认为是 SCE 转型的关键④。

3.3.2　其他欧洲产业结构变革

3.3.2.1　欧洲联合体

1992—1997 年出现在欧洲的飞机制造联合体为单个企业提供了一种体系，使其能够集中技术、产业和金融资源从而获得规模经济，同时分担研发新飞机项目所固有的货币风险。这些联合体为资产和风险承受能力有限的单个企业研发新飞机提供了一种方式。文化和国家差异、不同的理念和目标以及各个合作伙伴不同的财务状况都可能成为影响联合体企业长期成功的内在弱点。AI(R) 和 AIA 两个联合体的失败便是活生生的例子。上述两家企业由欧洲的合作伙伴共同成立，致

---

① Skapinker，"Consolidation is the Name of the Game."

② Pierre Sparaco，"Airbus 'Single Entity' Faces Further Delay," *Aviation Week & Space Technology*，Sept. 21，1998，p.45.

③ 在这种情况下，法国政府将持有法国宇航 45% 至 49.9% 的股份；拉加代尔将持股 30% 至 33%；雇员将持股 3% 至 4%。其余股份将在公开股票市场上市或提供给其他合伙人。"Aerospatiale-Matra Alliance Put in Context，" *Paris Liberation*，Foreign Broadcast Information Service，July 23，1998，found at Internet address http://fbis. fedworld. gov (FBIS translated text)，retrieved July 27，1998；and "Major Strategic Partnership," Lagardère press release，July 23，1998，found at Internet address http://www. lagardere. fr/us/actualite/index. html，retrieved July 28，1998。

④ "French Aerospace Industry Officially Favored," *Paris Air & Cosmos/Aviation International*，Foreign Broadcast Information Service，July 15，1998，found at Internet address http://fbis. fedworld. gov (FBIS translated text)，retrieved July 27，1998。

力于研发、生产和销售较小的支线飞机。尽管这两个联合体都探索发起了新飞机项目，但两个项目都遇到了严重的研发问题导致最终被取消。

1）航空国际（支线）公司

在1998年4月解体之前，AI(R)是全球最大的支线飞机供应商①。法国宇航、阿莱尼亚（Alenia）和英国宇航②这三个欧洲合作伙伴分别负责相关飞机项目的生产和财务支持③，包括法国宇航和阿莱尼亚的ATR项目④、英国宇航的阿芙罗（AVRO）和喷气流（Jetstream）⑤飞机。这些项目形成了互补的涡轮螺旋桨和涡轮喷气式运输机产品系列，载客数量为30～128人不等。

公司曾研发新AI(R)JET支线喷气机系列⑥以满足40～90座级日益增长的需求，但他们的努力最终以失败告终，原因是英国宇航决定不对AI(R)JET飞机项目进行大规模投资，理由是其支线飞机项目先前

---

① 根据支线航空公司协会（RAA），支线航空公司是在中小型社区和国家枢纽机场之间提供服务的短途定期运营商。支线航线主要由19～70座的涡轮螺旋桨飞机执飞，尽管一些航空公司运营50～100座的小型涡扇飞机。RAA官员邮件，1998年1月9日。

② 每个合伙人都持有该公司三分之一的股份。该公司于1996年1月1日开始运营，总部位于法国图卢兹。

③ Paul Jackson, ed., *Jane's All the World's Aircraft 1996-1997* (Surrey, UK: Jane's Information Group Limited, 1996), p. 175.

④ 与空客一样，ATR合资企业是根据法国法律成立的一个经济利益集团，于1982年2月正式成立。

⑤ 1997年5月，BAe宣布公司将终止Jetstream的飞机项目的生产。部分原因是该项目产生了巨大亏损；二手涡桨飞机可用数量增加，导致新小型涡桨飞机需求疲软；出于航班频率和周期的经济性考量，在某些航线上使用涡轮喷气式飞机。BAe仍将继续为在役的Jetstreams飞机提供售后服务。BAe"1996年财报"。

⑥ AI(R)JET系列最初包括一款70座级机型、一款58座机型和一款加长型，成本预计为10亿美元。AI(R)曾希望基于70座级项目对公司进行垂直整合。Pierre Sparaco, "European Airframers Merge to Build Muscle," *Aviation Week & Space Technology*, found at Internet address http://www. newsnet. com/libiss/ae30. htm ♯ atr, and Aero International (Regional), found at http://www. airegional. com/about. html, both retrieved Sept. 11, 1997; and AI(R) official, interview with USITC staff, Toulouse, France, Apr. 8, 1998。

出现亏损、其他 AI(R)合作伙伴支持意愿模糊不定以及公司要重点资助 A340 - 500/600 项目的研发①。随后，1997 年 12 月，由于 AI(R)合作伙伴决定将其财务和工程资源聚焦于空客的新飞机项目，AI(R)决定不再继续研发 70 座级支线飞机项目②。

1998 年 4 月，AI(R)三家合作伙伴决定取消 70 座级飞机项目，宣布解散该联合体公司。法国宇航和阿莱尼亚将继续销售和生产 ATR涡轮螺旋桨飞机。据报道，他们也正在重新评估 AI(R)JET 飞机项目③。英国宇航将专注于其 AVRO 支线喷气式飞机，包括其 RJ 系列的衍生机型④。

2）空中客车工业亚洲公司

空中客车工业亚洲公司（AIA）是空客和阿莱尼亚/芬梅卡尼卡公司（Finmeccanica）的子公司，成立于 1997 年。AIA 与中国航空工业集团有限公司（简称"中航工业"，AVIC）和新加坡科技私人有限公司（Singapore Technologies Pte Ltd.，STPL）成立了一家合资企业。该合资企业将专注于一个耗资 20 亿美元的项目⑤，研发一款 100 座级支线飞机⑥以实现中国制造商用飞机的雄心，并将空客的产品范围扩展到

---

① Kevin O'Toole, "BAe Rules Out Becoming Major Air Jet Investor," *Flight International*, Sept. 17 - 23, 1997, p. 6.

② Charles Goldsmith, "European Plane Consortium Opts Not to Build 70-Seat Regional Jet," *The Wall Street Journal*, Dec. 11, 1997.

③ Pierre Sparaco, "Europeans Begin to Dismantle AIR," *Aviation Week & Space Technology*, May 4, 1998, p. 30.

④ Pierre Sparaco, "AIR's Failure May Boost Avro," *Aviation Week & Space Technology*, Mar. 2, 1998, p. 45.

⑤ "China's Plan for a New 100-Seat Jet Carrier: A High Risk for Europe?," *Clear Thinking, Construction Newsletter*, Aug. 1996, found at Internet address http://www.redfish.com/Clear-Thinking/arch/const-96.htm, retrieved Sept. 11, 1997.

⑥ 根据各方签署的谅解备忘录（MOU），合资公司持股比例如下：AVIC 占比 46%，STPL 占比 15%，AIA 占比 39%。

100 座级市场。然而,该项目遇到许多研发问题,于 1998 年 7 月终止①。

根据项目计划,新的支线飞机(命名为 AE‑31X)②将有许多与 A320 相同的特性,包括相同的型别等级③。AE‑31X 的大部分制造和总装将在中国进行,欧洲合作伙伴在工程、生产和客户支持等领域提供专业知识和技术④。然而,有几个障碍阻碍了该项目的实施,包括欧洲合作伙伴愿意转移的技术等级、估值、付款条件以及项目成本⑤。

3.3.2.2　英国宇航

英国宇航(BAe)是全球领先的航空航天和防务公司之一,年销售额超过 70 亿英镑(约 105 亿美元)。英国宇航也是全球众多民用和军用项目的合作伙伴,包括空客和 AI(R)的民用飞机业务。作为联合体的成员企业,英国宇航于 1993 年 6 月将其公务机部门出售给美国雷神公司(Raytheon)⑥之后,其业务仅限于为两个联合体企业生产 AVRO 和空客飞机,而非自己的产品系列。然而,随着最近 AI(R)联合体的解散,英国宇航再次承担了 AVRO 支线飞机系列的生产和营销责任,并

---

① Pierre Sparaco,"Europeans,Chinese Terminate AE31X," *Aviation Week & Space Technology*,July 13,1998,pp. 56 - 57.

② 有关该项目的更多信息,见第 5 章。

③ Airbus Industrie News,Dec. 6,1996,Airbus,found at Internet address http://www. airbus. com/newslong96. html,retrieved Sept. 11,1997;and "Airbus/China MOU Signed,"Air Transport World,found at Internet address http://www. atwonline. com/june1697. htm,retrieved Oct. 8,1997.

④ "Airbus/China:100-Seater Makes Progress,"Flug Revue Online,week of May 18,1997,found at Internet address http://www. flug-revue. rotor. com/FRNews? FR970518. htm♯AE100,retrieved Oct. 8,1997.

⑤ Paul Lewis,"Time Out in Asia," *Flight International*,Nov. 5 - 11 1997,pp. 38 - 40.

⑥ 雷神公司主要业务为防务和商用电子、公务机和工程。Raytheon Company,found at Internet address http://www. raytheon. com,retrieved Oct. 20,1998。

计划推出升级的 AVRO 支线飞机，以提高其市场地位①。

3.3.2.3　福克

荷兰军用和商用飞机制造商福克在运营近 77 年后于 1996 年 3 月宣布破产。福克生产了福克 F50 和 F60 短程涡轮螺旋桨飞机，以及福克 70 和 100 中短程双发飞机，市场上称之为"福克喷气式飞机"。在1996 年破产前的 14 年中，福克在 1982 年 2 月与麦道合作生产 132～138 座级客机的协议终止后，同时研发了两款新飞机（福克 F50 和F100），以替换其老化的 F27 和 F28 飞机。但由于项目研发准备不充分以及市场环境不好时的过度浪费资源，所谓的双项目并行决策事后证明对福克的倒闭起到了决定性作用。成本超支、项目延迟以及两款飞机赢利能力差使福克的财务状况逐渐恶化，并导致其在寻求数家外国投资者的帮助无果后，不得不宣布破产②。

福克破产后，总部位于阿姆斯特丹的瑞克福公司（Rekkof Restart）收购了许多福克的生产资源并力图恢复福克 F70 和 F100 飞机的组装工作③。据报道，瑞克福公司拥有重新开始生产这些飞机的资金和供应商，预计第一批飞机将于 2000 年春季交付④。

3.3.2.4　欧洲航空航天产业的整合

尽管空客的重组并未受到其他地区航空航天产业面临问题的困扰，但为了更有效地与美国同行竞争，欧洲军用/商用航空航天产业的

---

① Pierre Sparaco and Stanley W. Kandebo，"BAe Mulls Enhanced Regional Jet Aircraft," *Aviation Week & Space Technology*，May 25，1998，p. 56.

② *Fifth Public Report of the Bankruptcy Trustees Pursuant to Section 73A Netherlands Bankruptcy Act*，Fokker，found at Internet address http：//www. fokkernl. com/content/Indus973. htm，retrieved Nov. 12，1997.

③ Kate Sarsfield，"Shorts Removes Obstacles to Resumption of Fokker Production," *Flight International*，July 1 - 7，1998，p. 4.

④ "Bankrupt Aircraft Maker Fokker Tries Comeback Under New Name," *The European*，Sept. 14，1998，found at Internet address http：//newsedge，retrieved Sept. 15，1998.

整合使得空客本身已成为众多尝试中的关键要素之一。作为欧洲领先的大型民用飞机制造商,空客很可能成为欧洲航空航天产业整合的焦点。1998年3月,在合作伙伴政府关于整合时间表的意见回复中,合作伙伴原则上同意成立一家包括其他欧洲行业参与者的航空航天和防务联合体,但也提出了许多关于时间框架和程序的问题①。尽管尚未明确界定其具体角色,但空客认识到欧洲航空航天产业的整合可能会对其重组和未来运营产生一些影响②。

3.3.2.5　适应欧元体系

支持欧洲产业整合的其他措施还包括许多欧盟成员国政府将自1999年1月1日起采用欧元作为单一欧洲货币。尽管欧元的全部潜力最终可能只有在美元与欧元平价的情况下才能实现,但欧元可以带来更直接的好处。例如,随着汇率的取消③,欧元可能会揭示欧洲的企业和国家之间的成本差异。采用欧元带来的更透明的定价可能会加剧竞争,这可能有助于欧洲产业重组及其他削减成本和提升效率的措施的出现。因此,欧元定价可能最终提高产业竞争力,并通过更易确定最低价格来影响采购模式④。

---

① John D. Morrocco and Michael A. Taverna, "Consolidation Plans Hinge on French Role," *Aviation Week & Space Technology*, Apr. 6, 1998, p. 22.

② Airbus Industrie official, interview with USITC staff, Toulouse, France, Apr. 7, 1998.

③ 空客工业部管理人员于1998年4月7日在法国图卢兹接受美国采访时称,由于飞机价格以美元计价,空客仍将面临汇率风险。据悉,空客已要求欧盟统计局制定一个以欧元为单位的升级公式,用于飞机合同的定价。Anton Joiner, "Airline Finance Markets Contemplate the Euro," *Commercial Aviation Report*, June 1, 1998, pp. 15 - 17.

④ Nicholas Bray, "Euro Expected to Spell an End to Pricing Distortions," *The Wall Street Journal*, May 8, 1998.

3.4　美国和欧盟大型民用飞机产业结构变化的影响

3.4.1　供应商视角[①]

波音和麦道的合并对供应商造成了直接影响,因为这缩小了客户群,减少了商业机会,尤其是那些与麦道飞机项目有密切联系的供应商受影响更大。大型民用飞机双寡头垄断可能会促进供应商群体的进一步整合,尤其是在次级供应商层面,因为供应商必须采取巩固其长期市场地位的战略。美国和西欧的大型民用飞机供应商都面临着通过系统集成、供应链管理和精益制造等手段降低成本的压力,并通过兼并和其他形式的企业联盟实现产品和市场范围的多样化。欧洲供应商通常更加关注空客和波音之间供应商两极分化加剧的风险以及供应商垂直整合和优先供应商协议的危险。供应商指出,空客的重组可能会提高其全球竞争力,为那些尚未向空客项目供货的供应商带来更多的长期合作机会,包括新飞机研发项目,以及增加从非传统供应商处采购的潜力。

尽管供应商表示希望与波音和空客同时合作,但他们指出,很难不被定性为空客或波音供应商。事实上,一些供应商表示,大型民用飞机产业的两极结构已经迫使供应商选择波音与空客两者之一作为长期战略合作伙伴,从而将它们的成功与选定的制造商挂钩。麦道这一客户的消失减少了供应商的机会,由于业务来源变少,也导致了力量均势向机体制造商转移。

因此,大型民用飞机供应商正在探索降低风险的策略,以减少对特定制造商以及整个大型民用飞机产业的依赖。许多大型民用飞机供应

[①]　基于 USITC 的工作人员对美国、欧洲和亚洲大型民用飞机供应商和航空公司的采访,除非另有说明。

商已经尝试进入其他航空航天领域或市场,多元化经营有望起到稳定业务并抵消大型民用飞机市场的周期影响的作用。尽管供应商可能有兴趣扩展到非航空航天产业,但大多数企业在航空航天领域拥有的专业知识和经验并不容易转移到其他行业或市场。

诸如波音和麦道合并之类的产业整合直接导致出现更多的垂直整合和优先供应商关系①。市场最终形成的两大飞机制造商在制造商-供应商关系中享有更大的影响力,并且可能对发展长期合作关系更感兴趣,以期确保充足的零件供应、有吸引力的定价和对其供应商体系的控制。长期合同引发了对供应商的主动性和成本竞争力的担忧,但其他供应商表示,如果定期举行竞争性招标,则会促使供应商降低成本和增加创新,优先供应商关系不会降低竞争力。

为了应对持续的成本削减压力,大型民用飞机产业已将系统集成、供应链管理和精益制造作为控制成本的关键方法。系统集成商对大型民用飞机产业越来越重要②,因为飞机制造商和航空公司鼓励供应商提供更完整的航空航天系统以提升效率。这种生产方法使飞机制造商可将某些系统的设计、融资和责任转移给其主要供应商以降低供应链的成本。例如,对于供应商来说,系统集成为他们提供了生产更高价值组件或系统并扩展到新产品领域的机会。因此,一些供应商正在进行合并以形成必要的规模,为大型民用飞机制造商提供所需的项目和系统资金,或者正在建立提供类似财务和技术优势的伙伴关系和联盟③。

① 垂直整合在较低层级供应商之间更为常见,在大型民用飞机制造商之间,风险共担伙伴关系和优先供应商关系更加普遍。U. S. industry official, telephone interview by USITC staff, June 24, 1998。

② "Supply Side Allies: It's Merge or Die for Many Aerospace Suppliers as the Industry Consolidates," *Puget Sound Business Journal*, June 19, 1998, found at Internet address http://newsedge, retrieved June 23, 1998.

③ "Aerospace Best Practices: Conference Wrap-Up," *Aviation Week & Space Technology*, Feb. 16, 1998, p. S6.

供应链管理是另一项高度复杂的任务，已成为主要承包商节约成本的关键业务能力。大型民用飞机制造商及其主要供应商必须在大型民用飞机整个商业周期内，在削减供应商基数以降低管理成本的愿望和鼓励供应商之间竞争以激发技术创新并维持足够的供应商基数的需要之间找到平衡。此外，大型民用飞机供应商正在实施精益制造，通过提高制造效率和生产率来降低成本。这些改进带来的整体运营潜力的提升将使大型民用飞机零部件制造商在竞争激烈且不断萎缩的产业中处于更有利的地位[①]。

大型民用飞机发动机制造商是大型民用飞机供应商行业的一个重要分支，如果机体制造商对新研发飞机发动机的需求较少，可能会带来重大的行业震动。随着麦道的消亡，只有两家西方机体制造商支持三大发动机制造商及其合作企业。由于发动机制造商在竞争激烈的市场上利润微薄，同时研发多个发动机项目在财务上往往是站不住脚的。此外，尽管可选择多款发动机的机型具有固有的竞争优势，但认证额外发动机的高昂成本可能会阻止飞机制造商选择多款发动机。航空公司则对当前的发动机/机体制造商的关系以及对未来发动机供应表示担忧。因为航空公司通常更倾向于拥有多款发动机的选择权，以便选择最适合其机队目标的发动机。

机体制造商和发动机制造商都对拥有和运营全球性维护和维修设施具有极大兴趣。这些维修设施被视为一个稳定的利润来源，可以抵消因飞机和发动机价格疲软无法覆盖产品研发和生产成本而带来的不利财务影响。机体制造商在维修业务方面面临着来自航空公司的竞争，因为航空公司投入了大量资金来自建维修设施并成立谋求通过这一业务获利的独立企业。

---

① "Aerospace Best Practices: Conference Wrap-Up," *Aviation Week & Space Technology*, Feb. 16, 1998, pp. S1 - S6.

关于空客的重组，供应商普遍期望新的组织结构能够提高其竞争力。但由于合作伙伴的工作分工关系，预计其目前的飞机项目不会给供应商带来重大的商业新机会。投标竞争不成功的经历也导致了某些美国供应商对未来空客项目的悲观情绪。但由于SCE的企业结构会迫使空客符合市场规则，并从原则上避免各参与国政府过度保护本国参与企业的倾向，因此一些供应商认为重组可能会带来更多的合同机会，并通过建立单一的接口简化供应商关系。

3.4.2　航空公司视角①

尽管近年来很少有航空公司可以称为麦道的主要客户，但由于市场失去了这一大型民用飞机制造商，因此航空公司明显开始强调需要至少有两家充分竞争的大型民用飞机制造商向市场提供产品和服务，部分原因是想确保有竞争力的定价水平、多样化的飞机选择以及大型民用飞机产业的整体平衡。尽管供应商有所减少，但航空公司普遍表示，合并不太可能影响它们的竞争力，特别是在技术发展似乎停滞不前的情况下。麦道飞机的运营商表示，他们与波音的关系似乎和麦道的相似，甚至更好。随着空客向更透明的SCE结构过渡，未来两家机体制造商之间的竞争可能会在更开放的环境中展开。

主要航空公司认为，合并会给大型航空公司带来不利抑或有利的影响，但不会给任何一家航空公司带来显著优势，因为航空公司鼓励两家飞机制造商之间竞争。然而，一些运营商指出，现在评估波音和麦道合并对其运营或整个产业的全面影响还为时过早。航空公司确实注意到，更多的大型民用飞机产业参与者可为他们提供更多的飞机选择、更

① 基于USITC于1998年2月发起的航空公司问卷结果；USITC与亚洲、欧洲和美国主要国家航空公司官员的采访内容。

合理的定价和更高的谈判地位。

全球主要航空公司就大型民用飞机产业的整合对未来技术发展的影响表达了不同意见。一些航空公司预计，由于机体制造商之间的竞争水平降低，新产品研发会减少；但其他一些航空公司预计，由于可利用的资源增加（例如，更多工程师及更好的财务状况），技术创新和竞争会更加激烈。有些航空公司还提到了与飞机制造商关系中平衡的重要性。如果航空公司拥有更大的话语权，那么他们可能会通过刺激竞争来影响价格水平和技术发展速度。

对于麦道飞机的运营商，波音已承诺全力支持麦道飞机的服务和维护，并将遵守关于麦道飞机的合同约定。事实上，其中两家航空公司承认，波音与麦道合并后，售后服务有所改善。一家航空公司还表示，波音提供了比麦道更优惠的付款条件和更及时的交货时间。

空客向 SCE 转型可能会创造一个更加开放的竞争环境。航空公司可以在竞争性招标中获得更大的透明度，并通过利用单一客户接口使得决策过程更简单、更灵敏，从而获得实实在在的好处。几家美国航空公司预计，空客的重组以及波音和空客之间更平衡的市场格局将导致飞机价格上涨。

3.5　1992 年《美欧大型民用飞机贸易协定》的实施

3.5.1　概述

1992 年《美欧大型民用飞机贸易协定》[①]的起草是为了强化 1979

---

① 　该协定副本和签署方意见参见附录 E。

年关贸总协定《民用航空器贸易协定》的规定①,特别是与政府补贴有关的规定。这种政府补贴与空客在欧洲政府参与下研发和生产飞机有关,是美国和欧洲之间贸易紧张的根源。1992年协定旨在逐步降低政府补贴的水平,并防止"由于政府对大型民用飞机的研发和生产的直接或间接补贴而导致的贸易扭曲"②。

3.5.2　目前实施状态

该协定签署之后,关贸总协定民用航空器贸易小组委员会内从1992年10月开始进行了多边谈判。尽管有几个国家参加了扩大1992年协定的谈判,但美国和欧盟之间持续存在的争端以及缺乏其他国家的支持③,导致该协定未能增加签署国。

欧盟和美国在另一个研讨关贸总协定的论坛上也采取了相反的立场。该论坛正在起草一项关于补贴和反补贴措施的新协定④。欧盟支持将飞机制造业排除在该协定之外,而美国则坚持全面覆盖航空航天领域。经过长达一年的谈判,双方达成了共识,将大型民用飞机产业纳入最终协定,但补贴的一些情况除外。其中值得注意的是,政府对飞机制造商的补贴超过新飞机研发成本的5%不会构成"严重歧视"⑤

---

①　1979年的协定要求取消民用飞机的关税和其他费用;将《标准规范》的规定适用于民用飞机,以便产品标准不会对贸易造成障碍,或者进口货物将得到不低于国内产品的公平待遇;要求飞机购买者在没有任何"合理"政府压力的情况下,根据商业和技术因素自由选择供应商;禁止政府以不符合关贸总协定的方式对民用飞机实施数量限制。1979年协议中最具争议的方面是它在补贴问题上缺乏明确性,理由是如果飞机被出售,就需要偿还补贴("应偿还的补贴"),并在没有提供进一步解释的情况下将多边补贴法适用于民用飞机。

②　关于适用关贸总协定《民用航空器贸易协定》的协定,第1页。

③　"基于支持"的协议将确定政府补贴的条件和用途。

④　《补贴与反补贴措施协议》于1995年7月1日生效。

⑤　"严重歧视"指一国补贴对另一国贸易利益的不利影响。如果确定存在严重歧视,则必须撤销补贴或消除其不利影响。

的推定（即此类补贴是允许的）。另一个重要的特例是特许融资，如果由于实际销售水平低于预测销售水平，则偿付失败不会构成"严重歧视"①。

波音和麦道的合并加剧了美国和欧盟之间的冲突，促使欧盟在1997 年 4 月要求根据 1992 年协定审查飞机补贴。欧盟指控美国没有遵守其关于限制通过政府资助研发提供间接支持的协定。波音随后向欧盟做出让步，以获得其与麦道合并的批准，这有助于解除欧盟对政府间接支持的担忧②，并避免了欧盟可能采取的重新谈判或退出协定的行动。

3.6 对美国大型民用飞机产业竞争力的影响

随着机体和零部件制造商适应由波音和麦道合并以及当前飞机技术业已成熟而形成的大型民用飞机市场价格竞争态势，大型民用飞机产业可能会继续经历更多的结构变化。机体制造商可能会继续实施内部降本措施，以提高竞争力和财务绩效，并将要求供应商降低成本和提升参与力度。机体制造商可能最终不得不以价格竞争为代价来调整市场份额目标，以满足其获得合理回报的需求，从而实现再投资和赢利的目标。这种转变似乎正在

---

① *International Trade: Long-Term Viability of U. S. -European Union Aircraft Agreement Uncertain*，Government Accounting Office（GAO），Dec. 19，1994，found at Internet address http://frwebgate. access. gpo. gov/cgi-bin/useftp. cgi? IPaddress＝wais. access. gpo. gov&filename ＝ gg95045. txt&directory ＝/diskb/wais/data/gaop. 38，retrieved Aug. 25，1997，p. 38.

② 有关欧盟委员会竞争审查的更多信息，请参阅本章波音与麦道合并部分。

发生①,进而可能会导致市场支持更高的飞机价格和相对稳定的市场份额,以及稳定的供应商群体。与此同时,降低成本的压力可能会促使波音和空客采取进一步整合供应商的战略。

在空客专注于解决内部矛盾并推迟向 SCE 过渡的窗口期,波音有望提升在航空市场上的竞争地位,但这也取决于其平稳合并后的整合和稳定制造的能力。尽管波音的防务部门将有助于抵消大型民用飞机产业的周期性,提高股东投资价值和财务业绩,但波音更加多样化的运营和持续的整合问题可能会妨碍其在大型民用飞机产业的灵活性和专注力。当前激烈的价格竞争更加需要波音具备及时、全面实施制造和工艺改进的能力。如果未来的市场需求允许,则波音可能需要重新关注飞机技术,而其收购的麦道可能会在该领域有所帮助。然而,波音财务和管理资源的大量需求可能会削弱其在大型民用飞机市场未来研发和项目研发的能力。

作为 SCE 结构的企业,空客可能是一个更强大、更面向业务的竞争对手,特别是在它能够全面实施新架构并能充分利用机会及主要竞争对手的失误的时候。空客面临的挑战将是全面参与市场的各个方面,并最终超越 SCE,成为一家更具代表性的上市企业,这可能最终会成为欧洲航空航天产业整合的典范。尽管空客将可以通过统一的管理

①　波音和空客分别宣布,他们打算将重点放在提高赢利能力而不是市场份额上。Michael Skapinker,"Boeing and Airbus to End Struggle Over Market Share,"*Financial Times*,Sept. 8,1998;and Stanley Holmes and Jeff Cole,"Price War with Boeing Pares Profits at Airbus,"*The Seattle Times*,Sept. 20,1998,found at Internet address http://newsedge,retrieved Sept. 22,1998.波音此前宣布将把基础价格上调5%。Polly Lane,"Analysts Doubt Impact of Boeing's Attempt to Raise Base Price of Airplanes,"*The Seattle Times*,July 15,1998,found at Internet address http://newsedge,retrieved July 16,1998;and Jeff Cole,"Boeing Expects Upturn in Profits by Late 1999,"*The Seattle Times*,July 23,1998,found at Internet address http://newsedge,retrieved July 24,1998.空客也宣布将其飞机产品价格上调3%。Skapinker,"Boeing and Airbus to End Struggle Over Market Share."

层声音获得更高的运营效率和响应能力，但持续的企业内部和国家争端可能会限制零部件外包和可以利用的资本来源，因而在短期内限制其竞争力的提高。这也将限制空客以最优价格获得最佳飞机部件、选择适当的市场准入战略以及为未来项目积累更多资金的能力。此外，尽管采用欧元最终可能会使其在欧洲供应商之间比价变得更直观，但尚不清楚空客是否可以自由地将采购方向转向成本较低的供应商。

尽管两家飞机制造商都有机会增加针对前麦道客户的销售，但空客可能会从航空公司鼓励竞争和支持飞机制造商之间平衡的努力中获益。在研发新飞机和新技术以满足未来市场需求方面，两家飞机制造商似乎都没有明显的竞争优势，且都可能受到各种财务限制的阻碍，特别是在当前赢利能力持续受到定价影响的情况下。波音在不断地展示其研发和推出以市场为导向的飞机的能力，而对空客来说，向 SCE 结构的转变也可能会增强它在这方面的市场响应能力。

两家飞机制造商目前都在寻求进入 100 座级和 500 座级市场的机会，但策略有所不同。虽然 100 座级的支线飞机有成为细分市场的希望，但波音尚未很好地利用波音 717 - 200 切入这个市场。波音对这款飞机的犹豫反映了其对价格的担忧和航空公司的不确定性，因为航空公司会综合比较所有可选机型的相对优势和劣势，这可能为空客进入市场提供机会。至于空客热切追求的 500 座级飞机，市场尚未充分得到发展，可能需要从长计议。波音采取了更为谨慎的方法评估生产一款更大、成本更低的波音 747 衍生机型的可行性。如想更好地与波音竞争，空客最终必须在其产品线中增加一款大座级的远程飞机，因为其加长型 A340 似乎难以撼动波音 747 飞机的利润丰厚的市场。波音可能会在中短期内保持其在远程、大座级市场的主导地位，而空客则寻求进一步开拓 A3XX 的商业机会。

对美国大型民用飞机供应商而言，由于麦道的消亡以及缺乏新的项目,预计不会增加太多新的商机。中短期内几乎没有新的大型民用飞机客户和销售预期,随着制造商寻求降低风险、实现更大的规模经济和系统集成能力,预计供应链将会进一步整合和多元化。此外,波音与供应商的长期合作以及空客从成员国供应商处采购的传统偏好可能会导致更大的行业分化。这些战略不仅将许多供应商排除在长期销售机会之外,而且还增强了供应商对其重要客户未来表现的押注性质(即选空客还是波音),尤其是对那些规模较小、多元化程度较低的供应商而言更是如此。然而,对于已经被选定的供应商,此类承诺有助于长期业务规划和充分的投资回报,以支持健康的供应基础。为改善市场准入而增加的外包和生产补偿也将影响美国供应商。波音在实施此类市场准入战略方面可能比空客具有更大的中短期灵活性,并可能因此而获得飞机销售订单,而这些订单也将惠及那些已经签订生产合同的供应商。

第 4 章
俄罗斯大型民用飞机
产业结构的变化

4.1 引言

俄罗斯大型民用飞机产业在过去 10 年中投入了所有可用资源来研发新一代大型民用飞机，以便能够在全球市场上与波音和空客的飞机竞争。但由于包括缺乏资本和不以市场为导向的企业结构等关键因素在内的诸多原因限制，预计俄罗斯制造商在未来 10 年内无法确保其新一代飞机的全球市场份额[①]。

本章在提供了苏联解体以来俄罗斯大型民用飞机产业演变的背景信息和当前产业结构后，将根据第 2 章讨论的竞争力决定因素评估俄罗斯航空产业在全球市场上的竞争潜力，最后将论述俄罗斯大型民用飞机产业结构变化对美国大型民用飞机产业竞争力的影响。

---

① 即使拥有了获取大量资本的渠道，确定成为全球航空公司的大型民用飞机供应商也还需要几十年的逐步发展。空客作为一个联合体，拥有丰富的资金来源和合作伙伴，以及丰富的航空航天制造经验。但该公司指出，经过 28 年的经营，仍然没有提供完整大型民用飞机产品系列的能力。空客表示，新参与者需要很长时间才能成为全球民航业的正式成员。Transcript of hearing for USITC inv. No. 332-384，Mar. 17，1998，p. 10。

4.2 背景

1992 年以前,苏联的军用和民用航空产业是完全国有的,并受到严格管制。设计局是独立于批生产飞机制造厂的实体。由政府决定开展哪些大型民用飞机设计,为整个研发和生产过程提供资金并规定每年生产多少架飞机。此外,发动机等主要部件由设计局在没有供应商竞标的情况下选定。该体系允许制造业产能过剩,不会为技术和生产过程的改进提供激励,也未能促进大型民用飞机设计的改进,使航空产业没有做好采用以市场为导向的方式运作的准备。

20 世纪 80 年代中期,苏联开始由传统的重点发展军用领域转向研发新型民用飞机。这些民用飞机项目旨在升级国内民用航空运输网络,通过出口产品转换成硬通货,并将防务生产设施和就业机会转化到民用飞机企业[①]。然而,苏联解体后,俄罗斯民用飞机产业几乎崩溃。自 1991 年以来,民用飞机产量下降了 80%,导致工厂闲置,40% 的从业人员被迫休假或兼职工作,工资支付延迟[②],行业技术专家流失了 50%[③]。

1992—1997 年,俄罗斯政府颁布了一系列法令以扶持俄罗斯航空航天产业,这些法令包括:

(1)继续征收进口关税。

[①] Dennis L. Holeman, *The Structure of the Civil Aviation Industry in the Former Soviet Bloc Countries*, SRI International, Business Intelligence Program, Dec. 1991, p. 1.

[②] 航空产业的工资大约是俄罗斯平均工业工资的 50%。

[③] Alexander Gerashchenko, "Russian Aircraft Industry Sounds the Alarm," *Aerospace Journal*, Nov.-Dec. 1997, p. 10.

（2）为俄罗斯制造的飞机建立租赁机制。

（3）制定俄罗斯联邦航空代码。

（4）取消航空运输业的垄断。

（5）向俄罗斯新飞机的运营商提供理想的航线。

（6）降低俄罗斯飞机的增值税。

（7）监管政府控制的地面支持服务价格。

（8）授予联邦投资税收抵免。

（9）提供贷款担保并接受美国进出口银行和欧洲复兴开发银行的贷款，以及为某些航空实体提供政府支持。

然而，自 1992 年以来，政府各部门和机构的任务和权限一直在变化，这导致了监管和预算的不确定性[1]。大多数国家政策法令无法有效执行，特别是那些需要政府资助的法令[2]。

1997 年 9 月，俄罗斯政府发布了题为《重组俄罗斯航空航天产业综合体构想》的航空产业重大计划，根据俄罗斯经济部的描述，该计划有三个主要方面：① 设计局和批产制造工厂应合并，以反映行业的市场驱动机制；② 重组国有科研机构网络，既保持技术水平，又消除冗余；③ 与外国合作伙伴建立合作关系。这些目标的实现可能对俄罗斯大型民用飞机产业的竞争力产生重大的积极影响。然而，经济部强调，产业重组和精简完全是自愿的，不需要提供激励或政府指导[3]。如果没有

---

[1] Aerospace Committee of the American Chamber of Commerce in Russia, *Barriers to Aviation/Aerospace Investment in the Russian Federation*, Aerospace White Paper Rewrite One, Oct. 3, 1995, found at Internet address http://www. online. ru/sp/accr/aero/aero1. html, retrieved Sept. 4, 1997. 自苏联解体以来，对民航业的监督一直交替由工业部、国防工业部和国防部、经济部负责，今后预计将移至目前正在设立的工业和贸易部。

[2] Gerashchenko, "Russian Aircraft Industry Sounds the Alarm," p. 11.

[3] Russian Ministry of Economy official, interview by USITC staff, Moscow, Mar. 31, 1998.

俄罗斯政府的干预,产业几乎不可能采取行动。设计局和制造工厂不太可能单单根据产业整合计划就能达成一致。

目前俄罗斯有三家主要的大型民用飞机制造商——伊留申航空联合体(伊留申)、图波列夫股份公司(图波列夫)和雅科夫列夫股份公司(见表4-1)。然而,只有伊留申和图波列夫设计了满足西方合格审定要求和在全球市场销售的机型。这三家制造商在一系列民用和军用航空航天产品设计方面有着丰富的经验,在役的大型民用飞机中约90%属于苏联和独立国家联合体的航空公司。这些大型民用飞机的其他市场主要是苏联解体后的国家和发展中国家。

4.3 竞争力评估

对于其国内市场,俄罗斯大型民用飞机产业现在必须制造成本效益高的飞机,以吸引新的以利润为导向的航空公司。向国内航空公司销售是向外国客户销售前关键的第一步,以积累出口机型所需的生产和认证资金。出口飞机至少必须在质量、生命周期和运营效率方面符合西方标准,并且必须能够在全球范围内提供服务和支持。

伊留申的伊尔-96(见表4-2)和图波列夫的图-204(见表4-3)代表了俄罗斯大型民用飞机的基准点。这两款飞机直到苏联解体时都是相对较新的设计,其目的是希望在运营成本、可靠性和适航性要求方面达到西方标准,以此展示俄罗斯民用航空产业的现代化发展。然而,这些项目陷入严重的资金问题,遭受了重大延迟。

关于俄罗斯竞争潜力的问题很难回答,因为其配备西方发动机和航空电子设备的新一代飞机——伊尔-96M/T和图-204-120系

表 4 - 1　俄罗斯大型民用飞机产业

设计局及成立日期	附属的大型民用飞机制造厂	机型及机队规模①	飞机类型	产品状态
伊留申航空联合体 1933 年	卡洛夫（塔什干·乌兹别克斯坦）沃罗涅日（俄罗斯）	伊尔- 62　170 架，无新订单 伊尔- 76　427 架，无新订单 伊尔- 86　91 架，无新订单 伊尔- 96　8 架，32 架新订单	四发涡喷远程客机 四发涡喷中远程货机 四发涡喷宽体客机 四发涡喷宽体客/货机	已停产 卡洛夫生产 已停产 沃罗涅日生产
图波列夫股份公司 1922 年	航星（Aviastar）（乌里扬诺夫斯克，俄罗斯）喀山（俄罗斯）Aviacor(萨马拉，俄罗斯)	图- 134　450 架，无新订单 图- 154　728 架，5 架新订单 图- 204　6 架，38 架新订单	双发涡喷中短程运输 三发涡喷中程运输 双发涡喷中程客机	已停产 航星生产 喀山和萨马拉生产
雅科夫列夫股份公司 1927 年	萨拉托夫（俄罗斯）	雅克- 40　779 架，无新订单 雅克- 42　149 架，4 架新订单	三发涡喷短途喷气运输 三发涡喷中短程客机	已停产 萨拉托夫生产

注：① 截至 1997 年 8 月，包括客机和货机。信息来自 World Airliner Census, *Flight International*, Oct. 15 - 21, 1997.
来源：由 USITC 员工整合多个来源编制。

表 4 - 2　伊留申的新一代大型民用飞机.

机　型	首次亮相	航程[1]	座　级	发动机	航　电	取证状态	西方竞争者[2]
伊尔-96-300	首飞（原型机）1988 年 9 月	4 050～5 940	235 座-3 舱 300 座-1 舱	4 台阿维达维格特尔公司 PS-90A（俄罗斯）	俄罗斯	俄罗斯：1992 年 12 月	专为俄罗斯国内市场设计（无西方竞争者）
伊尔-96M 客机	首飞 1993 年 4 月	6 195	312 座-3 舱 335 座-2 舱 375 座-1 舱	4 台普惠公司 PW2337（美国）	罗克韦尔柯林斯（美国）利顿（美国）史密斯（英国）	俄罗斯：预计于 1999 年取证	波音 777 A330
伊尔-96T 货机	首飞 1997 年 5 月	2 807	最大商载 92 000 千克	4 台普惠公司 PW2337（美国）	罗克韦尔柯林斯（美国）利顿（美国）史密斯（英国）	俄罗斯：原定于 1998 年 3 月，预计于 1999 年完成全取证；FAA（美国）：预计取得俄罗斯适航证后不久完成	波音 747-400F MD-11F

注：① 单位为海里。
　　② 最常提到的西方竞争对手。有关所有可能的竞争对手的详细介绍，包括不再生产的型号，请参阅附录 F。
资料来源：由 USITC 员工整合多个来源编制。

表4-3 图波列夫的新一代大型民用飞机

机型①	首次亮相	航程①	座级	发动机	航电	取证状态	西方竞争者②
图-204-100 基于图-204:1983年宣布.原型机于1989年1月首飞	1987年1月首飞	1565	184座-2舱 200座-1舱 212-高密度	2台航空发动机公司PS90-AT发动机(俄罗斯)	俄罗斯 霍尼韦尔(美国)IRS可选	俄罗斯:1995年1月	用于俄罗斯国内市场
图-204-120 (指120系列,包括120和122)	1993年首飞	2500	184座-2舱 200座-1舱 212-高密度	2台罗-罗RB211-535E4发动机(英国)	俄罗斯 霍尼韦尔(美国)IRS可选	俄罗斯:客机1997年12月 货机1998年3月 JAA:货机预计1999年底;客机预计2000年中	波音757 A321
图-204-122	项目还未确定	2500	196座-2舱 210座-1舱	2台罗-罗RB211-535E4(英国)	霍尼韦尔(美国)(121型号可选装Bendix/联合信号公司)	未取证	波音757 A321
图-204-200(又称图-214)	1996年3月首飞	3415	16个集装箱和30名乘客 6个集装箱和130名乘客 18个LD3集装箱	2台航空发动机公司PS90-A发动机(俄罗斯)	俄罗斯	俄罗斯:计划1997年3月.延期	未知

（续表）

机　型	首次亮相	航程	座　级	发动机	航　电	取证状态	西方竞争者
图-204-220	项目还未确定	超过3 415（具体航程不详）	184 座-2 舱 200 座-1 舱 212-高密度	2 台罗-罗RB211-535E4 或-535F5（英国），或惠普PW2240（美国）	俄罗斯	未取证	未知
图-204-222	项目还未确定	超过3 415（具体航程不详）	184 座-2 舱 200 座-1 舱 212-高密度	2 台罗-罗RB211-535E4 或-535F5（英国）	霍尼韦尔/联合信号公司（美国）	未取证	未知
图-204-320（又称图-224）	1994 年宣布	3 585 3 885	160 座-1 舱（短程和中程机型） 166 座-1 舱位（远程机型）	2 台罗-罗RB211-535E4（英国）	俄罗斯 霍尼韦尔（美国，可选）	未取证	波音 737NG A319 IGW A320-200 IGW

（续表）

机　型	首次亮相	航程	座　级	发动机	航　电	取证状态	西方竞争者
图-204-300（又称图-234）	1995年8月总装下线	1 295	166座-1舱	2台阿维亚达格特尔公司PS-90A（俄罗斯）	俄罗斯或西方	俄罗斯计划1998年延期	未知
图-334-120	首飞计划于2000年	1 268	72座-2舱 102座-1舱	2台宝马罗-罗BR710-48（德英合资企业）	霍尼韦尔（美国）	—	波音717-200 RJ70
图-334-200	图334-120之后	1 187	110座-2舱 126座-1舱	2台宝马罗-罗BR710-48（德英合资企业）	霍尼韦尔（美国）	—	RJ100

注：① 单位为海里。
② 最常提到的西方竞争对手。有关所有可能竞争对手的详细介绍，包括不再生产的型号，请参阅附录F。
资料来源：由USITC员工整合多个来源编制。

列——尚未由商业航空公司运营。首架伊尔-96T预计于1999年1月交付①,首架伊尔-96M预计于一年后交付②。首架图-204-120计划于1998年5月交付。但俄罗斯对飞机的外国零部件征收的关税和对整架飞机征收的增值税,使得原本计划接收飞机的俄罗斯航空公司面临成本过高的问题③。前两架图-204-120———一架客机和一架货机———于1998年秋天交付给埃及开罗航空公司(Air Cairo),计划于1998年底前开始提供包机服务④。

在了解背景之后,下文将根据四个不同的竞争力决定因素(资本可用性、行业和人口特征、企业特征和飞机项目特征)评估俄罗斯大型民用飞机产业的竞争潜力。

4.3.1 资本可用性

融资能力是俄罗斯大型民用飞机产业目前面临的最大障碍。如第2章所述,引进新项目、进行研发、扩大生产设施、采购投入、飞机取证以及建立全球售后支持网络需要大量资金。一旦设计完成并获得第一批订单,资本对于能否迅速将产品推向市场是至关重要的因素⑤。俄罗

---

① Russian industry expert and consultant, telephone interview by USITC staff, Oct. 7, 1998.

② Ilyushin Aviation Complex official, interview by USITC staff, Moscow, Mar. 30, 1998.

③ "Lufthansa Looks at Cargo Version of Tu-204," *Flight International*, June 17 - 23, 1998, p. 12.

④ 飞机从 Sirocco Aerospace International 租赁。*Speednews*, Nov. 6, 1998。

⑤ 波音757-200在设计完成4年后获得了适航当局认证,而图波列夫在设计完成后花了10年时间获得了俄罗斯当局颁发的图-204认证。波音有优势的地方在于波音757-200机身横截面源自波音707、波音727和波音737。按照之前苏联民航业的惯例,俄罗斯大型民用飞机从设计阶段到首次飞行通常需要7年时间;生产飞机到首架交付又有几年间隔。Paul Jackson, ed., *Jane's All the World's Aircraft 1997 - 1998* (Surrey, UK: Jane's Information Group Limited, 1997); and Paul Duffy and Andrei Kandalov, *Tupolev: The Man and His Aircraft* (Warrendale, PA: Society of Automotive Engineers, 1996)。

斯大型民用飞机产业的资本严重不足，大型民用飞机企业甚至连发放工人工资这样最基本的需求都无法满足。俄罗斯的大型民用飞机制造面临着一些融资障碍，如果不建立法律框架和改革税收结构，则这些障碍可能无法克服。

目前，图波列夫的财务状况比伊留申更为严峻。图波列夫在债务重组方面进展甚微。据报道，该公司新任总裁计划将财政改革作为优先事项①。但该公司目前拖欠工资数月，据悉正在出租部分建筑以筹集现金②。其位于乌里扬诺夫斯克的主要制造工厂有90%以上的员工处于无限期休假状态③，喀山工厂于1997年9月停止向工人支付工资④。而伊留申据报道可以按时向其设计局员工支付工资⑤，且不欠国家任何债务⑥。来自俄罗斯的消息指出，沃罗涅日的工厂只是部分时段开工⑦，国家债务高达5 430亿卢布⑧，并且自1997年底以来一直没向伊尔-96生产线的员工支付工资⑨。

---

① U. S. Embassy, Moscow, information provided to USITC staff, June 24, 1998.

② Russian industry expert and consultant, interview by USITC staff, Moscow, Mar. 27, 1998.

③ Foreign Broadcast Information Service (FBIS) Daily Report, "Russia: Plight of Ulyanovsk Plane Makers Highlighted," FBIS-SOV-98-155, Moscow Russian Television, June 4, 1998. FBIS是一个美国政府机构，负责监控外国(非美国)开源信息以供美国政府使用。

④ FBIS Daily Report, "Russia: Ailing Kazan Aircraft Plant Profiled," FBIS-SOV-98-048, Moscow Russian Television Network, Feb. 17, 1998.

⑤ Representatives of U. S. aerospace companies, interview by USITC staff, Moscow, Mar. 26, 1998.

⑥ FBIS Daily Report, "Russia: Russian Minister on Anniversary of Ilyushin Aviation Center," FBIS-SOV-98-086, Moscow ITAR-TASS, Mar. 27, 1998.

⑦ Russian industry expert and consultant, telephone interview by USITC staff, Oct. 7, 1998.

⑧ FBIS Daily Report, "Russia: Kiriyenko To Induce Airlines to Buy Russian," FBIS-SOV-98-218, Moscow RenTV Television, August 6, 1998.

⑨ Russian industry expert and consultant, telephone interview by USITC staff, Oct. 7, 1998.

虽然伊留申管理人员透露，他们终于获得了生产伊尔-96M 和伊尔-96T 所需的剩余资金①，但新闻报道表明，1997 年国家担保撤销导致伊尔-96M 获得全额融资出现不确定性②。美国业内消息人士指出，由于俄罗斯当前的经济危机，1998 年尚未解决的国家担保已被搁置③。截至 1997 年底，图-204-120 系列获得的资金仅为最终所需资金的三分之一④。据报道，该项目的主要外国投资者已同意向图波列夫提供必要的资金，以使项目重回正轨⑤。

4.3.1.1　政府来源

在缺乏大量私有资本注入的情况下，俄罗斯大型民用飞机产业需要政府支持。此类支持可能来自俄罗斯政府或外国政府贷款机构。自苏联解体以来，俄罗斯政府对飞机项目的任何资助通常都是在承诺数月后才提供，而等资金到账时已经大幅贬值⑥。最近几年，俄罗斯联邦年度预算中分配给航空航天产业的资金很少兑现。

外国政府金融机构是俄罗斯航空产业潜在的重要资本来源，然而，对相对庞大的需求来讲，也只是杯水车薪。美国进出口银行可以提供贷款，以支持俄罗斯飞机选用美国零部件供应商提供的产品。美国贸易和发展署（Trade and Development Agency，TDA）可以为项目可行性研究提供补贴和贷款。例如，在伊尔-96M/T 项目中，美国进出口银

①　Ilyushin Aviation Complex official，interview by USITC staff，Moscow，Mar. 30，1998.

②　Vovick Karnozov，"Boeing Captures Russian Market，" May 4，1998，*AeroWorldNet — This Week in Russian Aerospace*，found at Internet address http://www.aeroworldnet.com/lra05048.htm retrieved May 8，1998.

③　U.S. industry official，telephone interview by USITC staff，Nov. 12，1998.

④　Michael A. Taverna，"Civil Aircraft Outlook Improving in Russia，" *Aviation Week & Space Technology*，Sept. 8，1997，p. 54.

⑤　Russian industry expert and consultant，telephone interview by USITC staff，Oct. 7，1998；and Michael A. Taverna，"JAA Bemoans Pace of Tu-204 Certification，" *Aviation Week & Space Technology*，June 1，1998，p. 40.

⑥　Duffy and Kandalov，*Tupolev*，pp. 174-175.

行初步承诺提供 10 亿美元的贷款,作为购买美国生产的零部件的资金。这一承诺于 1997 年初到期,那时美国进出口银行还在继续与有关各方(如欧洲复兴开发银行和俄罗斯银行)合作,以最终确定融资细节,并向进出口银行董事会提交一揽子提案供批准。但是,由于俄罗斯当前的经济危机,美国进出口银行暂时中止了初步承诺的续约。美国贸易和发展署为伊尔-96M/T 的联合生产研发提供了 100 万美元的资金①。此外,霍尼韦尔还从美国进出口银行申请了图-334 的工程成本、启动成本和美国零部件的进出口融资,美国贸易和发展署已经为图-334 与霍尼韦尔航空电子公司的联合生产研发提供了部分资金②。美国进出口银行将在审查图-334 融资申请时使用美国贸易和发展署关于资助的研究结果。迄今为止,图-334 项目尚未获得任何欧洲资金支持。然而,如果在基辅组装图-204-120 飞机项目,则可能会得到乌克兰政府的支持③。罗-罗已经与英国出口信贷机构和出口信贷担保部门进行了磋商,以获得飞机使用英国制造部件的出口信贷支持④。

4.3.1.2　金融市场

俄罗斯大型民用飞机产业尚未获得大额商业资本注入。一般来说,银行在投资俄罗斯企业时面临巨大风险,在投资本身具有风险的大型民用飞机企业时风险可能更大。此类投资的收益率与国有债券的回报率相比并不理想⑤。因此,资本通常选择注入政府而不是私有企业⑥。

---

① U. S. Government official, information provided to USITC staff, Mar. 1998.

② 同上。

③ "Regional Review-Russia and the CIS," address of Paul Duffy, Director, Irish Aviation Authority, delivered to the International Society of Transport Aircraft Trading (ISTAT) Conference, Boca Raton, FL, Mar. 16, 1998.

④ Rolls-Royce official, fax communication to USITC staff, August 5, 1998.

⑤ FBIS Daily Report, "Russia: FIGs Seen as Engine for Economic Growth," FBIS-SOV-98-086, Moscow Nezavisimaya Gazeta, Mar. 27, 1998.

⑥ Russian industry expert and consultant, interview by USITC staff, Moscow, Mar. 27, 1998.

此外,俄罗斯外借资本的最优惠贷款利率过高①。

俄罗斯大型民用飞机产业的一个新的资本来源是商业投资者为特定数量飞机的生产和随后的租赁提供资金的发展模式②。俄罗斯两家大型银行英科姆(Inkombank)和梅纳捷普(Menatep)联手为两架图-204飞机的生产提供资金。这些飞机将于1998年11月和1999年3月交付给租赁公司Inkom Avia(由英科姆创建),而梅纳捷普在租赁协议中提供财务援助。梅纳捷普和英科姆正在寻求其他俄罗斯银行、俄罗斯政府和外国合作伙伴的参与③。

另一个参与俄罗斯大型民用飞机生产和租赁融资的实体是希罗科航宇国际公司(Sirocco Aerospace International)。该合资企业由总部位于埃及的加藤集团(Kato)领导,公司还有航星制造厂及其营销机构Aviaexport。希罗科的成立旨在将来自金融市场的资金(花旗银行提供租赁融资)和来自加藤集团的外国商业投资结合起来,以推广图-204-120系列飞机。尽管希罗科和花旗银行已为图-204-120系列飞机带来了大量资源(到1998年底约为1亿美元),但该项目仍然举步维艰④。

4.3.1.3 外国商业投资

外国资本一般不愿意投资俄罗斯大型民用飞机产业,因为俄罗斯飞机的价值未知,且这些飞机的国内市场不确定。而且,俄罗斯不愿与外国投资者分享企业控制权导致外国投资者的融资意愿更低,从而抑

---

① 在俄罗斯最近的金融危机之前,最优惠贷款利率约为40%。相比之下,美国的最优惠利率约为8.5%,而企业利率通常还会再低1%~2%。

② 有关俄罗斯飞机租赁相关讨论,见本章"国内市场情况"部分。

③ FBIS Daily Report,"Russia: Menatep, Inkombank to Help Aircraft Building Industry," FBISSOV-98-149, Moscow ITAR-TASS, May 29, 1998.

④ Russian industry expert and consultant, telephone interview by USITC staff, Oct. 7, 1998.

制了更广泛的外国金融参与。外国投资缺乏使俄罗斯大型民用飞机产业无法获得重要的资本注入，也无法从技术转移中获益。

投资壁垒，如频繁变化的税法、不一致的海关条例和关税、繁重的认证和许可要求阻碍了外国私有投资资本流入俄罗斯的大型民用飞机产业①。一位美国消息人士表示，在俄罗斯政府批准新的、透明的税法并颁布法律鼓励和保护外国投资之前，在俄罗斯的投资将继续保持最低水平②。美国和俄罗斯正在努力批准一项鼓励保护外国投资的条约，同时也在努力制定和实施新的标准，以使俄罗斯的会计和审计规则符合国际惯例③。

俄罗斯政府为了保护其国内大型民用飞机产业，于 1998 年 1 月 14 日通过了《俄罗斯联邦航空发展国家监管法》。据美国业内人士透露，该法可能会抑制外国参与，从而对俄罗斯大型民用飞机产业产生负面影响，导致俄罗斯不能获取航空产业急需的资本和专业知识④。尽管法律规定了优惠待遇，如免税期和投资担保等，但也对外国资本在航空企业中的份额设定了 25% 的比例限制，并要求高管和管理人员必须是俄罗斯公民⑤。与俄罗斯航空产业的许多法令和公告很少得到执行的情况不同，这些针对外国投资的限制是法律，预计将严格执行⑥。该法律不影响在生效

---

① Aerospace Committee，*Barriers to Aviation/Aerospace Investment*.

② Gary G. Yerkey，"Russia：Russia's Offer to Join WTO 'Falls Short' of Requirements for Entry, U. S. Aide Says," BNA International Trade Daily，article No. 50921005，Apr. 2，1998.

③ U. S. Department of Commerce telegram，"Report on May 9 U. S.-Russia Business Development Committee Meeting, May 11 Commercial Signing Ceremony, and Text of BDC Joint Statement (Part 2 of 2)," message reference No. 01482，Washington，DC，Apr. 1998.

④ U. S. industry sources，interviews by USITC staff，Washington，DC and Moscow，Jan.-Apr. 1998.

⑤ Office of the United States Trade Representative，*1998 National Trade Estimate Report on Foreign Trade Barriers*，p. 351.

⑥ U. S. industry official，interview by USITC staff，Moscow，Apr. 3，1998.

日期之前已经最终确定的合约,但是,美国投资的两个重要项目可能受到影响①。因此美国行业人士对这些限制表达了强烈的反对意见。

4.3.2　行业和人口特征

4.3.2.1　设计和工程能力

设计和工程能力是俄罗斯大型民用飞机产业的主要竞争优势,并由受过高等教育的工程人员及大型国有研究和测试设施支撑。据报道,俄罗斯的空气动力学研究和测试技能非常出色②,而且俄罗斯在系统集成方面拥有核心竞争力③,这都是制造大型民用飞机的关键因素。更具体地说,俄罗斯在起落架设计和制造方面也拥有丰富的经验。

然而,俄罗斯在飞机研发成本和进度控制方面仍然存在问题。由于飞机设计的许多方面未能实现自动化,因此俄罗斯的设计和工程能力受到削弱④。此外,工资微薄及支付拖延的问题导致俄罗斯大型民用飞机产业受过高等教育的设计师和科技人才大量流失⑤。虽然俄罗斯在钛合金加工方面具备了先进的技术,但由于俄罗斯没有专利制度,因此各行业之间的技术共享很少。据报道,俄罗斯飞机产业才刚刚开始研究和使用特种轻质材料⑥,如复合材料。与西方大型民用飞机实体的

---

① 包括普拉特·惠特尼(Pratt&Whitney,普惠)对彼尔姆马达公司的投资和通用电气(General Electric,GE)对雷宾斯克马达公司(Rybinsk Motors)的投资。U. S. industry officials,interview by USITC staff,Washington,DC,Jan. 27,1998。

② "Minister:Russian Technology Equal to American, European," found at Internet address http://www. newsedge,Aug. 14,1997.

③ U.S. industry official,interview by USITC staff,Washington,DC,Jan. 28,1998.

④ Jacques Delys and Ernest Weiss,*The Aviation Industry in the Former Soviet Union*(Paris:ID Aéro,May 1997),p. 28.

⑤ U. S. industry officials,interview by USITC staff,Washington,DC,Jan. 27,1998.

⑥ Russian industry expert and consultant,interview by USITC staff,Moscow,Mar. 27,1998.

联合研究和工程项目可以为俄罗斯提供计算机辅助设计设备、工具及相关培训，这可能会对俄罗斯大型民用飞机产业发展有益，但如果不对其研究和设计设施进行大规模升级，这些新获得的技能可能会丢失。

由于苏联发动机和航电系统的设计和生产方法落后，以及目前在这些领域投资不足，因此俄罗斯关键部件的设计和工程能力不是世界一流的。俄罗斯发动机传统上是根据"安全寿命"理念研发的，这意味着系统几乎不会出现故障，但由于零件寿命是确定的，系统又不可维修，因此有必要相对频繁地更换发动机。在非市场经济中，俄罗斯发动机的寿命短，但这不是问题。相反，这有助于保持就业水平。伊留申的一位高级管理人员称，西方制造的发动机和航空电子设备在可靠性和使用寿命方面优于俄罗斯产品①。与发动机产业相关的俄罗斯官员称，近年来，随着计算机建模和模块化组装的广泛应用，发动机的研发流程有所改进，发动机设计者和制造商在保持高安全标准的同时，也在努力改善运行特性②。俄罗斯消息来源称，在苏联解体之前，国家根据军事规范研发航空电子设备。现在，俄罗斯缺乏资金研发适当的、具有竞争力的民用航空电子设备③。虽然供应商之间已经开始市场化的合同竞争，但总体而言，俄罗斯传统的设计局-供应商模式仍未改变。此外，任何现有的鼓励供应商设计更高效设备的激励措施都会受到提升设计和生产能力的财政约束的影响。

---

① Igor Katyrev，"Ilyushin Aircraft on the Global Market," *Aerospace Journal*，Mar.-Apr. 1998，p. 13. 俄罗斯发动机制造商 Perm 目前正在升级其 PS-90 LCA 发动机，使用西方零部件，以改善发动机的大修间隔时间，目前为 1 000～5 000 小时。西方发动机通常在大修之间记录 2 万小时。Nicolay Novichkov，"Perm Focused on PS-90 Upgrade," *Aviation Week & Space Technology*，July 6，1998，p. 58.

② Central Institute of Aviation Motors officials，interview by USITC staff，Moscow，Mar. 30，1998.

③ Aeroflot-Russian International Airlines official，interview by USITC staff，Moscow，Mar. 31，1998.

波音和空客都为俄罗斯维持和进一步发展设计和工程能力做出了贡献。波音通过合资企业、合同采购以及公司与俄罗斯经济部之间的谅解备忘录(memoranda of understanding，MOU)做出了上述贡献。最近一份谅解备忘录于 1998 年 6 月签署,涉及科学和技术发展等内容,约有 40 家俄罗斯航空航天企业和科研机构参与其中①。自 1992 年以来,波音技术研究中心一直与俄罗斯的顶尖研究机构合作②。波音还于 1998 年 6 月启动了位于莫斯科的工程设计中心③。空客于 1997 年 8 月与俄罗斯经济部签订了合作协议④,并加入了 1998 年 2 月成立的欧洲-俄罗斯飞机联合体,以协调空客与俄罗斯实体之间的合作⑤。

4.3.2.2 制造业基础设施

资本不足的俄罗斯国内航空运输业需求不足,出口市场又相对较小,这影响了俄罗斯生产线的改进,阻碍了俄罗斯大型民用飞机产业实现规模经济。俄罗斯航空产业确实受益于现有的良好制造基础设施,包括国有研究机构、设计中心、生产设施、零部件供应商和测试设施。然而,这些设施大多已老化,没有配备现代化设备。沃罗涅日和乌里扬诺夫斯克这两个主要负责生产新一代俄罗斯大型民用飞机的工厂是俄罗斯最新、最现代化的工厂,但是现代化配备远不如西方的大多数制造商。

---

① FBIS Daily Report，"Russia：Government 'Satisfied' With Boeing Cooperation Plan，" FBIS-SOV-98-163，Moscow Segodnya，June 12，1998.

② Aerospace Committee，*Position Paper*，"Member Activities with Russian Aerospace Partners" section，p. 8.

③ PRNewswire，"Boeing Celebrates Anniversary with New Design Center in Moscow，"*The Boeing Company*，press release，June 9，1998.

④ Prehearing submission of Airbus Industrie of North America，USITC inv. No. 332 - 384，Mar. 6，1998，p. 32.

⑤ 联合体成员包括航星、图波列夫、起落架制造商 Gidromash、俄罗斯国家航空和工业技术研究所(NIIAT)及中央空气流体力学研究院(TsAGI)。FBIS Daily Report，"Russia：Airbus Industrie，European-Russian Consortium Sign Accord，" FBIS-SOV-98-141，Moscow Interfax，May 21，1998。

伊留申旗下的沃罗涅日飞机股份有限公司目前是俄罗斯最大的大型民用飞机制造厂之一。该公司建于 20 世纪 60 年代末，配备了当时的现代化设备①。图波列夫旗下的乌里扬诺夫斯克航空工业综合体"航星"设施建于 1975—1985 年。该工厂是俄罗斯最新、设备最好的工厂，具有计算机驱动的设计能力，采用计算机专用软件控制制造过程。这两个设施均获得 FAA 认证，可生产在美国销售的飞机。然而，这并不意味着他们生产的飞机可以自动获得美国的适航认证②。俄罗斯的大多数其他大型民用飞机设施建于 20 世纪 30 年代，与更现代的西方同行相比非常落后，尤其是在计算机设备方面③。

俄罗斯民用飞机产业没有可靠的国内供应商④。与西方企业的合作可能是改善国内供应商基础的重要的第一步⑤。此外，在新一代俄罗斯大型民用飞机上使用西方发动机和航空电子设备可能会减少俄罗斯制造商因缺乏具有竞争力的国内供应商而面临的竞争劣势。一些俄罗

---

① "Ilyushin Aviation Complex" brochure，presented by Ilyushin officials，interview by USITC staff，Moscow，Mar. 30，1998.

② 更多由于取证程序的信息见"飞机的合格审定"一节。

③ Delys and Weiss，*The Aviation Industry*，p. 28.

④ Representatives of U. S. aerospace companies，interview by USITC staff，Moscow，Mar. 26，1998.

⑤ 据报道，俄罗斯国内大型民用飞机发动机的主要供应商彼尔姆马达将批准一项公司重组，允许其与普惠建立一家计划已久的合资企业。普惠于 1993 年开始谈判成立合资企业，旨在共同开发和销售彼尔姆 PS‑90A 发动机的航空和工业衍生型。普惠目前持有彼尔姆马达 25.1％ 的股份。关于航空电子设备，俄罗斯国家航空系统科学研究院（GosNIIAS）是俄罗斯军用和民用航空电子设备的领先开发商，与罗克韦尔·柯林斯公司建立了一个联合实验室，以研发和验证伊尔‑96 的几个主要航空电子系统的软件代码。根据合作生产安排，GosNIIAS 将组装和测试柯林斯的交通告警和防撞系统（Traffic Alert and Collision Avoidance System，TCAS）的组件，供柯林斯在世界各地销售的商业航空公司使用。据报道，柯林斯还向切博克萨雷设备制造厂（Cheboksari Equipment-Building Factory）提供部件，该工厂将为 GosNIIAS 设计的伊尔‑96M/T 建造两台航空电子计算机。此外，Allied Signal 与 GosNIIAS 共同参与了美俄综合航空电子设备（American Russian Integrated Avionics）合资企业对航空电子设备套件的研发，霍尼韦尔公司已准许俄罗斯航空电子设备制造商 RPZ 对其惯性系统进行组装。

斯零部件价格高于国际价格①。但更重要的是,俄罗斯飞机制造商认为,供应商不能按时交付产品和获得认证②。俄罗斯一位业内人士表示,图-204项目的一个主要问题是,该项目的许多俄罗斯供应商实际上已经停止运营③。俄罗斯供应商承认他们存在质量问题,但低生产率降低了对能够缓解质量问题的设备和工艺的投资动力。此外,俄罗斯供应商要求机体制造商支付全额预付款④,鉴于缺乏足够的可用资金,这给俄罗斯机体制造商造成了进一步的压力。

4.3.2.3　国内市场情况

尽管俄罗斯有庞大的人口基数和机队更新的需求,但俄罗斯航空公司目前无法大量购买国产大型民用飞机。总的来说,大型民用飞机国内市场的存在是制造商的竞争优势。国内航空公司作为启动客户,在公司建立出口所需的零部件和支持网络之前,可以验证飞机的可靠性和价值。此外,向国内航空公司销售的收入有助于为出口机型的生产和取证提供资金。然而,这种竞争优势取决于这些航空公司的财务状况及其获得国内大型民用飞机的能力。

在苏联解体之前,苏联航空公司(Aeroflot-Soviet Airlines)是唯一的国家航空公司。目前,俄罗斯有300多家航空公司,其中141家是独立运营的,包括重组后的俄罗斯国际航空公司(Aeroflot-Russian International Airlines,ARIA)。大约有40家航空公司是经过认证的国际航空公司。尽管自1992年以来新航空公司的总数显著增加,但大

---

① Representatives of U. S. aerospace companies, interview by USITC staff, Moscow, Mar. 26, 1998.

② "It is a Competition of Wealth Rather Than Aircraft," *Aerospace Journal*, Mar. - Apr. 1998, p. 9.

③ Russian industry expert and consultant, telephone interview by USITC staff, Oct. 7, 1998.

④ Representatives of U. S. aerospace companies, interview by USITC staff, Moscow, Mar. 26, 1998.

多数航空公司资本不足、债务缠身，许多航空公司的机队只有一架飞机[①]。此外，自 1990 年以来，航空公司客英里大幅下降[②]，主要原因是机票价格上涨、民众收入下降、航空条件不安全[③]和某些地区的政治动荡。意识到产业整合的必要性后，俄罗斯政府在 1998 年 3 月的《民用航空改革和发展构想》中表明，315 家俄罗斯航空公司可以通过自愿联盟的形式进行整合，形成 5～8 家联邦航空公司、20～25 家地区航空公司，以及 60～70 家本地航空公司[④]。整合可能有助于改善俄罗斯航空运输业的整体健康状况，从而促进大型民用飞机需求。

以前，俄罗斯大型民用飞机产业通过向政府控制的苏联航空公司销售飞机获得一定水平的收入。而现在，俄罗斯飞机必须与西方飞机竞争。西方飞机提供了更灵活的融资和租赁选择，而俄罗斯制造商则要求航空公司支付飞机全额预付款。此外，西方飞机运行更可靠、更高效。自 1991 年以来，俄罗斯航空公司已租赁了大约 30 架西方的大型民用飞机，另有 20～25 架的租赁订单。1997 年，ARIA 订购了 10 架新的波音 737 飞机，这些飞机将于 1998 年交付，这是俄罗斯航空公司首次购买非俄罗斯制造的飞机[⑤]。消息来源称，俄罗斯航空公司目前的大型民用飞机采购订单包括 ARIA 的 17 架伊尔-96M 和 3 架伊尔-96T 飞机、全禄航空公司（Transaero Airlines）的 6 架伊尔-96M 确定订单和 6 架意向订单、伏务科沃航空公司（Vnukovo Airlines）的 4 架伊尔-

---

① 俄罗斯约 75% 的总客运量由约 35% 的航空公司承担。"Aeroflot and Transaero: A Comparative Study," *Markets Russia*, June 12, 1997, p. 1, found at Internet address http://www.skate.ru/sampl/97-22/tx-copro.html, retrieved Dec. 17, 1997。

② 1990 年，苏联俄罗斯区域旅客达到 9 000 万人次；到 1997 年，该数据降至 2 550 万人次。Duffy, "Regional Review," address to ISTAT Conference.

③ 这包括缺乏政府监管、机队老旧、飞机维护不完善，以及飞机过载。

④ FBIS Daily Report, "Russia: Details of Civil Air Reform Concept Noted," FBIS-SOV-98-091, Moscow Russkiy Telegraf, Apr. 1, 1998.

⑤ U. S. Government official, fax communication to USITC staff, June 15, 1998.

96M 确定订单①。据报道,伊尔-96T 的运营经济性较差,导致人们猜测 ARIA 是否会最终购买全部 20 架飞机②。尽管如此,ARIA 和沃罗涅日航空公司(Voronezh)于 1998 年 7 月底签署了一份价值 10 亿美元的 20 架伊尔-96M/T 飞机合同③。据报道,图波列夫获得航空公司 15 架图-204-120 系列订单,客户均来自苏联解体后的国家和中东国家④。

购买和运营西方飞机可能会为俄罗斯航空公司带来必要的收入,以实现赢利。虽然国家鼓励国内航空公司购买俄罗斯大型民用飞机,但这些航空公司的优先事项是利用目前效率最优的大型民用飞机建立资本基础。例如,ARIA 报告称,短期内需要西方制造的飞机来维持和扩大其在国际航空运输市场的地位,但计划在未来 10~15 年内将其机队转换为俄罗斯制造的飞机,如伊尔-96M/T⑤。

然而,俄罗斯大型民用飞机产业强烈反对西方飞机进入俄罗斯,并游说俄罗斯政府维持进口西方飞机的繁重关税和税收。尽管美国和俄罗斯于 1996 年签署了一项联合谅解备忘录,其中俄罗斯政府同意给予关税豁免,以使俄罗斯航空公司能够在满足其采购需求时对美国和其他非俄罗斯飞机一视同仁⑥。1998 年夏季,俄罗斯政府开始起草一项

① U. S. aerospace company representative, interview by USITC staff, Moscow, Apr. 3, 1998.

② Karnozov, "Boeing Captures Russian Market. "

③ FBIS Daily Report, "Russia: Russia's Aeroflot to Buy 20 New Il-96MT Airliners," FBIS-SOV-98-209, Moscow NTV, July 28, 1998; and FBIS Daily Report, "Russia: Kiriyenko Welcomes Aeroflot Investment Agreement," FBIS-SOV-98-209, Moscow ITAR-TASS, July 28, 1998. 1998 年 10 月,据报道伊尔-96T 原型机将很快抵达沃罗涅日,进行为期 6 个月的设计修改,而其中第二架飞机的制造尚未开始。"Voronezh Near Bankruptcy," *Aviation Week & Space Technology*, Oct. 26, 1998, p. 13。

④ Michael A. Taverna, "JAA Bemoans Pace of Tu-204 Certification," *Aviation Week & Space Technology*, June 1, 1998, p. 40.

⑤ Nicolay Novichkov, "Aeroflot Moves Ahead With Fleet Expansion," *Aviation Week & Space Technology*, Apr. 20, 1998, p. 39.

⑥ Office of the United States Trade Representative, *1998 National Trade Estimate Report*, pp. 350-351.

决议,将外国飞机的关税从 30% 降至 20%。没有俄罗斯同类竞争机型的外国飞机将有资格进一步降低高达 5% 的关税。如果一家航空公司寻求完全免除采购外国飞机的关税,那么它必须承诺购买俄罗斯飞机,且用于购买俄罗斯飞机的金额要为所免除关税金额的三倍。这将需要与经济部签订一项协议,具体明确将购买的俄罗斯飞机机型和购买期限。据了解,如有俄罗斯本土竞争对手的国外主机制造商的机型试图获取关税豁免,俄罗斯政府将逐案审查。

尽管俄罗斯大型民用飞机机队急需更新,但俄罗斯制造商的飞机销量却大幅下降,这在很大程度上是由于缺乏支持航空公司购买俄罗斯本土飞机的融资和租赁机制。建立国内租赁机制将使俄罗斯航空公司能够以更便宜的价格获得俄罗斯制造的新飞机。然而,巨大的法律和税收壁垒阻碍了俄罗斯租赁机制的形成[1]。一旦这些壁垒得到纠正,租赁公司最初可能需要大量政府授权的贷款担保,以便从俄罗斯飞机制造商处开展大规模采购。据报道,俄罗斯政府在 1997 年的预算中拨出 8 亿美元用于国家扶持的租赁项目,但资金从未到位[2]。目前,因为俄罗斯政府对俄罗斯大型民用飞机租赁贷款的担保仅占 40%,所以租赁伊尔-96 的成本远远高于租赁波音 777 的成本,每月租金分别为 120万美元和 80 万美元[3]。虽然政府承诺在 1998 年预算中提供高达 85%的担保[4],但最终没有落地[5]。

① Mark Long, "Financing the Russian Aviation Industry," *Aerospace Journal*, Mar.-Apr. 1997, p. 54.

② U. S. and Foreign Commercial Service and USDOS, "Russian Aviation Industry," *Industry Sector Analysis series*, Dec. 30, 1997, p. 17.

③ "It is a Competition," p. 9. 由于俄罗斯飞机的残值未知,因此贷方希望在租赁期间尽可能多地收回飞机的全部价值。更高的政府担保将降低贷方的风险敞口。

④ FBIS Daily Report, "Russia: Reasons Given for Using Foreign Planes," FBIS-SOV-98-128, Moscow Novyye Izvestiya, May 8, 1998.

⑤ Russian industry expert and consultant, telephone interview by USITC staff, Oct. 7, 1998.

尽管俄罗斯缺乏融资和租赁机制,但一些实体正试图启动俄罗斯飞机生产融资和租赁活动。其中包括由俄罗斯英科姆银行(Inkombank)和中央航空流体力学研究所共同创建的 Inkom Avia 公司,该公司订购了两架俄罗斯制造的图- 204 飞机;希罗科公司签署了 30 架图- 204 - 120 确认订单及 170 架意向订单;俄罗斯航空财团通过莫斯科国际航空租赁公司(Moscow International Aviation Leasing)租赁了 20 架图- 204 飞机;以及跨国集团美国国际集团(American International Group)于 1997 年底签署了 20 架伊尔- 96M/T 飞机的租赁协议。

4.3.3 企业特征

4.3.3.1 企业结构

俄罗斯大型民用飞机产业的企业结构继续保持了苏联时期的设计局和生产设施未整合的体系,导致运营脱节和效率低下。由于缺乏精简的企业结构,他们面临获得资本的机会减少、内部决策能力降低以及产品推向市场的能力受到抑制等最糟糕的竞争劣势。此外,俄罗斯大型民用飞机制造商在很大程度上无法与航空公司对接,给客户带来极大不便,内部效率极其低下。

第一步是从国有的、未整合的设计局和生产设施演变到设计制造一体化的企业结构,该计划进展缓慢,因为大多数设计局和制造厂已经私有化,转变为股份制公司或有限公司。第二步是作为过渡组织存在的金融产业集团(financial-industrial group,FIG)的出现,其目的是在资本、订单和政府支持不断萎缩的情况下帮助企业重组。FIG 通常结构松散,以一家工业企业为中心,同时还包括多家关联公司,这些公司不一定从事单一产品的生产,但通常有一个中央管理委员会①。伊留申

---

① 政府的财政补贴本应发放到 FIG,但由于预算限制,政府的财政补贴并未兑现。USDOS telegram,"IMI-Demystifying Russian FIGs:Banker Barons vs. Industry-Led Financial Industrial Groups,"message reference No. 023163,prepared by U. S. Embassy,Moscow,Sept. 1997。

金融工业集团(Ilyushin Financial-Industrial Group)于 1995 年 7 月成立,包括伊留申航空综合体、沃罗涅日飞机股份公司和喀山飞机制造厂。1995 年 5 月,根据总统令成立的俄罗斯航空联合体(Russian Aviation Consortium)汇集了图波列夫、航星、彼尔姆马达公司(Perm Motors)、Aviadvigatel 航空发动机公司(Aviadvigatel Aircraft Engine Companies)、工业建设银行(Promstroybank)和联邦工业银行的股份,并拥有伏努科沃航空公司(Vnukovo Airlines)和摩尔曼斯克航空公司(Murmansk Airlines)的多数股权。

第三步是建立更加市场化的企业结构,将设计局和附属制造厂合并为一家控股公司,像西方公司实体一样运作。伊留申的一位管理人员称,俄罗斯关于控股公司组建的现行法律并不充分。据报道,现行法律要求参股方只占 10％ 的股权。修订后的法律规定,俄罗斯航空产业重组时牵头企业须持有子公司的控股权并全面监督其运营①。

目前设计局和制造厂之间的矛盾是俄罗斯大型民用飞机产业整合的障碍。这种矛盾的根源是控制权。在传统体制下,设计局一直处于支配地位。如今,制造厂是收入的来源,并被要求对研发和生产过程进行更多控制②。此外,因为制造厂所在地的任何地区都不想放弃对最终组装的控制,这导致了俄罗斯各地区之间出现分歧③。

最近,伊留申金融产业集团的成员正式组建成立一家控股公司。伊留申一位管理人员表示,由于控股公司在组建方面的法律不完善,该控股公司的成立被推迟了数年④。尽管企业结构更加精简,但各成员的

---

① "It is a Competition," p. 9.

② Representatives of U. S. aerospace companies, interview by USITC staff, Moscow, Mar. 26, 1998.

③ Russian Ministry of Economy official, interview by USITC staff, Moscow, Mar. 31, 1998.

④ "It is a Competition," p. 9.

运作方式仍然不同,组织松散①。图波列夫控股公司将纳入图波列夫股份公司、航星(乌里扬诺夫斯克生产设施)和喀山飞机制造厂。虽然图波列夫官员在 1998 年 4 月预测总统将立即签署实施立法②,但截至1998 年 10 月,总统令仍未签署。图波列夫及其附属工厂的整合程度远远低于伊留申及其关联工厂。曾经与图波列夫密切相关的制造商Aviacor 目前与设计局的关系冷淡。Aviacor 高级管理人员已经表示其公司不会成为图波列夫控股公司的一部分③。

从航空公司的角度来看,设计局和制造厂之间的沟通问题会给客户带来困扰④。即使是向 ARIA 销售也很困难,因为该航空公司不想与设计局和制造商分别打交道⑤。对于期望得到等同于波音或空客服务水平的外国航空公司来说,这是不可接受的。

4.3.3.2　市场分析能力

总体来说,俄罗斯飞机制造商缺少市场分析、营销专业知识、产品和客户支持方面的经验⑥。决策层的大部分领导主要是行业工程师和设计师,他们很少或根本没有接受过营销和业务拓展方面的培训。因此,决策往往忽视大型民用飞机客户的需求。例如,在最近的一次采访中,伊留申的总经理表示,他认为最好的制度是设计局向国家研究院提交设计,国家研究院应负责决定哪些项目符合俄罗斯和国际标准,从而

---

①　Russian industry expert and consultant, telephone interview with USITC staff, July 6, 1998.

②　Tupolev Joint-Stock Company official, interview by USITC staff, Moscow, Apr. 1, 1998.

③　Aviacor Joint Stock Company/Aviacor International official, interview by USITC staff, Samara, Russia, Apr. 2, 1998.

④　同上。

⑤　"It is a Competition," p. 9.

⑥　Dennis L. Holeman, *Can the Civil Aircraft Industry in the Former Soviet Bloc Countries Participate in the World Market? SRI International*, Business Intelligence Program, Feb. 1992, pp. 5 - 7.

决定哪些项目应该继续进行①。这种方法似乎没有纳入市场研究，也不会促进俄罗斯大型民用飞机产业内的市场竞争。

根据 ARIA 的说法，20 世纪 80 年代末研发的伊尔-96M 没有征询俄罗斯唯一的国内航空公司 Aeroflot 的意见，图-204 项目也并未提前征询 Aeroflot 的意见，结果导致航空公司对这两个项目的特定方面表示反对。ARIA 报告指出图波列夫吸取了一些经验教训，已经就图-334 项目咨询了 ARIA 意见②。波音一位管理人员指出，俄罗斯大型民用飞机产业对"了解航空产业的商业方面"的兴趣正在增加③。此外，据报道，俄罗斯发动机和航空电子设备制造商正开始进行市场调查，以更好地为俄罗斯航空公司服务④。

4.3.3.3　与外国航空实体的合作

与全球现有大型民用飞机老牌制造商的合作，包括联合研发、联合生产、分包和设立合资企业，可以作为俄罗斯大型民用飞机产业发展的重要方式，以获取必要的资本和专业知识从而实现由中央计划型行业向市场驱动型行业的转型。此外，虽然一些西方设备远比俄罗斯设备昂贵⑤，但俄罗斯飞机制造商已经意识到将西方制造的部件——特别是发动机和航空电子设备——组装到俄罗斯飞机上的好处。使用西方

①　"It is a Competition，" p. 9.

②　Aeroflot-Russian International Airlines official，interview by USITC staff，Moscow，Mar. 31，1998.

③　Vovick Karnozov，"Interviews with Boeing Executives in Russia，" *AeroWorldNet This Week in Russian Aerospace*，found at Internet address http://www. aeroworldnet. com/lra06228. htm，retrieved June 23，1998.

④　Aeroflot-Russian International Airlines official，interview by USITC staff，Moscow，Mar. 31，1998.

⑤　据报道，1997 年初俄罗斯制造的 Aviadvigatel PS-90 发动机成本为 330 万美元，而类似的普惠发动机在俄罗斯税前成本为 500 万美元。Jeff Grocott and Jim Vail，"Can Russian Aircraft Producers Fight Back?" *St. Petersburg Times*，Oct. 28-Nov. 3，1996；and U. S. industry official，information provided to USITC staff，Apr. 9，1998。

发动机可降低燃油消耗、提高可靠性,并比目前的俄罗斯发动机更符合国际标准。西方航空电子系统以可靠而闻名,通常采用交通告警和防撞系统①技术,这是进入美国、澳大利亚和欧盟市场的飞机所必备的技术②。几乎可以肯定的是,如果俄罗斯大型民用飞机要正式进入非传统出口市场,则其机型必须采用西方发动机和航空电子设备。

西方合作伙伴对参与俄罗斯航空产业感兴趣主要是为了获得俄罗斯航空航天产业和其他领域的市场准入。美国主要参与伊尔-96项目,而欧洲的参与则聚焦在图-204项目上③。尽管在1990年初,互惠互利的联合项目前景光明。但总体而言,美国企业表示他们的经历令人沮丧,很大程度上是因为俄罗斯合作伙伴的财务状况以及俄罗斯政府无法提供所需的援助④。关于联合生产和分包,俄罗斯民航局对外国投资的飞机的适航过程耗时、昂贵且不透明。美国消息来源称,俄罗斯标准的应用不一致,被视为"财力雄厚"的外资企业在现金支出方面可能会受到区别对待,因为负责认证的俄罗斯机构将合格审定工作作为一项筹资活动⑤。

4.3.3.4 制造商的形象

俄罗斯大型民用飞机产业的一个主要竞争劣势便是缺乏向以市场

---

① TCAS 安装在商用飞机上,用于搜索并提醒飞行员注意其他飞机的存在。更高级版本的 TCAS 还建议飞行员采取行动避免飞机靠得太近。

② Grocott and Vail,"Can Russian Aircraft Producers Fight Back?"

③ 普惠为伊尔-96M/T 提供发动机,罗克韦尔·柯林斯公司提供航空电子设备,波音组织了认证研讨会,联邦航空局目前正在为伊尔-96T 安排认证计划。罗-罗为图-204-120 系列提供发动机,罗-罗和宝马的合资企业将为图-334 提供发动机,空客为图-204 的欧洲认证提供技术援助;该飞机可能在获得美国认证之前获得欧洲认证。然而,这些图波列夫飞机的航空电子设备由美国提供。

④ Representatives of U. S. aerospace companies, interview by USITC staff, Moscow,Mar. 26,1998.

⑤ Aerospace Committee,*Barriers to Aviation/Aerospace Investment.*

为导向的航空公司出售和维护已被验证的飞机的记录。来自世界各地的航空公司对伊留申和图波列夫作为全球大型民用飞机供应商的可靠性表示怀疑①。此外，航空公司表示，俄罗斯飞机以质量差和售后支持不达标而闻名，航空公司预计乘客会对乘坐俄罗斯飞机持负面看法。最后，由于俄罗斯大型民用飞机的转售价值未知，因此潜在购买者在对飞机进行终身成本/效益分析时面临相当大的不确定性②。

4.3.4 飞机项目特征

4.3.4.1 飞机的合格审定

生产符合全球安全和噪声标准的大型民用飞机并因此获得西方适航当局认证是一项艰巨的任务，无论是在技术上还是在财务上都是如此。资金短缺已导致俄罗斯适航当局、FAA 和 JAA③ 对伊留申和图波列夫飞机的认证出现重大延迟。这种延迟延长了将新的大型民用飞机推向市场所需的时间，并造成了销售损失。

在向美国和欧洲适航当局申请认证(这是在大多数国际市场运营的必要条件)之前，俄罗斯飞机必须获得俄罗斯适航当局，即航空登记局(Russian Aviation Register)的认证。取证过程耗资巨大，需要进行数百次试飞。伊尔-96T 于 1998 年 3 月 31 日获得俄罗斯初步认证，伊尔-96M 预计于 1999 年获得俄罗斯认证④。配备俄罗斯航空电子设备的图-204-120 客机于 1997 年 12 月获得了俄罗斯认证，货机于 1998

---

① Compiled from responses to USITC airline questionnaire, Feb. 1998; and U. S. airline industry officials, telephone interviews by USITC staff, Oct. 1998.

② 同上。

③ JAA 协调西欧的合格审定活动，但适航证书和取证程序本身属于国家民航当局的职权范围。欧盟最近的一项法规要求所有欧盟国家加入 JAA，采用 JAA 的所有联合适航要求，并认可 JAA 认证的进口产品，无须附加技术条件。

④ U. S. industry official, information provided to USITC staff, Apr. 9, 1998.

年3月获得了俄罗斯认证①。配备西方航空电子设备的图-204-122仍在研发中,但由于图-204-120已经获得认证,图-204-122的取证过程将大为简化②。

为了向西方市场出口航空产品,俄罗斯制造商的生产设施和产品必须获得主要西方适航当局的适航证书。生产设施的认证可能需要长达两年的时间③。乌里扬诺夫斯克和沃罗涅日是目前唯一获得FAA认证的俄罗斯工厂④,但两家工厂均未获得JAA认证⑤。

为了获得FAA和JAA对其飞机的认证,俄罗斯必须首先与这些适航当局签订双边航空安全协议(bilateral aviation safety agreement, BASA)⑥。这些协议和后续实施规则的谈判是一个漫长的过程。俄罗斯和美国于1995年签署了技术合作谅解备忘录,BASA的最终谈判于1998年3月开始。受限的双边航空安全协议预计将于1998年底签署⑦。该协议将使FAA能够确保俄罗斯航空登记处(Russian Aviation Register)采用美国标准来认证将在美国运行的飞机⑧。伊尔-96M/T是通过FAA"影子审查"的机型,这意味着FAA遵循俄罗斯当局的合

① U. S. industry official,e-mail communication to USITC staff,July 31,1998.

② Russian industry expert and consultant,telephone interview by USITC staff,July 6,1998.

③ Russian Interstate Aviation Committee official (retired),interview by USITC staff,Moscow,Mar. 26,1998. 在其他非传统大型民用飞机生产国家,该过程耗时更短。U. S. industry official,information provided to USITC staff,July 15,1998。

④ Russian industry expert and consultant,interview by USITC staff,Moscow,Mar. 27,1998.

⑤ 据报道,德国国家当局已经参观了乌里扬诺夫斯克的设施,并出具了积极的初步报告。Russian industry expert and consultant,telephone interview by USITC staff,July 6,1998。

⑥ Holeman,*Can the Civil Aircraft Industry*,p. 8.

⑦ Taverna,"JAA Bemoans Pace of Tu-204 Certification," p. 40.

⑧ U. S. Federal Aviation Administration official,interview by USITC staff,Moscow,Apr. 3,1998.

格审定流程，以了解和评估其程序[①]。

FAA 正在与伊留申合作进行伊尔-96 项目的认证，JAA 也已经开始与图波列夫合作进行图-204 项目认证的前期工作。伊尔-96T 的 FAA 合格审定工作预计将在满足某些 FAA 设备要求后[②]于 1998 年 11 月启动[③]。图-204-120 系列可能是第一款获得 JAA 认证的俄罗斯飞机[④]。双方于 1997 年签署合格审定程序启动协议，但由于资金问题、图波列夫未能提供必要的文件以及 JAA 在评估俄罗斯取证体系时遭遇困难，该工作被推迟[⑤]。

4.3.4.2　采购价格与运营成本

新一代俄罗斯大型民用飞机的价格明显低于波音和空客的同类产品（见表 4-4），与全部使用俄罗斯生产组件的飞机相比，采用西方发动机和航空电子设备可能会大大改善飞机运营成本居高不下的情况。设备改进及较低的采购价格可能会为俄罗斯大型民用飞机提供国内典型客户群以外的小型航空公司的利基销售机会，并为一些主要航空公司提供少量货机[⑥]。然而，较低的采购价格可能不足以吸引全球主要航空公司选购俄罗斯大型民用飞机。

一项比较运营成本的研究表明[⑦]，在某些参数下，图-204-120 系

---

① U. S. Federal Aviation Administration official, interview by USITC staff, Moscow，Apr. 3，1998.

② 伊尔-96M/T 目前未配备失速警告摇杆，风挡玻璃柱的宽度超过了 FAA 要求的允许范围。U. S. industry officials, interview by USITC staff, Jan. 27, 1998。

③ U. S. industry official，information provided to USITC staff，Apr. 9，1998.

④ Taverna，"Civil Aircraft Outlook Improving in Russia," p. 55.

⑤ Taverna，"JAA Bemoans Pace of Tu-204 Certification," p. 40.

⑥ 据报道，汉莎航空认为图-204-120 货机是一款可能对其具有长期利益的飞机。"Lufthansa Looks at Cargo Version of Tu-204," *Flight International*，June 17-23，1998，p. 12.

⑦ 运营成本比较的详细分析，见 Charles Williams and Paul Duffy，"The 757's Test of Strength," *Aircraft Economics*，Mar.-Apr. 1997。

表 4－4　俄罗斯与西方大型民用飞机的采购价格

宽　体　客　机		窄　体　客　机	
机　　型	价格（百万美元）	机　　型	价格（百万美元）
伊尔－96M/T	75	图－204－120	36～38
波音 777	128～170	波音 757	61～86
空客 A330/340	109～158	空客 A321	45～58

列的燃油、维护和座英里成本比 A321 低 18%～27%，比波音 757 低27%～30%。这主要是由于图波列夫飞机的租赁费率仅为其竞争对手的三分之二[1]。然而，该研究承认，图－204－120 系列无法从与其他飞机的通用性中获益，导致该飞机失去了与 A321 和波音 757 相比的一些直接运营成本优势。严格来讲，就燃油效率而言，图－204－120 系列比波音 757 高 7%，比 A321 高 58%～60%。此外，在最大燃油负荷下，图－204－120 系列达不到波音 757 系列的航程范围。伊尔－96M/T 没有运营成本比较数据，然而，根据 ARIA 总经理的说法，伊尔－96T 将无法提供具有竞争力的运营经济性，从而导致赢利前景暗淡[2]。

4.3.4.3　生产线与通用性[3]

伊留申和图波列夫一个明显的竞争劣势是无法提供获认证，可在

---

[1]　图 204－120 将由希罗科航宇国际公司租赁，该公司已成立一家专门的子公司，负责安排行业标准的运营租赁包。希罗科在该项目中的主要银行和财务顾问是花旗银行。由于租赁公司不需要俄罗斯商业银行的国家担保信贷，因此该飞机的租赁费率具有竞争力。

[2]　Alexander Velovich, "Ilyushin Freighter Efficiency Fails to Impress Aeroflot Director," *Flight International*, Apr. 1－7, 1998, p. 4.

[3]　如第 2 章所述，通用性是指在大型民用飞机制造商生产的飞机中使用通用特征、零部件和系统。通过这种策略，大型民用飞机制造商可以降低研发成本和提高生产效率，而机队中拥有更多此类飞机的航空公司则可以提高运营成本效率。

大多数国际市场运行的飞机系列。俄罗斯新一代大型民用飞机基本上由每家制造商的一款机型组成——伊尔-96 和图-204。伊留申管理人员称，他们对生产少于 200 个座位的大型民用飞机不感兴趣，也不想设计比最多可提供 375 个座位的伊尔-96 更大的飞机[①]。与波音和空客相比，这一商业战略可能会使伊留申在竞争中处于劣势，波音和空客提供的飞机系列载客量更大。空客意识到尽管其为全球市场生产大型民用飞机已有 28 年，但其产品线仍不能完全覆盖 100～400 座级的范围[②]。

尽管通用性是影响全球主要航空公司采购决策的一个因素，但对于俄罗斯大型民用飞机制造商来说这是一个相对较新的概念。然而，伊留申和图波列夫的未来产品计划中都体现了近期在通用性方面的努力。据报道，伊留申提出的伊尔-98 是伊尔-96 的双发型号，使用的也将是伊尔-96 的设备和系统。但由于缺乏资金，该项目处于半停顿状态[③]。在图-334 项目中，图波列夫设计的机翼与图-204 的机翼有许多相似之处，并且使用相同但缩短了的机身和相同的驾驶舱[④]。此外，在俄罗斯大型民用飞机上使用西方发动机和航空电子设备将为机队同样使用了此类西方设备的航空公司提供一些通用性。

4.3.4.4　全球支持网络

俄罗斯在全球市场上销售飞机的能力将在很大程度上取决于其提供产品支持的能力。然而，俄罗斯制造商无法提供足够的售后支持和

---

①　Ilyushin Aviation Complex official，interview by USITC staff，Moscow，Mar. 30，1998.

②　Transcript of hearing for USITC inv. No. 332 - 384，Mar. 17，1998，p. 10.

③　Russian industry expert and consultant，interview by USITC staff，Moscow，Mar. 27，1998.

④　Jackson，ed.，*Jane's 1997 - 1998*，pp. 466 - 467.

服务,并且飞行模拟器和系统训练器的地点也不便利①。要想具备全球竞争力,俄罗斯制造商必须与多家西方售后服务与支持公司签订合作协议,以进行零件分销、文件编制、培训、维护、维修、大修、喷漆、内饰安装、定制和改装②。

俄罗斯有 13 家飞机维修中心已上市,其中 11 家已转型为股份制公司。然而,这些维修中心的设备被认为是不合格的,而且其审定指南现在才制定③。虽然这些中心开始在外场维修飞机,而不是只在其维修基地维修飞机④。但其维修能力与西方同行之间仍然存在巨大差距。俄罗斯行业官员承认,西方发动机制造商因其全球服务网络而获得了巨大的竞争优势⑤。

由于这些因素,伊留申计划将售后服务分包给第三方(可能是一家非俄罗斯企业),并正在为备件库寻找外国合作伙伴⑥。然而,有消息称,由于资金限制,这些工作进展不大⑦。希罗科要求图波列夫为其订购的图-204 飞机(计划用于租赁)提供备件支持包,据报道德国汉莎技术公司已同意为该飞机提供支持⑧。

———————————

① 西方生产商在世界各地的几个中心提供模拟器和培训师;俄罗斯生产商仅在俄罗斯设有中心。

② Holeman, *Can the Civil Aircraft Industry*, p. 9.

③ Gennady Gipich, "Russia Solves Aircraft Repair Problems," *Aerospace Journal*, Nov. - Dec. 1997, p. 44.

④ 同上,p. 45。波音和空客飞机通常可以在它们失能的地点或附近地点完成修理,但俄罗斯飞机通常是先修理到能够飞到指定维修点的状态,再在那里进行更全面的修理。

⑤ Central Institute of Aviation Motors officials, interview by USITC staff, Moscow, Mar. 30, 1998.

⑥ Ilyushin Aviation Complex official, interview by USITC staff, Moscow, Mar. 30, 1998.

⑦ Representatives of U. S. aerospace companies, interview by USITC staff, Moscow, Mar. 26, 1998.

⑧ Russian industry expert and consultant, interview by USITC staff, Moscow, Mar. 27, 1998.

4.4　对美国大型民用飞机产业竞争力的影响

俄罗斯大型民用飞机生产商不太可能在未来 10 年内获得全球市场份额，因此在该时间段内对美国大型民用飞机产业的竞争地位几乎没有影响。首先，尽管伊留申和图波列夫拥有优秀的设计师和工程师，几十年来一直为其传统市场设计和生产民用飞机，但无数问题困扰着该产业，主要障碍是资金缺乏。俄罗斯政府资金和私人投资非常有限，外国政府资金虽然重要，但一般不会超出支持购买俄罗斯大型民用飞机中使用的外国部件的界限。资金不足使俄罗斯大型民用飞机制造商无法生产足够的飞机来为设计企业和制造商创造必要的收入，以满足其最基本的运营需求。

其次，俄罗斯大型民用飞机产业的产能过剩以及该产业无法完成设计和制造实体的整合，将继续阻碍伊留申和图波列夫实现成为世界级制造商的目标。虽然伊尔-96 和图-204 代表了新一代俄罗斯客机，但它们仍然是旧体系的产物。在旧体系中，设计局与制造厂各自孤立地工作，也并未充分开展市场调研[1]。伊留申和图波列夫目前的企业结构不支持简化决策，这导致产品无法迅速进入市场，无法为客户关系提供统一战线。此外，市场研究方法对俄罗斯航空产业来说是新生事物，设计局和制造厂对学习这些技能几乎没有兴趣。俄罗斯也尚未建立起支持伊尔-96 和图-204 运行的全球网络，而这恰是全球大型民用飞机销售的基本要求。

最后，俄罗斯政府的航空和航天产业政策缺乏提高大型民用飞机

---

[1]　Aviacor Joint Stock Company/Aviacor International official，interview by USITC staff，Samara，Russia，Apr. 2，1998.

制造商和航空公司利益的协调方法。政府在实施《重组俄罗斯航空产业综合体的构想》方面没有发挥积极作用。该计划有可能消除产能过剩，并有助于向更加市场化的企业结构过渡。政府尚未制定租赁俄罗斯飞机的机制，以促进这些飞机在国内市场的销售，而这本应是向全球市场扩大销售的重要的第一步。政府评估俄罗斯大型民用飞机中使用的西方设备的关税，并对此类设备实施繁琐的认证流程，在标准应用方面内松外紧，然而，西方设备对于俄罗斯大型民用飞机在国内和全球的竞争力至关重要。最后，政府在推动俄罗斯航空公司采购外国制造的大型民用飞机方面无所作为，而这本应使俄罗斯航空公司通过租赁和购买更便宜、更高效的西方飞机来实现赢利。

第 5 章
亚洲航空产业结构的变化：中国、韩国、印度尼西亚和新加坡

5.1　引言

由于缺乏全面的飞机研发技术基础和飞机制造各个阶段的相关经验,迄今在民用飞机产业中尚未出现有力的亚洲竞争者。此外,亚洲国家不太可能在未来 15～20 年内克服这些障碍,与大型民用飞机(LCA)的老牌制造商竞争[①]。尽管如此,中国、韩国、印度尼西亚和新加坡都在努力寻求扩大在民用航空领域的生存空间,并积极推动国际合作,以加速提升各自在飞机制造领域的生产和技术能力。日本也在采取提升举措。尽管亚洲地区当前的经济危机可能对为民用飞机项目的研发投入大量公共资源的能力和愿望这一竞争力资产造成严重影响,但亚洲各国的增长战略都有利于飞机制造所需的特定优势的发展。在简要介绍各国航空产业的发展之后,本章将对这些优势以及各国航空产业的内在潜力进行竞争性评估。具体而言,将根据第 2 章所述的四个不同的竞争力决定因素(资本可用性、行业和人口特征、企业特征和飞机项目特征)对亚洲航空产业的竞争潜力进行评估,并探讨亚洲国家参与航空产业对美国航空产业竞争力的影响。

---

① Transcript of hearing for USITC inv. No. 332‐384，Mar. 17，1998，p. 18.

5.2　中国

5.2.1　背景介绍

1938 年，日军在侵占东北期间建立了机体和发动机制造设施①。第二次世界大战结束时，苏联除了维护这些设施外还支持了其他一些工厂的创建。中国开始根据苏联的设计和技术许可生产军用和民用飞机②。20 世纪 60 年代初中苏关系破裂后，中国脱离了苏联和西方，不得不通过苏联飞机的逆向工程型号和从苏联获取的技术开展独立改造来维持其航空需求并建设制造基地③，后在"文化大革命"期间航空产业逐渐败落。1975 年，中国与西方制造商重新建立了一系列战略联系，与英国的罗-罗签订发动机许可生产协议便是其中之一④。随后，中国与波音、麦道以及最近与空客均签订了许可生产、联合生产和合资协议，这也为中国提供了推进中国民用飞机产业发展所需的经验和培训。中国航空产业近阶段的发展目标是通过推进设计、制造和营销领域的国际合作来制造 100 座级民用客机。然而，中国未能在与韩国合作的支线飞机项目中发挥主要作用，1996 年该支线飞机项目失败。随后 1998 年 7 月，中国、新加坡、韩国以及 AIA⑤针对共同

---

①　Leslie Symons，"The Rise and Fall of Soviet Influence on the Chinese Aircraft Industry and Air Transport," ch. 16 in *Transport and Economic Development-Soviet Union and Eastern Europe* (Berlin: Osteuropa-Institut, 1987), p. 450.

②　同上。

③　同上，p. 463。

④　同上，p. 451。

⑤　有关 AIA 的讨论见第 3 章。

研发和制造 100 座级的 AE‑31X 客机的协议也随之流产①。

5.2.1.1 制造商及主要产品

中国航空产业由国家控股公司中国航空工业集团有限公司（AVIC，以下简称"中航工业"）管理。中航工业 1997 年的销售额估计为 31 亿美元②，包括 18 家从事飞机和部件生产的工厂、34 家相关设备制造商、29 家航空研究所、4 所航空大学和 8 家贸易公司③。中航工业在其各公司和研究所共雇佣 56 万人。然而，除飞机和部件生产外，中航工业的业务还包括非航空相关业务④以及其他商业产品的生产。直接参与航空相关产品研制的员工比例仅为 20%⑤。作为中国市场传统的军用飞机和部件制造商，为应对军事订单下降，提高中国在民用飞机领域的生产能力，中航工业战略性地引导业务向民航业发展⑥。中航工业负责民用飞机生产和装配的主要设施位于西安、哈尔滨、上海、成都和沈阳（见表 5‑1）。中航工业领导下的第二个政府机构——中国航空技术进出口总公司（现为中航技进出口有限责任公司，简称"中航技"）负责实施海外转包工程、合资合作以及航空产品贸易⑦。

---

① 最初协议计划主要由西安飞机制造厂生产两款飞机，即 95～105 座级的 AE‑316 和加长版的 AE‑317，双舱布局可以载客 115 人，单舱布局可以载客 125 人。中国中航工业持有该合伙企业 46% 的股份，空客工业亚洲公司和新加坡科技宇航公司分别持有 39% 和 15% 的股份。

② "Aircraft Maker AVIC to Restructure," Knight‑Ridder/Tribune Business News, found at Internet address http://www. newsedge, posted Sept. 30, 1997, retrieved Oct. 6, 1997.

③ Aviation Industries of China, *Survey of Chinese Aviation Industry 1997/1998* (Beijing: Aviation Industry Press, 1997).

④ 例如，中航工业的航空产业雇员包括为各制造厂医院、学校和研究所提供服务的员工。

⑤ Aviation Industries of China officials, interview by USITC staff, Beijing, China, May 5, 1998.

⑥ "Aircraft Maker AVIC to Restructure;" Paul Jackson, ed., *Jane's All the World's Aircraft 1996‑1997* (Surrey, UK: Jane's Information Group Limited, 1997), p. 55; and "Aviation Industries of China to Enhance Competitiveness," *Beijing China Daily*, Sept. 27, 1997.

⑦ Jackson, ed., *Jane's 1996‑1997*, p. 54.

表 5-1 中国：主要航空制造商

公司	成立时间	所在地	员工数量	非航空产品	主要航空相关项目
西安飞机制造厂〔现为中航西安飞机工业（集团）有限责任公司〕	1958	西安	共计 20 000 人 4 400 名工程师	沃尔沃汽车（合资公司） 铝制结构件 天线盘 摩天轮 （占制造总量的 70%）	制造 Y-7 零部件生产 军机制造
哈尔滨飞机制造公司（现为哈尔滨航空工业集团有限责任公司）	1952	哈尔滨	共计 17 000 人 2 269 工程师	机电产品	制造 Y-12 零部件生产 EC-120 直升机项目合作方 制造 Z-9 直升机
上海飞机制造厂（现为中国商飞上海飞机制造有限公司）	1951	上海	共计 5 000 人	汽车产品 商业机械 气垫船 铝墙板	MD-90 干线客机总装 零部件生产

（续表）

公　司	成立时间	所在地	员工数量	非航空产品	主要航空相关项目
成都飞机工业（集团）有限责任公司	1958	成都	共计 19 000 人	机电设备 （占制造总量的 10%）	零部件生产 军机制造
沈阳飞机工业（集团）有限公司	1951	沈阳	共计 20 000 人 7 000 工程师和技术管理人员	汽车产品 中大型设备 金属结构件 机电产品 存储设备 （占制造总量的 50%）	零部件生产 军机制造

资料来源：美国国际贸易委员会员工多渠道信息搜集。

中国目前制造许多民用的中短程涡轮螺旋桨飞机(见表5-2)。这些型号是苏联时期设计的翻版,但Y-12除外。Y-12是一种轻型双涡轮螺旋桨飞机,于20世纪80年代①在中国设计和研发,可改造用于运输乘客、货物和测量②。此外,中国还参与了零件和组件(见表5-3)及几款军用飞机和直升机的生产制造。

1994年,中国航空航天领域与麦道敲定了一项价值16亿美元的合作协议,共同生产MD-90型民用飞机。根据此大飞机项目协议,计划为中国市场生产共计40架MD-90-30,其中一半在美国,另一半在中国生产。1998年8月,由于需求明显不足,该项目被中止③。然而,据报道,中国打算组织业界力量,利用已交付给上海飞机制造厂的部件继续组装三架飞机④。

5.2.1.2　中国航空产业的目标

某些中国航空产业官员认可中国民用飞机产业暂时不能与空客或波音竞争的观点⑤。尽管如此,中国航空产业仍然希望在民用飞机制造业中扮演主要角色。中国航空产业将飞机制造视为发展的象征,行业官员将国家发展飞机项目的计划视为减少中国对昂贵进口飞机依赖的一种手段⑥。来自中国的消息指出,中国航空产业的发展重点在短程飞机领域,因为这与中国航空领域的现有能力和经验相匹配,而且该领域

---

① *Jane's All the World's Aircraft 1983 - 1984* (London, England: Jane's Publishing Company Limited, 1983), p. 33.

② Aviation Industries of China officials, interview by USITC staff, Beijing, China, May 5, 1998; and "China Wins Exports for Yun-12 Planes," *Xinhua News Service*, received by Newsedge/Lan, Mar. 18, 1996.

③ Paul Lewis, "TrunkLiner Programme is Scrapped," *Flight International*, July 29 - Aug. 4, 1998, p. 4.

④ 同上。

⑤ China National Aero-Technology International Supply Corporation and Aviation Industries of China officials, interviews by USITC staff, Beijing, China, May 4 - 5, 1998.

⑥ Aviation Industries of China officials, interview by USITC staff, Beijing, China, May 5, 1998.

表 5－2　中国：民用飞机制造

机　型	参照机型	座　级	航程①	发动机	适航证	销售量
MD－90－30T 干线飞机	麦道MD－90	153	2 085（最大载荷航程）	国际航空发动机公司的IAE V2525－D5	无	无
Y－7100 Y－7200A Y－7200B	安东诺夫设计局②	52 Y－7100/200B	491（Y－7100） 863（Y－7200A）（最大载荷）	中国东安 WJ5A1（Y－7100）	1986 CAAC适航证（Y－7100）	120③
	基于安－24	56 Y－7200A	1 070（Y－7100） 1 430（Y－7200A）（最大燃油航程）	加拿大普惠 PW127C（Y－7200A） 中国东安 WJ5A1G（Y－7200B）	1998 （Y－7200A） CAAC适航证	
Y－12 II Y－12 IV	哈尔滨飞机制造公司 全新设计	17 （Y－12 II） 18－19 （Y－12 IV）	723（Y－12 II）（最大燃油航程，45分钟燃油储备） 707（Y－12 IV）（最大燃油航程，45分钟燃油储备）	加拿大普惠 PT6A－27	1985 CAAC适航证 （Y－12 II） 1994 CAAC适航证 （Y－12 IV） 1995 FAA航空条例 第23部规章 （Y－12 IV）	98④ （Y－12 II） 12 （Y－12 IV）

（续表）

机　型	参照机型	座　级	航程	发动机	适航证	销售量
Y-5B(D)⑤ Y-5B(K)	安东诺夫设计局 基于安-2⑥	12	456 （177加仑燃油）	波兰产PLL Kalisz ASz-62IR-16 中国南方航空动力机械集团公司（株洲）HS5	CAAC第23部规章	780⑤
Y-8B⑦ Y-8C Y-8D	安东诺夫设计局 基于安-12B	96	687(Y-8B、Y-8D) （最大载荷航程） 1858(Y-8C) 3032(Y-8B、Y-8D) （最大燃油航程）	中国南方航空动力机械集团公司（株洲）WJ6	1993 中国民航局适航证（Y-8B、Y-8C）	60⑧

注：① 以海里计算。
② 安东诺夫设计局位于乌克兰。
③ Y-7和Y-100为截至1997年的数据。
④ 截至1997年12月份。
⑤ Y-5系列飞机由石家庄飞机制造公司生产。
⑥ 1957—1967年，南昌按照生产许可制造了727架安-2。之后生产转移至石家庄飞机制造公司。至1997年初，共生产53架。
⑦ Y-8系列飞机是在陕西飞机制造公司生产的。
⑧ 截至1996年12月，包括Y-8系列所有型号飞机。含可用于军事、测绘和货运用途的飞机。
资料来源：美国国际贸易委员会委员工多渠道信息搜集。

表 5－3　中国：飞机结构生产

公　司	产　品	应 用 机 型
西安	垂尾、前检修口 水平安定面 垂尾 机翼后缘肋条 翼盒、前/中机身 轮舱舱壁 检修口 水箱、可水浮吊舱 副翼、门 面板组件 门、外翼罩 后机身滚筒	波音 737 波音 737－300 波音 737－600/700/800 波音 747 MD－90 干线飞机 MD－90 A300/A310 A320 CL－415 比奇 1900D ATR 42 ATR 72
沈阳	尾翼-48 段 货舱门 尾翼、电子线束转包 翼肋、应急出口门 机械件 行李舱门、服务门以及应急出口门 尾锥、起落架门、吊舱部件	波音 737－600/700/800 波音 757 MD－90 干线飞机 A320 德哈维兰 Dash 8 洛克希德 C－130
上海	水平安定面 水平安定面、后服务舱门框、舱内 襟翼支撑、后服务舱门、主起落架 门、前起落架门、航电检修门、前/ 中/后货舱门 机翼、中机身	波音 737－600/700/800 MD－80/90 MD－90 干线飞机
成都	尾翼-48 段 机头部分 机头部分 机头组件、云梯组件 后舱门	波音 757 波音 717－200[①] MD－80/90 MD－90 干线飞机 A320

（续表）

公　司	产　　品	应用机型
哈尔滨	舱门 舱门 机身	AVRO RJ 飞机 欧直海豚系列 欧直 EC - 120

注：① 客户为大韩航空。
资料来源：美国国际贸易委员会员工多渠道信息搜集。

面临的来自老牌制造商的竞争较少①。此外，中国航空产业的目标是通过与包括西方参与者在内的企业合作，制造自主设计的 100 座级飞机②。

除了生产 100 座级支线飞机，中国航空产业希望借助制造和研发获取的资源以及西方飞机制造商越来越多的转包工作来增强其作为供应商的地位③。中国航空产业还希望通过参与航空制造的其他亚洲国家（包括韩国和日本）的转包工作来扩大其客户群体④。尽管制造商表示愿意承担从装配工作到部件和组件制造的各项任务，但航空产业领导希望中国在制造复杂组件（如机身部分和机头组件）方面获得更多工作任务⑤。

5.2.2　竞争力评估

5.2.2.1　资金可用性

中国航空产业受益于公众对飞机制造等大型工业部门的传统支

---

①　Aviation Industries of China officials，interview by USITC staff，Beijing，China，May 5，1998.

②　同上。

③　China National Aero-Technology International Supply Corporation，Xi'an Aircraft Company，and Shanghai Aircraft Manufacturing Factory officials，interviews by USITC staff，Beijing，Xi'an，and Shanghai，May 4 - 8，1998.

④　Xi'an Aircraft Company officials，interview by USITC staff，Xi'an，May 7，1998.

⑤　China National Aero-Technology International Supply Corporation officials，interview by USITC staff，Beijing，China，May 4，1998.

持。尽管由于缺乏数据和中航工业运营的多样性，国家向民用飞机产业投入的规模难以量化，但作为国家控制的中国民用飞机产业可能会获得政府的直接支持。此外，中国进出口银行提供贷款支持民用飞机的出口①。据报道，某些特定航空项目也被准予税收优惠②。再者，民用飞机产业可能从政府国防采购中获得额外的间接经济利益。尽管政府对军用飞机的采购订单有所下降③，但由于历史上对军机生产的重视以及中国几家航空制造厂目前在军民两用方面扮演的角色，很可能为产业发展提供基础设施及与飞机和部件的制造和组装相关的经验，以及用于军事用途的航空研发资金，通过这个途径，航空产业可以获得可转移的技术。

从历史上看，政府是中国航空产业企业投资的唯一来源④。然而，由于中国计划经济体制向市场经济体制转变的改革，以及企业在国内证券交易所上市获得更大自主权，预计利用金融市场筹集资金的可能性将有所增加。商业融资将为中国飞机制造商提供另一种资金来源，在因重组而造成政府支持减少的情况下其重要性不言而喻⑤，但也会使中国大型工业企业直接面对市场的竞争性力量和股东对诸如赢利能力的关切。据传闻，随着航空产业的重组，中航工业将协助其涉民子公司进行商业融资⑥，且飞机产业通过国内股票市场筹集资金的初

---

① "China: Bank Loan to Back Aviation Industry," *Beijing China Daily* (in English), Apr. 3, 1998, FBIS transcribed text FBIS-CHI-98-093.

② Paul Lewis, "Time Out in Asia," *Flight International*, Nov. 5 - 11, 1997, p. 40.

③ Aviation Industries of China and Xi'an Aircraft Company officials, interviews by USITC staff, Beijing and Xi'an, China, May 5 and 7, 1998.

④ Chinese industry officials, interview by USITC staff, Xi'an, May 7, 1998.

⑤ Michael Mecham, "Industry Watches Reform of Chinese Aerospace," *Aviation Week & Space Technology*, Mar. 2, 1998, p. 24.

⑥ "Aviation Industries of China to Enhance Competitiveness," *Beijing China Daily*, Sept. 1997.

步尝试已取得成功。1997年，西安飞机制造厂从首次公开募股中筹集了3亿5 700万元人民币（约4 400万美元），其中6 000万股是中国大陆投资者购买的①。报道称该公司股票在中国国内市场表现良好②。与此同时，中国的证券交易所受诸多投机活动和政府严格管制的影响③，资本充分流动受限。但是，随着中国最近宣布将允许更多的企业在海外上市④，可以想象，中国的飞机生产商最终可能会获得更多国外股市的资金。

5.2.2.2 行业及人口特征

1）设计和制造能力

中国航空产业最大的竞争弱点之一是在设计、研发和制造技能方面落后于美国和西欧近30年⑤。尽管中国是亚洲地区较为活跃的转包商之一，但这些制造厂主要负责生产技术要求较低的零部件。中国的本土设计能力仅限于基本设计⑥、改造、模仿和适应现有设计。中国航空业内人士承认，虽然民用飞机产业的基础已经具备，但总体能力相对

① "China Xi'an Plane Part Maker to List A Shr (sic)," *Reuters Limited*, June 24, 1997, found at Internet address http://biz. yahoo. com/finance/97/06/24/, retrieved June 25, 1997.

② Xi'an Aircraft Company officials, interview by USITC staff, Xi'an, May 7, 1998.

③ U. S. Department of Commerce, International Trade Administration, "China-Investment Banking," *Market Research Reports*, National Trade Data Bank, found at Internet address http://www. stat-usa. gov, Aug. 1, 1997, retrieved July 28, 1998; and Morag Forrester, "China is the Silver Lining," *Global Finance*, Aug. 1997, pp. 32 – 34.

④ "China to List More Firms Abroad," *China Business News*, Xindeco Business Information Company, July 21, 1998, found at Internet address http://www. chinavista. com/business/new/home. html, retrieved July 21, 1998.

⑤ U. S. government and U. S. and European industry officials, interviews by USITC staff, Herndon, VA, Oct. 23, 1997, and Beijing, China, May 4, 1998; and Stanley Holmes, "Make a Faulty Part and You Will be Punished," *Seattle Times*, May 26, 1996, found at Internet address http://www. seattletimes. com/sbin/iarecord.../34043, retrieved Aug. 27, 1997.

⑥ Korean industry official, interview by USITC staff, Seoul, Korea, Apr. 27, 1998.

较低①，原因之一是中国缺乏先进的制造技术②。比如，由于不熟悉和缺乏经验，工厂更多采用的是劳动力集中、效率低下的生产方式，而不是更先进的技术③。更重要的原因是，生产制造历来由中央计划指导，以及在项目组织、过程管理和工厂级决策方面缺乏经验，降低了该产业利用熟练工程师和处理多样化生产、多项任务以及飞机项目复杂集成的能力④。例如，中国工厂的技能水平参差不齐，再加上在管理生产流程和集成方面的难度，导致第一架中国制造的 MD-90 干线客机的完工日期推迟⑤。

尽管存在各种不足之处，但中国生产商仍有能力提供符合西方严格标准的优质产品。此外，中国的航空产业在制造整机方面拥有多年的经验，比其他亚洲竞争者更具优势⑥。例如，除了生产军用战斗机和短程涡轮螺旋桨飞机，根据 1985 年与麦道签订的协议，中国航空产业成功组装并随后共同生产⑦了 35 架 172 座的 MD-82 商用喷气式客机，其中 5 架在美国市场销售。此外，中国的经验丰富且现代化的供应

---

① Chinese industry officials，interview by USITC staff，Beijing，China，May 5，1998.

② Chinese and Korean industry officials，interviews by USITC staff，Beijing and Shanghai，China，May 5 and 8，1998 and Pusan，Korea，Apr. 29，1998.

③ 在铆接过程中，中国的经验不足可见一斑。中国技术人员没有将铆钉精确地打入特定水平的金属部件中，而是让铆钉略微延伸，然后将它们研磨到适当的水平。虽然中国的方法效率较低，但工厂避免了由于铆钉插入太深而丢弃零件的情况。

④ Chinese and U. S. industry officials，interviews by USITC staff，Beijing，May 4，1998.

⑤ 尽管干线飞机项目被取消，但预计中国将使用已经交付或在中国生产的零部件生产共计三架飞机。根据干线飞机项目计划，第一架在中国生产的 MD-90-30 原计划于 1998 年 4 月交付。由于无法实现这一目标，因此调整至 1998 年底交付。然而，中国业内人士表示，这一计划很可能再次推迟。

⑥ U. S. and Korean industry officials，interviews by USITC staff，Beijing，China and Changwon，Korea，Apr. 30 and May 5，1998.

⑦ 中国元素占比 20%。

商熟知如何进行质量管控①。虽然业内人士强调，想确保中国能够可靠地执行新项目，时间和密切合作是必不可少的。但是一旦具备基础能力，经培训后的工人掌握了西方生产商的标准和生产实践，中国的制造工厂便能生产高质量的零部件和组件②。例如，波音在中国开展转包工作时总是从双货源开始③，而中国工厂目前已经在某些波音零件和复杂组件上取得了独家供应商的地位④，这表明了西方大型民用飞机制造商对中国转包能力的信心在不断增强。此外，中国工厂意识到其在质量管控方面的差距，正试图通过学习西方制造商经验以及模仿成功的中国供应商的做法来提高产品质量⑤。

2）生产基础设施

阻碍中国航空制造业发展的一个因素是缺乏现代化的生产设施。中国飞机制造业的基础设施水平与20世纪50年代的美国飞机制造业大致相当⑥，特点是机械设备薄弱，数字化控制缺乏。供应商所在国严格的出口管制要求使得企业难以获得最新的技术和最先进的机械设备⑦。尽管产业支持只在一定程度上解决了机械生产的自给自足，但是本土设计和制造的工具为工厂提供了独特的工程解决方案，以满足西方制造要求。此外，虽然中国本身就是原材料供应商基地，但由于客户对质量和批准供应商的严格要求，飞机制造业，尤其是零部件制造业，

---

① U. S. Government official, interview by USITC staff, Beijing, China, May 4, 1998.

② U. S. industry officials, interview by USITC staff, Xi'an, China, May 7, 1998.

③ U. S. industry officials, interview by USITC staff, Seattle, WA, Feb. 10, 1998.

④ 例如，西安飞机制造厂目前是波音737前检修门和波音747后缘肋的独家供应商。成都飞机工业（集团）有限公司成为MD-82机头结构的唯一供应商。

⑤ Chinese industry officials, interview by USITC staff, Shanghai, China, May 8, 1998.

⑥ U. S. industry officials, interview by USITC staff, China, May 7, 1998.

⑦ Chinese industry officials, interviews by USITC staff, Beijing and Shanghai, China, May 4 and 8, 1998.

主要还是依赖从西方国家进口符合飞机质量要求的铝、钛和其他原材料①，这增加了成本、不便和风险。中国业内人士指出，由于某些供应商所在国严格的出口管制要求，获得如复合材料和碳纤维等越来越重要的先进飞机材料变得越来越困难②。

此外，中国缺乏自主发展民用飞机产业的关键要素——生产自主设计飞机所需的充足研发设施。例如，尽管中国的每一家飞机制造商都支持下属的独立设计院，但其业务仅限于设计更改等相对简单的任务③。此外，中航工业的 29 个航空研究机构中只有 2 个主要从事商用飞机的设计研究——西安飞机设计研究所和上海飞机研究所（现为中国商飞上海飞机设计研究院）④。这两家研究机构还并未为大型民用飞机产业提出任何原创设计⑤。西安飞机设计研究所主要是对现有飞机型号进行改装或复制⑥。同样，上海飞机研究所最大的设计项目，即 20世纪 70 年代研发的 150 座级的 Y‐10 客机，也是大量借鉴了现有的西方技术。

中国航空产业的发展得益于其广阔的土地面积、发展内陆省份的国家政策以及航空运输基础设施的快速建设，这为飞机制造设施、机场和试验场地的扩建提供了巨大的潜力。与其他雄心勃勃的竞争对手相

---

① Chinese industry officials，interview by USITC staff，Beijing，May 5，1998.

② Chinese industry officials，interviews by USITC staff，Beijing and Shanghai，China，May 4 and 8，1998.

③ Aviation Industries of China officials，interview by USITC staff，Beijing，China，May 5，1998.

④ 同上。

⑤ European industry officials，interview by USITC staff，Paris，France，Apr. 3，1998.

⑥ Aviation Industries of China，*Survey of Chinese Aviation Industry 1997/1998* (China：Aviation Industry Press，1997)，p. 149.

比,中国享有的另一个优势是拥有大量经验丰富的航空产业工人[1],而且工资预计比西欧低 30%～50%[2]。生产工人平均在产业内有 10 年的经验,高水平的技术人员比比皆是[3]。与此同时,据了解,虽然中国的学术体系也在培养优秀的工程师[4],但只有 4 所大学设置了航空航天专业[5]。相比之下,美国大约有 80 所大学提供航空航天工程学位教育[6]。此外,中国业内人士声称,留住工程师和高级别的技术工人从事航空产业的难度很大,因为他们通常会跳槽从事高薪工作[7]。

3)国内市场状况

中国最重要的竞争优势是其巨大的国内市场,这是飞机项目成功的关键因素[8]。中国官员预计,1997—2016 年,100 座级飞机的国内需求量为 265 架[9],而西方对同期预测略高。此外,一些中国航空公司表示,不断增长的前往偏远地区城市的需求使得市场需要一款中型客机[10]。潜

---

① Aviation Industries of China officials, interview by USITC staff, Beijing, China, May 5, 1998.

② Lewis, "Time Out in Asia," p. 39.

③ Aviation Industries of China and Shanghai Aircraft Manufacturing Factory officials, interviews by USITC staff, Beijing and Shanghai, China, May 5 and 8, 1998.

④ U. S. industry officials, interviews by USITC staff, Beijing, China, May 5, 1998.

⑤ 4 所大学分别为北京航空航天大学、西北工业大学、南京航空航天大学以及郑州航空工业管理学院。

⑥ Peterson's Colleges&Universities, found at Internet address http://www.petersons.com/ugrad/select/u40050se.html, retrieved September 9, 1998.

⑦ China National Aero-technology International Supply Corporation and Aviation Industries of China officials, interviews by USITC staff, Beijing, China, May 4 - 5, 1998.

⑧ 大量国内销售有助于制造商实现规模经济。U. S. aerospace industry analyst and Korean Government officials, interviews by USITC staff, Washington, DC,Dec. 9, 1997, and Seoul, Korea, May 1, 1998.

⑨ China Institute of Aeronautic Engineering, *China Market Outlook for Civil Aircraft* (1997 - 2016), Sept. 1997, p. 23.

⑩ Chinese airline officials, interview by USITC staff, Beijing, May 5, 1998.

在的国内需求，加上政府对航空公司采购的长期影响①，为任何独立制造或与外国合作伙伴共同制造的中国飞机创造了一个近乎垄断的市场。例如，一位行业代表预测，中国制造的支线飞机在飞机生产的头几年内即可占领近100%的国内市场②。

5.2.2.3 企业特征

航空产业的一个致命缺点是其效率低下的垂直管理体系，这阻碍了中国飞机制造厂的现代化③。然而，中国政府试图通过改革减少重叠、提高效率，引导国有企业走向市场化，这将对中国航空产业的整体实力和竞争力产生有利影响。本质上，中国航空产业将获得运营自主权④，决策权也将转移到工厂层面，以便更符合商业化的运作方式⑤。本土化管理可以提升制造业的竞争力和生产效率，因为工厂可以有更大的自主控制权来决定是否获得新的资金来源和实施效率提高措施，如裁员和放弃经济效益差的项目。此外，根据政府的结构调整计划，中航工业可能会重组为几个事业部，飞机制造厂和研究院将在新的框架下开展业务，并且其他民品的制造可能从飞机制造中完全剥离⑥。这可能导致行业整合，因为飞机制造厂失去了其他赢利业务的财政支持。

与此同时，中国航空产业能在多大程度上利用结构重组的机会取

---

① Chinese Government official, interview by USITC staff, Beijing, China, May 4, 1998.

② U.S. industry official, interview by USITC staff, Beijing, China, May 5, 1998.

③ Mecham, "Industry Watches Reform," p. 24; and Asian aerospace industry analyst, interview by USITC staff, Seoul, Korea, Apr. 27, 1998.

④ Chinese and U.S. industry officials, interviews by USITC staff, Beijing, China, May 4 - 5, 1998.

⑤ Mecham, "Industry Watches Reform," p. 24.

⑥ Chinese industry officials, interview by USITC staff, Beijing, China, May 5, 1998.

决于变化的速度和性质，预计航空产业全面实施改革的进度将比较缓慢[1]。例如，1997年，为了简化运营、提高效率和生产力，中航工业宣布计划削减约 150 000 名员工，占员工总数的 27%[2]。但是迄今为止，中国航空航天业的从业人数没有任何改变，也不清楚为实现这一裁员目标究竟采取了哪些措施。尽管如此，个别中国航空企业已经采取了一些市场化的做法。例如，近 10 年来，中国的主要飞机制造企业一直在实行自负盈亏制度[3]，个别企业对公共投资开放。

5.2.2.4　飞机项目特征

中国在市场营销技能、对售后支持的理解以及研发和维护全球支持网络的资源方面落后于西方和亚洲同行[4]。中国航空产业在独立产品研发、推广和营销方面能力较弱，中航工业运营的贸易公司主要依赖发展中国家市场进行海外销售。此外，对于中国可能生产的任何支线飞机，飞行人员培训、零部件供应以及工程和维修支持都需要外国支援[5]。

中国在全球市场上以具有竞争力的价格出售飞机也可能面临困难。尽管中国航空产业在一级和二级零部件供应方面具有成本竞争力[6]，但支持整个飞机项目所需的培训量、生产小时数和监管程度将导

①　Mecham，"Industry Watches Reform，" p. 24.

②　"News Briefs，" *Air Transport World*，Nov. 1, 1997, p. 23.

③　换言之，中国的企业负责从销售航空和商用产品的收入中支付员工的工资。Xi'an Aircraft Company and Shanghai Aircraft Manufacturing Factory officials，interviews by USITC staff，Xi'an and Shanghai，China，May 7 - 8, 1998。

④　Chinese industry officials，interview by USITC staff，Shanghai，China，May 8, 1998.

⑤　U. S. industry official，interview by USITC staff，Beijing，China，May 5, 1998.

⑥　一级供应商是一个行业的主要供应商。在飞机产业，一些一级供应商具备设计和系统集成能力，以及组装复杂零件和组件的能力。二级供应商可以作为一级供应商的替代品，但不太可能拥有设计和/或系统集成能力。二级供应商也可以向一级供应商提供零部件。

致中国制造的飞机成本更高。例如，尽管 AE-31X 项目近80%的生产计划在中国进行①，但有关成本和赢利能力的问题始终困扰着决策②。同样，业内报告指出，干线飞机项目计划在中国制造和组装20架飞机，每架的成本预计比波音在加利福尼亚州长滩工厂制造同样的飞机高出约1 000万美元③。

尽管中国航空产业在按照西方标准制造飞机方面的经验有限，但与西方飞机制造商和 FAA 的合作提高了中国对国际质量标准的认可和接受度。中国与美国签订了双边适航协议（bilateral airworthiness agreement，BAA），中国民用航空局（Civil Aviation Administration of China，CAAC）是负责国家合格审定程序的管理机构，也原则上采用了 FAA 的安全标准和要求④。虽然整个飞机制造业仍然存在安全标准应用不一致的情况，中央计划仍然是有效监管的障碍⑤，但是，美国航空产业官员表示，他们对中国的标准和做法越来越有信心，这在 1995 年 FAA 对 Y-12 Ⅳ 进行"影子审查"时表露无遗。适航审查帮助中国打入北美市场⑥。1998 年，中国与加拿大航空航天集团（Canadian Aerospace Group）达成协议，在 10 年内提供多达 200 架"绿皮"Y-12 Ⅳ 飞机⑦。尽管对一些中国制造部件的质量仍存在担忧，但中国已经有

---

① Lewis，"Time Out in Asia，" p. 39；and "Airbus Considers Producing All AE31X Airframe in China，" *Flight International*，Oct. 8-14，1997，p. 5.

② Max Kingsley-Jones，"Airbus Examines A319 Shrink，" *Flight International*，Mar. 4-10，1998.

③ U. S. industry official，interview by USITC staff，Beijing，China，May 4，1998.

④ U. S. Government official，interview by USITC staff，Beijing，China，May 4，1998.

⑤ 同上。

⑥ 同上。

⑦ 绿皮飞机是指未喷漆、未安装内饰的飞机。Aviation Industries of China officials，interview by USITC staff，Beijing，China，May 5，1998。

4 家工厂获得波音的认证①,2 家工厂获得空客的认证②。美国安全审查官员已经表示愿意更多地依靠 CAAC 的监督,而非直接依赖 FAA③。为了在安全和监管控制方面发挥更大的作用,CAAC 打算摆脱一些边缘责任④。

5.2.2.5　与国外航空实体的合作

中国航空产业认识到,国际合作对于增强中国飞机产业薄弱及缺乏的竞争能力是必要的。中国的航空产业领导者显然希望中国的大型民用飞机供应商参与国内产业的建设,并利用抵销贸易⑤和合作项目将与航空相关的工作及可转移的技能和技术引入中国的飞机制造工厂⑥。中国的低成本制造基地和潜力巨大的商用飞机市场是外国航空企业签订此类协议的激励因素。消息人士指出,中国善于利用这些资源通过国际合作实现最大可能的收益⑦。迄今为止,中国航空产业吸引了与西方飞机制造商、欧洲支线喷气式飞机和直升机制造商以及其他亚洲制造商的合作生产、共同研发和分包协议。

波音通过数家合作企业为中国制造设施的现代化和技术进步做出了重大贡献。过去二十年来,波音为其飞机系列采购了各种零件和组件,逐步扩大了中国工厂的转包合同数量,提高了工作包的技术水平。

---

① 　U. S. and Chinese industry officials, interviews by USITC staff, Seattle, WA, Feb. 10, and Beijing, China, May 4, 1998.

② 　Chinese industry officials, interview by USITC staff, Beijing, China, May 4, 1998.

③ 　U. S. Government official, interview by USITC staff, Beijing, China, May 4, 1998.

④ 　Chinese Government official, interview by USITC staff, Beijing, China, May 4, 1998.

⑤ 　更多关于抵销的讨论见附录 G。

⑥ 　U. S. Government and Chinese industry officials, interviews by USITC staff, Beijing, China, May 4 - 5, 1998.

⑦ 　U. S. Government officials, interview by USITC staff, Beijing, China, May 4, 1998.

通过这些合作，波音向中国提供了基本的航空技术，并通过在中国工厂的投资和培训计划，帮助中国企业提高项目管理技能和产品质量，包括以西雅图为基地的计算机辅助设计和产品集成教学①。由于波音长期参与中国制造业，因此中国制造的飞机部件80%提供给了波音，波音占据了中国大型民用飞机市场约70%的市场份额②。

1985年，中国与麦道签署了MD-82(MD-80的4个型号之一)的许可生产和组装协议，从而获得了大型民用飞机制造经验。最初组装并随后共同生产MD-82的项目是中国和西方签订的第一份飞机生产协议，这也为中国提供了工艺技术转移、培训和设备基础。此外，与麦道就MD-90干线飞机项目(中国最大的飞机合作生产协议)进行的初步合作③为中国工厂提供了飞机生产和组装的详细零件和技术指导④。

虽然上文提到的合作协议为中国提供了基本的信息和经验，但中国航空产业通过与外国航空航天企业的合作试图在设计、过程管理能力和集成技能方面获得更大的核心技术转移的努力却以失败告终。中国通过与空客⑤在AE-31X支线飞机项目上的合作，积极学习先进的飞机制造技术。通过与空客合作，中国希望获得技术转移，以使中国的飞机设计、项目管理、测试和适航审定能力具备国际竞争力⑥。然而，关

---

① Holmes，"Make a Faulty Part."

② Chinese industry officials，interview by USITC staff，Beijing，China，May 5，1998.

③ Michael Mecham，"Trunkliner Work Begins in China," *Aviation Week & Space Technology*，Sept. 4，1995，p. 27.

④ U. S. Government and industry officials，interviews by USITC staff，Beijing and Xi'an，China，May 4 and 7，1998.

⑤ 空客占AIA公司62%股份，AIA是AE-31X项目中的西方合作伙伴。阿莱尼亚/芬梅卡尼卡占比为38%。

⑥ Paul Lewis，"European/Chinese Regional-Aircraft Deal Hits Hurdles," *Flight International*，Oct. 23 - 29，1996，p. 4；and Duncan Macrae，"Europe Celebrates Breakthrough on Chinese Market，" *Interavia*，Nov. 1996，p. 28.

于技术转移价格的讨论是该项目最具争议的问题①，导致研发持续推迟。消息来源表明，为了打入中国市场，空客可能承诺提供比其最初愿意提供的更多的技术援助②。最终，由于对 AE‑31X 飞机的可行性和赢利能力表示担忧，该项目于 1998 年 7 月取消。据报道，空客正在考虑与中国开展一项涉及机翼生产的替代合作项目③。该项目的性质和中国参与的程度可能会影响未来中国飞机制造业与西方航空产业合作的方向。

中国航空产业官员强调，设计、制造和市场营销能力方面的差距使得有必要与成熟制造商就国家飞机项目开展合作④。中国还认识到，市场准入是西方合作伙伴与中国航空产业实体参与联合研发项目的主要动机⑤。在与中国制造商达成的协议中，成熟的老牌制造商已明确表示愿意向中国提供生产飞机所需的一些基本工具。虽然成熟的老牌制造商指出，如驾驶舱和机翼等先进设计技术迄今为止未对中国等潜在竞争对手开放⑥，但是中国航空产业未来竞争力的增长可能越来越取决于对进入中国市场与从成熟的制造商转移先进技能和技术之间的利弊权衡。

---

① Lewis, "Time Out in Asia," p. 39.

② Asian industry officials, interviews by USITC staff, Korea, China, Indonesia, and Singapore, Apr. 27 - May 14, 1998.

③ "Airbus Sees Growth, Cooperation in China," *Reuters Limited*, Nov. 15, 1998, found at Internet address http://biz. yahoo. com/rf/981115/cz. html, retrieved Nov. 16, 1998.

④ Aviation Industries of China and Shanghai Aircraft Manufacturing Factory officials, interviews by USITC staff, Beijing and Shanghai, China, May 5 and 7, 1998.

⑤ Chinese industry officials, interview by USITC staff, Beijing, China, May 5, 1998.

⑥ U. S. and European industry officials, interviews by USITC staff, Seattle, WA, Feb. 10, 1998, and Herndon, VA, Oct. 23, 1997; and Joint Economic Committee, Congress of the United States, ed. , *China's Economic Future: Challenges to U. S. Policy* (New York: M. E. Sharpe, 1997), p. 302.

5.3　韩国

5.3.1　背景

1950—1960 年,韩国航空产业主要聚焦在维修业务,之后扩大了其业务范围,开始根据许可生产机体,并大举发展防务业务,为韩国军方制造直升机和战斗机。20 世纪 80 年代,韩国航空产业建立了一个能够根据外国集团的许可证生产零部件的工业基地,政府在促进民用航空产业方面发挥了积极作用。目前,韩国航空产业正根据政府 1997—2005 年的长期增长计划发展,该计划要求航空产业将重点放在大型民用飞机零件的生产和中型民用飞机的研发上[①]。然而,韩国与西方实体的合作未能制订出具体的飞机生产计划,以及中韩两国在总装和制造权方面的分歧导致中韩研发 100 座级支线飞机协议解体,使得韩国为实现计划目标所做的许多尝试都以失败告终。尽管如此,韩国政府和业界都一再表示希望韩国参与航空产业的全球竞争[②],韩国航空产业也在不遗余力地探索生产一款客机。

5.3.1.1　制造商及主要产品

韩国航空产业由三星航空航天(Samsung Aerospace)、大韩航空(Korean Air)、大宇重工(Daewoo Heavy Industries)和现代航空航天(Hyundai Space & Aircraft)(见表 5 - 4)四家公司主导。这些公司

[①]　USDOC,ITA,"Korea-Aircraft Parts," National Trade Data Bank, found at Internet address http://www. stat-usa. gov, Mar. 1, 1997, retrieved Oct. 28, 1997. 韩国航空产业将座级为 70～100 的飞机称为中型商用客机。

[②]　Charles Bickers, "Airborne Ambition," *Far Eastern Economic Review*, June 5, 1997, p. 63; and Paul Lewis, "Upwardly Mobile: Aerospace in South Korea Continues to Develop Apace," *Flight International*, Oct. 23 - 29, 1996, p. 31.

表 5－4　韩国：主要航空制造商

公司	成立时间	制造商所在地	员工数	年销售额（百万美元）	主要项目
三星航空航天	1977	昌原：3 个工厂，培训中心 舒川：飞机总装 大田：航空研发中心	3 248①	1 024②（1997）	韩国战斗机项目主要承包商 韩国 KTX－2 高级教练机主要承包商
大韩航空	1976	釜山：维修，大修，制造	2 300③	170④（1997）	设计，制造和试验韩国 4～5 座单翼机 Chang Gong－91（于 1991 年首飞）
大宇重工	1984	昌原	共 1 307 人 601 名工工程师	114⑤（1997）	韩国 KTX－1 高级教练机主要承包商 韩国轻型直升机项目主要承包商 韩国战斗机项目
现代航空航天	1994	西山	共计 537 人⑥ 202 名制造工程师 184 名研发人员	10（1996）	生产波音 717－200 机翼

注：① 1998 年：预计航空产业从业总人数约 7 997 人。
② 航空航天和防务集团总收入。三星航空航天总收入在 1997 年为 19 亿美元，其中包括航空航天和防务集团以及工业产品集团的收入。1998 年：航空航天和防务集团下属的飞机民生产领域从业人数为 2 万人。
③ 1997 年：维修业务产生的总收入。1997 年，所有业务板块收入为 85 亿美元。
④ 航空业务产生的总收入。1997 年，相当于超过 3 400 万美元。
⑤ 民用飞机制造占总比为 30%，1998 年员工总数会增加至 654 人。因为会有 117 名制造工加入。
⑥ 现代航空航天公司预计 1998 年员工会员工总数多渠道信息搜集。
资料来源：美国国际贸易委员会员工多渠道信息搜集。

占总产量的80%以上[1]，且主要服务于军用领域。三星还担任韩国商用飞机研发联合会(Korea Commercial Aircraft Development Consortium，KCDC)的主要合作伙伴。韩国商用飞机研发联合会是韩国政府于1994年成立的一个由14名成员组成的团体，负责领导韩国参与的100座级民用飞机项目[2]。

韩国航空产业从业人数共11 958人，其中包括6 052名技术人员、1 393名研发人员和3 370名工程师[3]，主要从事军用和民用运输机零部件的生产(见表5-5)。虽然不从事民用飞机的整机生产，但韩国航

表5-5　韩国：飞机零部件生产

公 司	产 品	应 用 机 型
三星航空航天	● **翼肋**[1] ● 长桁、边框[2] ● 拱架、APU门、压力框[2] ● 长桁/拱架 ● **翼肋** ● 机翼结构件 ● 尾翼 ● 侧梁[2] ● 垂直安定面、起落架门、远程接口装置 ● 发动机架、燃油系统 ● 发动机零件	● 波音737 ● 波音747 ● 波音757 ● 波音757-300 ● 波音767 ● 波音767-400ER ● Dash 8-100/200/300 ● 湾流Ⅳ ● F-16 ● KTX-1 ● J79、CF6、CT7（GE）；F100、JT8D、JT9D、普惠PW4000；CFM56(CFM)

① USDOC，ITA，"Korea-Aircraft Parts."

② Michael Mecham，"Samsung-Fokker Plan Meets with Skepticism," *Aviation Week & Space Technology*，Oct. 28, 1996, p. 26.

③ Korea Aerospace Industries Association，*1997 Annual Report*，p. 10.

公 司	产 品	应 用 机 型
大韩航空	● 机头部分 ● 襟翼支撑整流罩 ● 襟翼支撑整流罩、翼尖延伸 ● 襟翼支撑整流罩、翼尖组件 ● 中机身上部 ● 控制面	● 波音717-200 ● 波音737-600/700/800 ● 波音747 ● 波音777 ● A330/340 ● F-16
大宇重工	● 翼梁、伸展上层组件② ● 长桁② ● 短舱用具 ● 上机身部分 ● 机身外壳 ● 侧梁② ● 外翼 ● 垂直安定面、中机身、机舱侧壁板	● 波音747 ● 波音767 ● 波音777 ● A320 ● 道尼尔328 ● 湾流Ⅳ ● P-3C/B ● F-16
现代航空航天	● 机翼 ● 吊架 ● 吊架	● 波音717 ● F-16 ● KTX-1
韩华机械	● 水平尾翼驱动器、襟翼驱动器、方向舵驱动器 ● 驱动器、多向接头、阀门	● F-16 ● KTX-1

注：① 根据与川崎重工业株式会社的合同生产。
　　② 根据与诺斯罗普·格鲁门公司（Northrop Grumman）的合同生产。
资料来源：美国国际贸易委员会员工多渠道信息搜集。

空产业在直升机和军用飞机的许可制造方面富有经验。目前，韩国在航空制造业中最具代表性的是韩国战斗机项目，该项目是与美国洛·

马签订的一项获准生产 F－16 战斗机的价值 52 亿美元的协议①。根据项目安排，韩国负责生产 70％的机体、高达 50％的航空电子设备和 43％的普惠飞机发动机②。此外，还有两个军事项目也在研发中，即 KTX－1 初级教练机项目和 KTX－2 高级教练机联合研发项目③，这两个项目主要依赖韩国的设计和制造资源。

5.3.1.2　韩国航空产业的目标

尽管最近出现了财政困难，但韩国航空产业仍坚持到 2010 年成为全球十大航空航天制造商之一的长期目标④。作为波音、空客和其他西方制造商的一级和二级供应商⑤，韩国航空企业致力于保持高销售量，提高结构和机身制造的业务⑥，并在此过程中积累先进的航空技术⑦。韩国业内人士进一步宣称，韩国制造商对中型飞机发动机、起落架系统和变速箱等子系统研发项目很感兴趣⑧。韩国政府和业内企业都希望能够参与商用飞机的研发。

---

①　Michael Mecham，"South Korean Manufacturers Make F-16 Their Star," *Aviation Week & Space Technology*，Oct. 14，1996，p. 49. 在洛·马公司的得克萨斯州沃思堡工厂向韩国交付 12 架飞机后，三星和其他 9 家韩国制造商承担了用进口套件组装 36 架战斗机的转包工作。到 1999 年，韩国将再制造 72 架 F－16。

②　同上。

③　由大宇公司主导的 KTX－1 项目将完全由韩国飞机企业制造。KTX－2 教练机项目将由三星和洛·马共同研发。

④　Korean aerospace industry analyst，interview by USITC staff，Seoul，Korea，Apr. 27，1998. 韩国航空产业在 1996 年排名第 21 位。Michael Mecham，"South Korea Seeks Slice of World's Aerospace Pie," *Aviation Week & Space Technology*，Oct. 14，1996，p. 42。

⑤　Samsung officials，interview by USITC staff，Sachon，Korea，Apr. 30，1998，and in written responses to USITC questions，Seoul，Korea，Apr. 27，1998.

⑥　Samsung，Hyundai，and Daewoo officials，interviews by USITC staff，Seoul，Sosan，and Changwon，Korea，Apr. 27－30，1998.

⑦　Korean aerospace industry analyst，interview by USITC staff，Seoul，Korea，Apr. 27，1998.

⑧　Korea Aerospace Industries Association official，interview by USITC staff，Seoul，Korea，Apr. 27，1998.

韩国在民用飞机项目的设计和生产领域发挥主要作用的一个首要目标是提升其在高科技领域的影响力①。此外,韩国希望通过参与高端产业②来提振经济并获得制造合同,以填补军事项目之间的间隙时间③。一个更重要但非传统的目标是,韩国希望利用其设计技术、对机身制造技术的掌握以及通过生产整机获得的集成和制造技能,提高其作为专业零件制造商的地位④。行业消息来源表明,即便拥有了专业零件制造商的地位,韩国航空产业还是打算在国内和国际市场销售其生产的任何一款飞机⑤。

5.3.2　竞争力评估

5.3.2.1　资金可用性

鉴于最近的经济困难,韩国航空产业目前面临着如何在政府间接资源和更多地利用韩国企业的商业筹资能力来充分调动资本之间取得平衡的挑战。在国家经济危机之前,韩国政府宣布,计划在1996—2006年投资近50亿美元发展航空产业⑥。但预算限制导致航空部门公共支出减少,1998年批付给韩国商用飞机研发联合会的资金仅为10亿韩元

---

① Korean Air officials，interviews by USITC staff，Seoul and Pusan，Korea，Apr. 27 and 29，1998.

② Korean aerospace industry analyst，interview by USITC staff，Seoul，Korea，Apr. 27, 1998.

③ Korean Air officials，interview by USITC staff，Seoul and Pusan，Korea，Apr. 27 and 29，1998.

④ Korea Aerospace Industries Association and Ministry of Commerce, Industry, and Energy officials，interviews by USITC staff，Seoul，Korea，Apr. 27 and May 1, 1998.

⑤ Korean aerospace industry analyst，interview by USITC staff，Seoul，Korea，Apr. 27，1998.

⑥ Mecham，"South Korea Seeks Slice of World's Aerospace Pie," p. 42.

（约77万美元[①]），远低于最初申请的180亿韩元（约1 400万美元）[②]。与此同时，据报道，航空产业补贴得到了强有力的政治和民众支持[③]，政府正在继续支持某些航空业务。例如，韩国商务部、工业部和能源部每年在航空航天领域批准的研发项目上支出约300亿韩元（约2 300万美元），并将在4年内为100座飞机项目的研发投入总计250亿韩元（约1 900万美元）[④]。此外，政府还为航空产业提供了其他财政支持手段。在某些情况下，对航空企业免征进口税[⑤]。对于韩国支线飞机项目，政府将提供相当于研发成本50%的长期低息贷款[⑥]。作为军民两用制造设施，韩国航空企业可以从军事补偿贸易、政府对军事部门的低息和无息贷款[⑦]以及国家对军事研究和飞机研发的资助[⑧]中获得更多间接利益。通过这些资助，该产业可以获得可转化的结构、集成和设计技术。

韩国航空产业比一些亚洲制造商拥有更强大的商业融资能力。由于每一家大型飞机企业都隶属于某一韩国大型工业集团或财阀，因此它们能够利用庞大的资产基础进行借贷，并将风险分散到众多工业部门，从而提高金融稳定性以及投资者和借贷者的信心。此外，为了应对国家的金融危机，韩国政府放宽了对韩国工业的外国投资限制，并启动

---

① 以1 300韩元兑1美元估算。

② "Asian Crisis Bites Deep into Korean Aircraft Development Budget," *Flight International*, Apr. 15 - 21, 1998, p. 6.

③ USDOC, ITA, "Aerospace Industry in South Korea," National Trade Data Bank, found at Internet address http://www. stat-usa. gov, retrieved Oct. 28, 1997.

④ Ministry of Commerce, Industry, and Energy officials, interview by USITC staff, Seoul, Korea, May 1, 1998.

⑤ Korean industry official, interview by USITC staff, Pusan, Korea, Apr. 29, 1998.

⑥ 只有支线飞机成功研发并推向市场，企业才可能偿还这些贷款。Korean industry official, interview by USITC staff, Seoul, Korea, Apr. 27, 1998。

⑦ Korean industry official, interview by USITC staff, Pusan, Korea, Apr. 29, 1998.

⑧ Korean Government officials, interview by USITC staff, Seoul, Korea, May 1, 1998.

了一项广泛的国家金融市场自由化计划。因此，韩国航空实体将获得更多的资金来源。在风险共担伙伴关系方面，韩国航空企业目前在与西方生产商签订的转包协议中作为供应商合作伙伴承担了部分非经常性生产成本①。由于经济危机已将韩国最优惠借贷利率推高至20%左右②，行业消息来源表明，韩国希望找到愿意在本国航空项目中扮演类似角色的国际参与者③。

5.3.2.2 行业和人口特征

1）设计和制造能力

韩国航空产业在设计、系统集成、高端制造技术以及成品测试和评估方面缺乏核心竞争力④，而这些能力又都是飞机项目的必要组成部分。韩国飞机制造企业主要根据设计图制造低附加值零部件和组件⑤，因此在原始产品的设计、生产和评估方面经验有限。同样，由于大部分国家军机项目主要依赖从美国引进的技术，对民用飞机制造业基础技术的贡献微乎其微⑥。虽然与西方飞机制造商的合作为韩国航空产业提供了基础工艺技术方面的培训和技术转移，但核心技术并不容易获

---

① Hyundai and Korean Air officials，interviews by USITC staff，Sosan and Pusan，Korea，Apr. 28 - 29，1998.

② Korean Air and Samsung officials，interviews by USITC staff，Seoul and Sachon，Korea，Apr. 27 and 30，1998；and Samsung officials，written responses to USITC questions，Seoul，Korea，Apr. 27，1998.

③ Samsung officials，interview by USITC staff，Sachon，Korea，Apr. 30，1998.

④ S. C. Kim，"Driving to Leading Technology in Future，"*Business Korea*，Mar. 1996，p. 27；USDOC，ITA，"Korea-Aircraft Parts；" Jong Ha Kim，"Korea Maps Its World Challenge，"*Interavia*，Jan. /Feb. 1996，p. 14；and Korean and U. S. industry officials，interviews by USITC staff，Seoul，Korea，Apr. 27 and May 1，1998.

⑤ Korean industry officials，interview by USITC staff，Seoul，Korea，May 1，1998；and Korean industry officials，written responses to USITC questions，Seoul，Korea，Apr. 27，1998.

⑥ Korean Government officials，interview by USITC staff，Seoul，Korea，May 1，1998.

取①。为了提升航空产业薄弱的技术基础，韩国航空部门对各种基础学科的研发进行了投资②，并尽可能在国内和合作项目上培养其本土设计能力③。但是，一家韩国制造商估计，韩国航空产业打造民用飞机项目所需的独立设计和制造能力，至少需要 10 年的时间④。

尽管独立设计能力较弱，但韩国公司掌握了工艺技术，并享有交付及时、所生产的组件和零部件质量良好的声誉⑤。韩国制造商拥有高水平的技术能力，尤其是在机身和机翼等结构部件的制造以及机身部件和机械部件的组装方面⑥。尽管据报道，韩国制造的部件质量比美国同类产品低 20％～25％⑦，但其他行业信息表明，韩国飞机零部件和组件的制造能力可与日本媲美，并被认为是亚洲实力最强的零件供应商⑧。韩国企业已成为大型民用飞机、支线飞机和直升机零部件的独家供应商⑨，体现了全球航空产业对韩国航空制造能力的信心。

---

① Korean industry officials, interview by USITC staff, Seoul, Korea, Apr. 27, 1998.

② Daewoo and Ministry of Commerce, Industry, and Energy officials, interviews by USITC staff, Changwon and Seoul, Korea, Apr. 30 - May 1, 1998.

③ 比如，大韩航空完整参与了 Chang Gong - 91 通用飞机的设计和制造全过程。其航空分部参与了波音、麦道和道尼尔飞机的部件设计，在一个案例中，其提供的设计方案比制造商的规范减重了 30％。

④ Korean industry officials, interview by USITC staff, Seoul, Korea, Apr. 27, 1998.

⑤ U. S. and Korean industry officials, interviews by USITC staff, Pusan and Sosan, Korea, Apr. 29 - 30, 1998.

⑥ USDOC, ITA, "Korea-Aircraft Parts."

⑦ Korea Institute for Industrial Economics and Trade, "Low Localization of Korea's Aircraft Parts Industry," *KIET Economic Review*, Feb. 1998, p. 23; and USDOC, ITA, "Korea-Aircraft Parts."

⑧ U. S. and Korean industry officials, interviews by USITC staff, Seattle, WA, Feb. 10, 1998, and Pusan, Korea, Apr. 29, 1998.

⑨ 目前，韩国是贝尔桁条、庞巴迪 Dash - 8 尾翼、波音 767 - 400ER 机翼结构和波音某款飞机襟翼轨道整流罩的独家供应商。Korean and U. S. industry officials, interviews by USITC staff, Seoul and Pusan, Korea, Apr. 27 and 29, 1998; and Samsung Aerospace Industries, press release, "Samsung Aerospace is to Exclusively Supply Wing Structures for Boeing's Newest Aircraft," Mar. 27, 1998, found at Internet address http://www.ssa.samsung.co.kr/news/nw980328.html。

2）制造基础设施

韩国凭借先进的机械工艺制造高质量零部件的能力得益于强大的学术体系以及由此培养的高技能工人和航空工程师队伍。大多数韩国大学都提供航空学位教育，大约有8所大学设置了航空航天产业所有领域的专业，许多大学和高中为航空技术人员和一线工人提供专业培训[1]。虽然业内人士指出韩国的教育体系无论是质量还是数量都满足了行业的需求[2]，但韩国企业还是在利用外部培训和人才资源。韩国超过80％的航空产业工程师曾在美国接受教育或培训[3]。虽然大多数技术人员在韩国本土接受教育，但有超过50％的人员到国外接受继续培训[4]。此外，韩国航空产业还引进国外人才，许多美国、法国和苏联的航空工程师受雇于韩国的研发中心和工厂，包括韩国航空航天研究所、三星和大宇[5]。

韩国飞机产业还受益于先进的运输和通信系统以及发达的周边产业[6]。相对于美国、西欧和日本，韩国劳动力成本较低，并且由于经济危机使这方面变得更具竞争力[7]。关于制造基地，三星、大宇、大韩航空和现代公司拥有全自动化、现代化和组织良好的生产设施和精密机床设备，包括5轴、6轴和7轴数控机床。这些设备与西方大型民用飞机制

---

[1]　Korean Air officials, interview by USITC staff, Seoul, Korea, Apr. 27, 1998.

[2]　Korean Air and Samsung officials, interviews by USITC staff, Pusan and Sachon, Korea, Apr. 29 - 30, 1998.

[3]　Korea Aerospace Research Institute, written responses to USITC questions, Seoul, Korea, Apr. 1998.

[4]　同上。

[5]　Kim, "Korea Maps Its World Challenge," p. 18; USDOC, ITA, "Aerospace Industry in South Korea;" and Korea Aerospace Research Institute, written responses to USITC questions, Seoul, Korea, Apr. 1998.

[6]　Korea Aerospace Industries Association official, interview by USITC staff, Seoul, Korea, Apr. 27, 1998; and Korea Institute for Industrial Economics & Trade, materials provided to USITC staff, Seoul, Korea, Apr. 1998.

[7]　Samsung officials, interview by USITC staff, Sachon, Korea, Apr. 30, 1998.

造商所使用的设备类似。工厂是由计算机控制的，在有些工厂已经实现无纸化办公①，并配备了一系列设备来执行金属成型、化学胶接、喷漆、风洞试验和金属热处理等工艺流程。韩国航空产业实体对这些设施设备的供应和维护投入巨资。大韩航空在釜山的设施上总共投资了15亿美元，其中4亿美元用于机械设备购置②。而现代则花费4亿多美元建造了用于生产波音717-200机翼的西山工厂③。此外，虽然韩国飞机制造公司从美国和欧洲进口了最先进的设备，但是在机床生产方面仍然保持适度的自给自足④。

在原材料采购方面也存在类似的情况。由于对国内供应商的认证能力不足，因此韩国航空产业从国外采购了其转包项目的大部分材料⑤。然而，一小部分本土供应商已获得西方制造商的认证，允许在生产西方飞机零部件时使用韩国本土产品⑥。韩国打算逐步提高国内供应商产品的使用比例，以降低因运输和汇率波动而产生的成本⑦。

在研发方面，各大企业保留独立的研究设施参与设计和产品研发。此外，韩国航空航天研究所（Korea Aerospace Research Institute，KARI）是一个进行航空研发并为航空产业提供技术支持的国家中心。

---

① 无纸化工厂是一个依靠分散在工厂地面的计算机终端来访问正在进行的项目的计划、图纸和工作报告的工厂。它是工作流管理和质量保证的强大工具，因为工厂所有区域的工人和主管都可以利用计算机随时检查在生产和交付过程中的特定结构或组件的状态和位置。

② Korean Air officials，interview by USITC staff，Pusan，Korea，Apr. 29，1998.

③ Lewis，"Upwardly Mobile，" p. 33；and Bruce Dorminey，"Hyundai Opens 717 Wing Assembly Plant，" *Aviation Week & Space Technology*，June 8，1998，p. 33.

④ 例如，大宇、三星和现代有多年生产3轴机器的经验，部分出口美国。Daewoo officials，interview by USITC staff，Changwon，Korea，Apr. 30，1998。

⑤ Korean industry officials，interview by USITC staff，Seoul，Korea，Apr. 27，1998.

⑥ 同上。

⑦ Korean Air and Hyundai officials，interviews by USITC staff，Seoul and Sosan，Korea，Apr. 27-28，1998.

该中心拥有低速风洞、装配、集成和航空推进的试验设施，以及结构和飞行动力学实验室①。韩国航空航天研究所和行业研发机构目前正在开展一些自主创新研究，包括无人机、双发复合材料飞机、100座级涡扇发动机飞机和燃气轮机发动机的设计②。然而，韩国研究机构开展商用飞机独立设计和全面研发的能力尚未得到充分验证。韩国在KTX-1和KTX-2项目中的表现可能会为韩国研发机构在整机项目方面的能力提供更多证据。

3）国内市场情况

虽然韩国航空产业已经建立了一个坚实的基础，并可以拓展到更复杂的项目，但是韩国的国内市场太小，不足以支撑一个支线飞机项目③。虽然韩国航空公司需要一款100座级的支线喷气客机，以增加如汉城④—东京和汉城—新加坡等中距离航线的频率⑤，但据制造业内的消息，想收回全部研发成本预计需要至少销售200～300架飞机⑥。因此，如果没有确定的国内销量，韩国航空产业将需要制造一款经济性能好、技术含量高的产品，以在国外市场销售。

韩国的另一个选择是与能为之提供补充市场的外国伙伴合作。这也是行业通行的惯例。同时，许多因素可能有助于国内市场需求的增长。特别是，韩国最近与美国签署了开放天空倡议。业内人士

---

① Korea Aerospace Research Institute，materials provided to USITC staff，Seoul，Korea，Apr. 1998.

② 同上。

③ Korean aerospace industry analyst，interview by USITC staff，Seoul，Korea，Apr. 27，1998；and Korea Institute for Industrial Economics & Trade，materials provided to USITC staff，Seoul，Korea，Apr. 1998.

④ 现已改名为首尔。

⑤ Korean airline official，interview by USITC staff，Seoul，Korea，Apr. 27，1998.

⑥ Korean industry official，interview by USITC staff，Sachon，Korea，Apr. 30，1998.

认为，这可能导致国内外航线频率的增加①，从而刺激对飞机的需求。更重要的是，韩国正在修订国内严格的航空法规②。正如美国放松管制导致小型飞机需求激增一样，韩国业内人士估计，韩国放松管制将导致国内市场焕发新生，特别是支线飞机这一细分市场可能有助于国内飞机研发项目的启动③。韩国行业分析师也认为由于经济合作的增加或与朝鲜的潜在统一可能，中型飞机的需求预计会增加④。

5.3.2.3　企业特征

虽然韩国受益于市场导向的公司体系，但韩国航空企业的决策并不总是基于坚实的经济原则。例如，进入航空产业的决策不是基于市场上普遍存在的需求，某些财阀参与航空产业似乎是有意建立与其他企业巨头同样的产业结构⑤。这导致了航空类企业过剩⑥和现有产能利用率不足的问题。此外，韩国航空产业主要企业之间缺乏共识一直是国家产业项目发展的障碍，飞机公司之间的内讧也阻碍了某些航空项目的开展⑦。为了加快韩国从经济危机中复苏，政府正在推动全国工业龙头企业的改革。韩国业内人士预计，财阀重组可能会促进基于市

---

① Korean airline official，interview by USITC staff，Seoul，Korea，Apr. 27，1998. 与开放天空协议相关的讨论见第 6 章。

② Korean aerospace industry analyst，interview by USITC staff，Seoul，Korea，Apr. 27，1998.

③ 同上。

④ 同上。

⑤ 同上。

⑥ Korean industry officials，interviews by USITC staff，Seoul and Pusan，Korea，Apr. 27 and 29，1998；and Korea Institute for Industrial Economics and Trade，"Korea's Aircraft Industry：Using Strategic Alliances to Reach a New Level of Sophistication，" *KIET Economic Review*，Sept. 1997，p. 15.

⑦ Paul Lewis，"S（sic）Koreans Discuss Link-up，" *Flight International*，Jan. 29 - Feb. 4，1997，p. 20.

场原则的行业合作和参与①。业内人士预测,由于韩国财阀被迫重新评估商业部门的赢利能力和可行性,至少有一家企业将退出飞机产业②。因此,企业重组可带来更具竞争力的商业环境,从而提高韩国航空领域的财务实力、专业化程度和竞争力。

5.3.2.4 飞机项目特征

韩国在飞机维护、维修和大修方面的历史经验以及政府对国际标准和安全的日益重视,再加之在国外销售产品的经验,使韩国航空领域在销售自主研发的产品方面相比其他亚洲竞争对手具有优势。韩国的每家飞机制造企业都可以利用其母公司的声誉、财务基础和营销技能以及国家在飞机维修和维护方面的设施和能力。此外,韩国航空业界将支线飞机视为出口项目③,并希望参与包括质量保证和售后服务在内的所有飞机生产过程,消息来源表明,韩国航空产业愿意承担在全球市场上支持其产品所需的开销④。关于产品安全,韩国航空产业意识到,飞机在全球市场的可销售性取决于 FAA 或 JAA 的适航认证⑤,韩国正在采用全球公认的标准和法规,而这将有助于西方对韩国本土飞机的认证。1997 年 10 月,负责适航和型号认证的监管机构韩国民航局(Korea Civil Bureau)与 FAA 签署了一份协议备忘录,这是达成双边航空安全协议的初期步骤之一。根据该协议,FAA 将向韩国航空航天产

---

① Korean aerospace industry analyst,interview by USITC staff,Seoul,Korea,Apr. 27,1998.

② Korean and U. S. industry officials,interviews by USITC staff,Seoul and Pusan,Korea,Apr. 27 - May 1,1998.

③ Korean Government and industry officials,interviews by USITC staff,Seoul,Korea,Apr. 27 - May 1,1998.

④ Korean industry officials,interviews by USITC staff,Seoul,Korea,Apr. 27,1998.

⑤ Korean Air and Samsung officials,interviews by USITC staff,Seoul,Korea,Apr. 27,1998.

业提供航空相关领域的技术援助和培训[①]。协议签署后一个月,韩国官员在 FAA 的指导下接受了"飞机合格审定入门课程"培训[②]。

5.3.2.5　与国外航空实体的合作

技术上的差距、提升基础核心能力所需的投资以及国内支线飞机市场潜在规模的不确定性,使得韩国有必要吸纳外国合作伙伴参与其商用飞机项目。韩国航空产业利用许多激励措施吸引外国企业签署合作协议的兴趣。例如,相对较低的劳动力成本和韩国航空产业零部件制造方面的良好声誉促进了韩国飞机制造企业与外国(主要是西方)航空产业实体之间达成了长期合作协议。此外,尽管韩国国内飞机市场总体潜力不如中国,但大型民用飞机的需求相对较高[③],而且如前所述,通过监管改革可能会导致需求增加。因此,市场准入便成为对合作协议的额外刺激。军事部门的强制性抵销贸易以及韩国航空公司与某些制造商之间的企业关系和个人联系产生的类似补偿协议,为韩国航空领域带来了进一步的制造业务和相关培训与技术[④]。

韩国业内人士指出,韩国飞机产业的本土发展非常有限,大部分飞机技术是通过与国际航空产业实体合作转移的[⑤]。无论是现在还是以前与外国制造商签订的合同,包括许可生产 F-16 军用战斗机、MD-500、贝尔 412、西科斯基"黑鹰"直升机以及与波音和空客签订的众多零部件生产协议,都为韩国提供了将国家维修和维护基地扩展为成功的

①　U. S. Government official, correspondence with USITC staff, May 28, 1998.

②　同上。

③　U. S. industry officials, interview by USITC staff, Seattle, WA, Feb. 10, 1998.

④　Korean and U. S. industry officials, interviews by USITC staff, Changwon and Seoul, Korea, Apr. 30 - May 1, 1998; and USDOC, ITA, "Korea-Aircraft Parts."

⑤　Korean industry official, interview by USITC staff, Seoul, Korea, Apr. 27, 1998.

零部件制造企业的途径。此外,国际合作协议为航空产业提供了稳定的收入来源。例如,国产民用飞机部件的 80% 都出口到了国外市场①。韩国飞机零部件出口总值在 1990—1995 年增长了 55% 以上②。仅波音一家就购买了约 1.5 亿美元的韩国制造飞机零部件,(当时)预计到 2000 年,其采购额将达到约 2.5 亿美元③。尽管许可生产和转包协议为航空产业提供了培训、制造技术和丰富的经验,但合作对提升国家独立设计能力或先进技术能力的作用微乎其微,而这些都是研发国产飞机项目的必备能力。

韩国政府和行业代表表示,韩国无意单独制造飞机④,而是希望寻求国外技术、资金和市场的支持⑤。此外,航空界坚持认为,美国或欧洲合作伙伴对飞机项目的启动至关重要⑥。然而,尽管进行了多次尝试,韩国仍未能为其支线飞机项目找到合适的合作伙伴。三星航空航天公司在 1996 年投资高达 1.5 亿美元以使福克从破产中复苏,并利用福克提议的 130 座级飞机市场作为实现韩国航空产业在支线飞机市场⑦野心的场所。由于缺乏韩国政府的支持以及福克的一家供应商决定终止

---

① USDOC, ITA, "Korea-Aircraft Parts."

② 1995 年飞机零部件出口额为 2.11 亿美元。Korea Institute for Industrial Economics and Trade, "Low Localization of Korea's Aircraft Parts Industry," *KIET Economic Review*, Feb. 1998, p. 23。

③ U.S. industry official, interview by USITC staff, Seoul, Korea, May 1, 1998.

④ Korean Government and industry officials, interviews by USITC staff, Seoul, Pusan, and Changwon, Korea, Apr. 27 - May 1, 1998.

⑤ Korean Government and industry officials, interviews by USITC staff, Sachon and Seoul, Korea, Apr. 30 - May 1, 1998.

⑥ Korean industry officials, interviews by USITC staff, Seoul, Korea, Apr. 27, 1998.

⑦ Charles Alcock, "Samsung Bid Failure May Terminate Fokker," *Aviation International News*, Jan. 1, 1997, p. 16.

为该支线飞机生产机翼，项目最终以失败告终①。1997年4月，KCDC与AI(R)签署了一份对70座级支线飞机项目进行合作的谅解备忘录②。AI(R)是一家由法国宇航公司、意大利阿莱尼亚/芬梅卡尼卡公司和英国宇航公司运营的合资企业。尽管对该款飞机的市场进行了估计，而且韩国航空业界愿意为该项目预计10亿美元的研发成本提供一部分资金，AI(R)还是选择在1997年12月放弃了该项目。韩国随后与巴西航空工业公司(Embraer，简称"巴航工业")、以色列飞机工业公司(Israel Aircraft Industries，IAI)和美国费尔柴尔德·道尼尔公司(Fairchild Dornier)③就联合研发和生产中型飞机的事宜展开谈判，但最终并未达成任何正式协议。韩国航空界强烈希望参与一款飞机项目，但报告显示，如果找不到合适的外国合作伙伴，韩国将放弃飞机研发项目④。

5.4　印度尼西亚

5.4.1　背景

基于已有的军用飞机生产设施，印度尼西亚于20世纪70年代初进入民用飞机领域。政府将航空确定为引领国家进入产业转型的关键领域之一，并为推动航空产业采取了四个阶段发展计划，旨在迅速将国

---

① 韩国政府特别担心的是，其他韩国航空航天企业因收购而参与该公司事务。John D. Morrocco and Michael Mecham, "Clock Runs Out on Fokker Rescue," *Aviation Week & Space Technology*, Dec. 9，1996。

② Paul Lewis, "S (sic) Korea Signs AI(R) JET Deal," *Flight International*，Apr. 16‐22，1997，p.7.

③ 费尔柴尔德·道尼尔目前生产小型涡桨和涡扇飞机，更多信息见第6章。

④ Song Jung-tae, "ROK May Abandon Plan to Develop Medium-Size Plane," *Korea Herald*，Mar. 29，1998，p. 12.

家转变为高水平的飞机设计和制造商[①]。第一阶段是利用现有设计许可制造飞机，并于1975年签订了两项协议。其中一项协议是与西班牙航空工业公司（Construcciones Aeronáuticas S. A. ，CASA）签订的，主要是制造CN－212 Aviocar 26座双涡轮螺旋桨飞机；另一项是与德国梅塞施密特·伯尔科·布洛姆（Messerchmitt-Bölkow Blohm GmbH）公司合作，在许可授权下生产BO－105直升机。第二阶段是共同设计和制造。1979年，印度尼西亚航空产业与CASA达成第二项协议标志着印度尼西亚航空产业进入第二阶段。双方利用各自出资50%成立的合资企业飞机技术工业公司（Aircraft Technology Industries，Airtech），共同研发和生产CN－235——一款35～44座的多用途涡轮螺旋桨飞机。第三阶段是在设计和生产本土飞机方面完全自主，其标志是印度尼西亚第一架采用了电传技术的N－250国产支线涡轮螺旋桨飞机。1994年11月其原型机亮相。第四阶段是利用先进的研发技术设计和制造一款自己的支线飞机。印度尼西亚的航空产业目前已进入第四阶段，计划从N－2130喷气式客机开始研发一系列飞机。目前，受该地区的金融危机影响，印度尼西亚航空产业面临严重的经济和政治不确定性。尽管如此，印度尼西亚工业官员表示，N－2130飞机项目正在转入初步设计和详细设计阶段[②]。

5.4.1.1　飞机制造商和主要产品

印度尼西亚唯一的飞机公司是国有企业印尼飞机工业公司（PT Industri Pesawat Terbang Nusantara，IPTN），由印度尼西亚政府于1976年正式创立，旨在将该国的航空设施整合为一家企业（见

---

① Paul Lewis, "The Planning Man," *Flight International* , June 19－25，1996，pp. 9－12.

② Indonesian Government and industry officials，interviews by USITC staff，Jakarta，Indonesia，May 14，1998.

表 5 - 6）。IPTN 服务于军事和民用航空市场，民用航空领域的工作主要由以下部门承担：负责飞机生产的固定翼部门，负责直升机特许生产的螺旋翼部门，负责部件、工具和夹具生产的制造部门，以及负责发动机大修和修理的通用维修中心。尽管 IPTN 长期以来吸纳了大量航空产业从业人员，但 1998 年开始，为减少开支，公司已经开始削减员工工作时间，并计划裁员 3 000 人[1]。

除了为自己的飞机项目生产部件外，IPTN 还根据波音和空客的合同为大型民用飞机生产部件（见表 5 - 6）。IPTN 还生产三种不同的双发涡轮螺旋桨飞机：CN - 212 Aviocar 通用涡轮螺旋桨飞机、CN - 235 短程飞机和 N - 250 飞机（见表 5 - 7）。1989 年 IPTN 开始研发 N - 250；1995 年 8 月 50～54 座级的 N - 250 - 50 首飞；1996 年 12 月 64～68 座级的 N - 250 - 100 随后首飞。为了应对资金限制和市场偏好，IPTN 暂停了生产第三个衍生机型 N - 270 的计划，该机型座级为 70～76 人[2]。最初该加长机型计划针对美国市场客户，由 IPTN 在美国组装和销售，并计划于 2000 年初交付第一架飞机[3]。

印度尼西亚目前还在研发一款名为 N - 2130 的系列涡扇支线飞机。最初有三个概念方案，在向国际和国内客户征询意见后，IPTN 于 1997 年初放弃了 80 座级的飞机型号研发。剩余的 100 座级和 200 座级系列机型将需要约 20 亿美元的投资，资金将主要从市场私有来源和 N - 250 飞机销售收入筹集[4]。面对其他亚洲财团在 100 座喷气式飞机

① "Indonesia：Aircraft Plant Reduces Salaries，Operating Hours，" *Jakarta Gatra*，May 23，1998，FBIS translated text FBIS-EAS-98-146.

② R. Randall Padfield，"In the Works，" *Aviation International News*，Aug. 1，1998，p. 76.

③ Kirby J. Harrison，"AMRAI Forms Task Force to Bolster N-250 Program，" *Aviation International News*，Mar. 1，1997，pp. 46.

④ Max Kingsley-Jones，"Commercial Aircraft of the World，Part 2：The Large Airliners，" *Flight International*，Sept. 3 - 9，1997，p. 48.

表 5-6　印度尼西亚：主要航空制造商和产品

公　司	成立时间	制造商所在地	员　工	销售额（百万美元）	主要民用产品
印尼飞机工业公司	1976	万隆 其他工厂设施分别在打横和巴图	共计 16 000 人 1 500 名工程师	2 464① （1976—1997）	飞机： CN-212 CN-235 N-250 飞机零件： 密封框（波音 757 飞机） 襟翼滑（A340 飞机）

注：① 自成立以来印度尼西亚媒体报道的总销售额。印尼飞机工业公司年度销售额财务数据未能拿到。

资料来源：美国国际贸易委员会员工从多方信息收集。

表 5 - 7　印度尼西亚：客机项目

飞 机	制造商	座 级	航　程①	发动机	适航认证	销售量
CN - 212 - 100 CN - 212 - 200	CASA 212 许可生产	26	220(CN - 212 - 200)（最大商载） 950(CN - 212 - 200)（最大燃油）	联合信号公司（Allied Signal）TPE331 - 10R - 512C	未知	95②
CN - 235 - 10 CN - 235 - 110 CN - 235 - 220 CN - 235 - QC	Airtech	44	810(CN - 235 - 110) 825(CN - 235 - 220)（最大载荷有 45 分钟余量） 2 110(CN - 235 - 110) 1 974(CN - 235 - 220)（最大燃油）	GE CT7 - 7A（CN - 235 - 10） GE CT7 - 9C（CN - 235 - 110）	1986 西班牙和印度尼西亚适航认证（CN - 235 - 10） 1986 FAA第23和121部（CN - 235 - 10） 1992 印度尼西亚适航认证（CN - 235 - QC） 1995 JAA第25部（CN - 235 - 110）	28③

（续表）

飞　机	制造商	座　级	航　　程	发动机	适航认证	销售量
N－250－50 N－250－100 N－270	IPTN	50~54 （N－250－50） 64~68 （N－250－100） 70~76 （N－270）	686①（N－250－50） （最大商载） 800（N－250－50） （载客 50 名）	Allison AE 2100C	目标是 2000 年获得印度尼西亚适航认证 目标是 2000 年获得 FAA/JAA 适航认证	无
N－2130－100 N－2130－200	IPTN	104~114 （N－2130－100） 122~132 （N－2130－200）	1 200④ （基础款重量） 1 600④ （衍生型重量）	未确定	目标是 2004 年初获得印度尼西亚民航局，FAA 和 JAA 适航认证	在研

注：① 海里。
② 截至 1997 年 12 月。
③ 截至 1998 年 1 月。
④ 预估。
资料来源：美国国际贸易委员会员工从多方信息收集。

市场上日益激烈的竞争，IPTN 决定将研发速度加快两年，计划在 2002 年之前生产第一架 N－2130 飞机，并自 2004 年开始交付①。

5.4.1.2 印度尼西亚航空产业的目标

IPTN 最关心的是在国家金融危机中生存下来②，但航空产业的长期目标仍然集中在系列客机的生产和营销上。为了能将涡桨飞机销售到美国和欧洲市场，IPTN 决心确保 N－250 获得 FAA 和 JAA 的适航认证③。此外，尽管可能延迟 2～3 年，印度尼西亚仍打算继续研发 N－2130 支线飞机，并希望在整个亚洲销售④。印度尼西亚推行国家飞机项目有三个方面的目标：一是改善印度尼西亚的交通基础设施，同时降低对进口飞机的依赖；二是为印度尼西亚庞大的劳动力提供就业机会；三是通过推动航空等高科技产业发展加快国家工业发展⑤。关于第三个方面的目标，印度尼西亚政府官员表示，为了缩短追赶所需的时间，印度尼西亚的飞机产业发展必须反其道而行之，先销售整机，再推进基础研究⑥。一些其他部门也有浓厚兴趣采用这种方法提升燃气轮机制造能力，为国家飞机项目提供助力⑦。

---

① Lewis，"Planning Man" p. 12；and Kingsley-Jones，"Commercial Aircraft，Part 2，" p. 48.

② Ministry of State for Research and Technology official，interview by USITC staff，Jakarta，Indonesia，May 14，1998.

③ Agency for the Assessment and Application of Technology official，interview by USITC staff，Jakarta，Indonesia，May 14，1998.

④ Indonesian Government and industry officials，interviews by USITC staff，Jakarta，Indonesia，May 14，1998.

⑤ Agency for the Assessment and Application of Technology and PT Dua Satu Tiga Puluh officials，interviews by USITC staff，Jakarta，Indonesia，May 14，1998.

⑥ Ministry of State for Research and Technology official，interview by USITC staff，Jakarta，Indonesia，May 14，1998.

⑦ "Indonesia's IPTN Wants Gas Turbine Engine Capability，" *Flight International*，Nov. 26 - Dec. 2，1997，p. 28；and "IPTN Moves to Produce Engine in Grand Aviation Designs，" *Jakarta Post*，found at Internet address http://www. newsedge，posted June 28，1997，retrieved July 1，1997.

5.4.2 竞争力评估

5.4.2.1 资金可用性

资金短缺是目前印度尼西亚航空产业面临的最大障碍。印度尼西亚航空领域发展历来得益于印度尼西亚政府强有力的财政和政治支持。IPTN 的万隆制造厂是政府通过直接补贴建成的。多年来，政府在 IPTN 投资了 20 亿美元，包括为 N-250 支线飞机提供的 6.5 亿美元国家资金[①]。印度尼西亚官员表示，政府将继续支持民用飞机产业[②]。然而，作为国际货币基金组织重组计划下国家义务的一部分，印度尼西亚已同意停止对国家飞机项目的所有货币支持[③]。另一个可能的资金来源是国家银行业，但由于对飞机产业的了解有限以及对传统企业的偏好，他们不愿意向 IPTN 投资[④]。IPTN 试图在国家飞机项目中引入愿意风险共担或收入共享的国际合作伙伴，但未能达成具体协议[⑤]。

与此同时，航空产业可通过印度尼西亚政府针对工业部门的研究补贴获得支持。国家研究和技术部为航空产业提交的获批项目提供资金，

[①] David McKendrick, "Obstacles to 'Catch-up': The Case of the Indonesian Aircraft Industry," *Bulletin of Indonesian Economic Studies*, vol. 28, No. 1, Apr. 1992, p. 41; Michael Mecham, "IPTNWoos Foreign Firms for Regional Transports," *Aviation Week & Space Technology*, July 1, 1996, p. 66; and Lewis, "Planning Man," pp. 11-12.

[②] Indonesian Government official, interview by USITC staff, Jakarta, Indonesia, May 14, 1998.

[③] "Indonesia Agrees to IMF Restructuring Plan," *Los Angeles Times*, found at Internet address http://www.newsedge, posted Jan. 15, 1997, retrieved Jan. 15, 1997.

[④] Indonesian Government official, interview by USITC staff, Jakarta, Indonesia, May 14, 1998.

[⑤] 据报道，IPTN 于 1998 年初与印度斯坦航空公司、中国台湾航空航天工业发展公司和文莱苏丹就 IPTN 飞机项目的资金展开讨论。"IPTN Tries to Woo N2130 Support," *Flight International*, Mar. 4-10, 1998, p. 9; and Margot Cohen, "Winging It," *Far Eastern Economic Review*, January 29, 1998, p. 52。

这些项目涉及基础研究，并可能对其他行业产生溢出效应[①]。此外，尽管行业官员指出航空产业缺乏寻找和吸引各种资本来源的技能[②]，但是在获得替代资金方面还是取得了一些进展。1996 年，作为 IPTN 的 N-2130 飞机筹款机构的 DSTP 公司成立[③]。DSTP 旨在通过个人、公司和基金会的私有投资[④]筹集飞机设计、原型制作和适航认证所需的 20 亿美元[⑤]。DSTP 管理人员表示，公司正在考虑 5～6 年后在雅加达证券交易所上市，并可能最终允许外国投资[⑥]。截至 1997 年 9 月，DSTP 筹集到了 N-2130 25% 的研发成本[⑦]。然而，DSTP 是否有能力实现到 2002 年筹集 20 亿美元的目标尚不确定。DSTP 官员表示，印度尼西亚的财政状况严重抑制了融资能力[⑧]，据报道，对公开发行股票的投诉促使 IPTN 要求审查该公司的资本筹集方法[⑨]。

5.4.2.2 行业和人口特征

虽然 IPTN 的结构化飞机研发方式仅在 20 年内就让印度尼西亚一跃成为机身制造商，但是目前行业很少能够提供后向或前向联系[⑩]。

[①] Ministry of State for Research and Technology official, interview by USITC staff, Jakarta, Indonesia, May 14, 1998.

[②] Indonesian Government official, interview by USITC staff, Jakarta, Indonesia, May 14, 1998.

[③] DSTP 由印度尼西亚前总统苏哈托以私人身份创立。Paul Lewis, "Jet Setting," *Flight International*, June 19-25, 1996, p. 28.

[④] 其余成本由 IPTN 承担。PT Dua Satu Tiga Puluh officials, interview by USITC staff, Jakarta, Indonesia, May 14, 1998.

[⑤] 同上。

[⑥] 同上。

[⑦] 同上。

[⑧] 同上。

[⑨] "IPTN to Replace All Foreign Engineers Soon," *Jakarta Post*, May 2, 1998.

[⑩] "IPTN Develops High-Tech Aerospace Industry," *Korea Herald*, found at Internet address http://www. newsedge, posted Aug. 18, 1997, retrieved Aug. 19, 1997. 后向联系是一个产业与其供应商之间的关系，例如，原材料、航空电子设备、发动机和航空航天部门的零部件供应商。前向联系是一个产业与其相关消费产业之间的关系。在飞机制造业中，这可能包括客运航空公司、货运和包裹运送公司以及飞行培训业务。

印度尼西亚航空产业还缺乏对飞机项目[1]构成要素的全面认识，且与所培养起来的能力相互脱节[2]。例如，印度尼西亚航空产业具备了基本设计能力[3]，但是其生产工艺和管理技能薄弱[4]。同样，IPTN 拥有制造整机的经验，但缺乏持续生产可靠飞机零部件的能力[5]。

在基础设施方面，由于缺乏本土供应商基础，IPTN 在很大程度上依赖于外国供应的组件[6]，极易受到货币贬值的影响。例如，就 N‐250 而言，IPTN 在飞机的几个先进部件（包括主要子系统）上严重依赖进口技术。就美元价值而言，N‐250 飞机价值 39％的产品由美国供应，22％的由西欧供应[7]。由于机械生产能力有限以及对最先进技术资源的需求，IPTN 必须从海外供应商处采购机械设备。IPTN 为其设施大量投资，引进最先进的机械和自动化设备，包括用于 N‐250 飞机生产线的生产工具[8]。虽然印度尼西亚利用国外资本货物供应网络为航空产业提供了先进的设备，但这一方法挤兑了其他基础能力培养的资源。

劳动力制约是影响印度尼西亚航空产业竞争力的另一个因素。虽然印度尼西亚人口众多，但是熟练劳动力相对有限[9]，特别是与西方国

---

① Indonesian Government officials, interviews by USITC staff, Jakarta, Indonesia, May 14, 1998.

② Indonesian Government official, interview by USITC staff, Jakarta, Indonesia, May 14, 1998.

③ Asian aerospace industry official, interview by USITC staff, Seoul, Korea, Apr. 27, 1998.

④ Indonesian Government official, interview by USITC staff, Jakarta, Indonesia, May 14, 1998.

⑤ U. S. industry officials, interview by USITC staff, Seattle, WA, Feb. 10, 1998.

⑥ Agency for the Assessment and Application of Technology official, interview by USITC staff, Jakarta, Indonesia, May 14, 1998; and Lewis, "Planning Man," p. 11.

⑦ Mecham, "IPTN Woos Foreign Firms," p. 65.

⑧ McKendrick, "Obstacles to Catch-up," pp. 41, 48; and Lewis, "Jet Setting," p. 28.

⑨ Korean industry official, interview by USITC staff, Seoul, Korea, Apr. 27, 1998.

家相比,生产力和效率较低①。印度尼西亚还缺乏教育设施,无法培养足够的工程师。美国每年航空航天专业毕业生人数约为 5 000 名②,而印度尼西亚却只有一所设有航空专业的大学,每年毕业生人数约为 75 人③。为充实飞机制造业从业人员,印度尼西亚航空产业转向利用国外资源,雇佣了来自澳大利亚、欧洲和新西兰的工程师④。IPTN 还发起了一个奖学金计划,将印度尼西亚工程师送往美国和欧洲的大学接受教育⑤。该公司已派遣 2 000 名员工出国学习最先进的飞机技术和管理技能⑥。尽管这两种做法都为航空产业提供了急需的西方技术人才基础,但印度尼西亚的国家金融危机迫使 IPTN 解雇了从事 CN‐235 和 N‐250 项目⑦的全部 200 名外籍工程师,并严格限制了员工前往海外接受教育的资金⑧。

与中国一样,印度尼西亚也受益于巨大的飞机潜在市场。印度尼西亚幅员辽阔,约有 17 000 个岛屿,人口在全球排名第四,历史上强劲的 GDP 增长⑨使发展支线航空运输成为一项可行的经营业务。此外,政府在采购决策中的影响力为印度尼西亚国防和国有航空公司提供了一个垄断市场。据报道,印度尼西亚政府负责所有飞机的采购,并严格

---

① Indonesian Government official, interview by USITC staff, Jakarta, Indonesia, May 14, 1998.

② Ministry of State for Research and Technology official, interview by USITC staff, Jakarta, Indonesia, May 14, 1998.

③ 同上。

④ U. S. Government officials, interview by USITC staff, Jakarta, Indonesia, May 14, 1998.

⑤ Ministry of State for Research and Technology official, interview by USITC staff, Jakarta, Indonesia, May 14, 1998.

⑥ "IPTN Develops High-Tech Aerospace Industry," *Korea Herald*.

⑦ "IPTN to Replace All Foreign Engineers Soon," *Jakarta Post*.

⑧ Ministry of State for Research and Technology official, interview by USITC staff, Jakarta, Indonesia, May 14, 1998.

⑨ 尽管由于当前的亚洲金融危机,预计印度尼西亚经济的增长将显著放缓,但其过去十年的平均增长率约为 7%。

限制进口，这样留给西方飞机制造商的只有固定的市场份额，而印度尼西亚航空公司对其机队的构成几乎没有话语权①。与此同时，业内人士证实，印度尼西亚确实存在潜在的支线飞机市场②，对于市场规模的大小，各方意见不一，但这却是 IPTN 实现生产具有国际竞争力的飞机所需的规模经济的一个重要因素。IPTN 的一项可行性研究预计，全球100 座级左右的支线喷气式飞机需求量的 25％将通过销售 N－2130 来满足，特别是在 2005—2025 年将在国内市场销售 168 架，在国际市场销售 632 架③。印度尼西亚其他航空领域官员目前正在评估这一预期销量④，但是西方对印度尼西亚 100 座级喷气式飞机市场规模的预估并不支持 IPTN 的结论⑤。

5.4.2.3　企业特征

印度尼西亚航空产业最大的弱点之一是政府对航空产业的控制。IPTN 的决策主要基于少数极具影响力的政治人物的利益，公司的财务业绩在很大程度上取决于政府的支持。因此，如果允许市场力量管理该行业，则 IPTN 或印度尼西亚航空产业是否能够存续值得怀疑⑥。此外，作为国有企业，IPTN 无须披露销售、投资、研发支出和资本总额的财务数据。印度尼西亚严峻的经济形势促使 IPTN 必须寻求海外资金援助以缓解其陷入困境的飞机项目，而由前述原因造成的透明度的缺

① "Indonesian Aerospace Ready to Do Business," *Aviation Week & Space Technology*, Apr. 22, 1996, p. S1; and McKendrick, "Obstacles to 'Catch-up,'" p. 42.

② Korean industry and Singapore Government officials, interviews by USITC staff, Seoul, Korea and Singapore, Apr. 27 and May 12, 1998.

③ Indonesian industry official, interview by USITC staff, Jakarta, Indonesia, May 14, 1998.

④ 同上。

⑤ U. S. industry sources, electronic mail to USITC staff, Mar. 3, 1998.

⑥ 案例见 Pang Eng Fong and Hal Hill, "Government Policy, Industrial Development and the Aircraft Industry in Indonesia and Singapore," ch. 9 in *Industry on the Move: Causes and Consequences of International Relocation in the Manufacturing Sector* (Geneva: International Labour Office, 1992), pp. 244–245.

乏严重阻碍了该公司吸引潜在投资者和飞机项目风险共担合作伙伴的能力。

5.4.2.4　飞机项目特征

印度尼西亚目前在其产品的海外销售方面存在重大障碍，包括缺乏国际公认的适航标准以及在全球营销和售后支持的资源不足。当前的金融危机和国际货币基金组织的限制使得印度尼西亚航空产业为飞机海外销售融资的渠道有限。此外，IPTN 还经常采用易货贸易来确保其产品的出口[①]。尽管 IPTN 已经成立了两家子公司，即位于美国的美国支线飞机工业公司（American Regional Aircraft Industry，AMRAI）和位于德国的欧洲支线飞机工业公司（European Regional Aircraft Industry），为其在美国和欧洲市场提供销售和支持服务，但 IPTN 还需提升其产品支持基础设施和营销能力才能在全球销售其计划的飞机系列。

此外，由于没与美国签订双边适航协议，因此 IPTN 制造的飞机无法在需要遵守 FAA 适航标准的国家运行。据报道，未获得 FAA 适航认证已经影响了 CN－235[②] 的销售，并可能严重影响 N－250 和 N－2130 的出口，而这两款飞机都是面向国外市场的。美国行业消息来源表明，尽管印度尼西亚政府和航空领域官员承认西方适航认证的必要性[③]，并已经开展了几年的谈判，印度尼西亚仍然对 FAA 安全和质量保证标准及法规的目的和正确实施缺乏了解[④]。

5.4.2.5　与国外航空产业实体的合作

吸引外国实体进入印度尼西亚航空产业的激励措施很少。因此，

---

① Lewis，"Planning Man，" p. 10.

② 同上。

③ Indonesian Government and industry officials，interviews by USITC staff，Jakarta，Indonesia，May 14，1998.

④ U. S. Government officials，interview by USITC staff，Jakarta，Indonesia，May 14，1998.

印度尼西亚通过对外合作获得经验和技术转移的能力有限。市场准入是外国航空类公司向亚洲国家提供培训和技术援助的主要动机,对印度尼西亚市场潜在需求和稳定性的不确定的预测会导致印度尼西亚的转包合同数量减少。此外,尽管 IPTN 通过与 CASA 的合作在小型飞机组装方面积累了经验,但如果不与现有大型民用飞机制造商加强合作,则质量保证方面的遗留问题以及基本管理、组织和技术技能方面的差距不太可能得到解决。

5.5 新加坡

5.5.1 背景

20 世纪 70 年代,在政府将航空产业指定为优先发展领域后,新加坡开始参与零部件制造和飞机维修业务[①]。起初主要为军机提供服务,但 20 世纪 80 年代,跨国公司的涌入为民用飞机带来了业务机会[②]。1981 年,新加坡民用飞机领域得益于两方面的原因快速发展:一是樟宜国际机场的启用提升了新加坡作为国际服务代理的能力;二是新加坡与美国签署了谅解备忘录,为新加坡本土制造的零部件的国际认证开辟了道路[③]。

5.5.1.1 制造商及主要产品

作为新加坡最大的航空航天企业,新加坡科技宇航公司(Singapore Technologies Aerospace,STAe)为军用和民用航空领域的机体、发

[①] Fong and Hill, "Government Policy," p. 246.

[②] Economic Development Board officials, interview by USITC staff, Singapore, May 12,1998.

[③] Fong and Hill, "Government Policy," p. 248.

动机、子系统和部件提供维修、维护、改装、翻新和升级服务（见表 5-8）。STAe 目前隶属于工程集团新加坡科技工程公司（Singapore Technologies Engineering，ST Engg）。航空制造业务以前由 STAe 负责，1995 年，该业务分离划拨至投资控股公司——新加坡技术精密工程公司（Singapore Technologies Precision Engineering，STPE）。ST Engg 和 STPE 均隶属于公司控股集团新加坡科技私人有限公司（Singapore Technologies Pte Ltd.），该公司是淡马锡控股公司（Temasek Holdings）的一部分，同时也隶属于新加坡财政部。STPE 未公开上市，尽管 1997 年 12 月 ST Engg 在新加坡证券交易所上市，但政府仍是控股大股东[1]。除了这些新加坡国内企业，航空产业还支撑着许多涉及机体和发动机维修和保养、航空电子设备、系统和部件的合资企业和跨国企业。

总体而言，新加坡在航空领域的国产化率较低，因为跨国企业占行业总产出的 80%[2]。此外，尽管新加坡航空产业就业总人数达到 9 485 人，但在 1997 年航空产业贡献的 12 亿美元产值中，飞机制造业务占比不到 13%[3]。

5.5.1.2　新加坡航空产业的目标

与中国、韩国和印度尼西亚不同，新加坡没有计划实施国家引领的飞机项目[4]。相反，新加坡经济发展局聚焦于推动其作为太平洋地区飞

---

[1]　Singapore Technologies Precision Engineering official，correspondence with USITC staff，July 17，1998.

[2]　Economic Development Board officials，interview by USITC staff，Singapore，May 12，1998.

[3]　同上。

[4]　同上；Singapore Technologies Aerospace official，interview by USITC staff，Singapore，May 13，1998；and Michael Mecham，"Singapore Turns 'Linkages' into Business Asset," *Aviation Week & Space Technology*，June 3，1996，p. 67.

表 5 – 8　新加坡：主要航空制造商和产品

公　司	成立时间	设　施	员　工	年销售额（百万美元）	产　品
新加坡技术精密工程公司	1995	航空①：新加坡、中国北京、中国苏州，美国加利福尼亚 医疗产品：新加坡、德国、巴西、美国、日本、中国、印度、澳大利亚	共计 1 500 人 航空业 550 人	250（1997）	飞机零件： ● 波音 777,MD – 11,A310,A320,A330,A340 发动机安装 ● MD – 11 舱壁，A320 客舱门，A340 反推装置上舱门② ● 维修检修门和备件门，舱壁，肋组 ● 起落架——雷神 800 系列，黑影 A4 ● 发动机部件，包括转子叶片，静子叶片，壳体，密封件，垫③ 飞机零件大修，修理和支持 医疗设备维修和服务
新加坡科技宇航公司	1975	新加坡，美国亚拉巴马，美国得克萨斯，英国伦敦	共计 4 180 人	421 （1997）	修理，维修和大修

注：① 航空制造主要通过 STPE 四个子公司实施：新加坡宇航制造公司（新加坡）、北京 Casinda 精密机械与电子公司——为中航科技（占比 51%）和新加坡宇航精密制造公司（占比 49%）合资公司、新加坡宇航精密科技公司（苏州）、加利福尼亚州航空电子公司。
② 北京工厂生产 A320 客舱门，MD – 11 舱壁和 A340 反推装置上舱门。
③ 苏州工厂生产高压静子叶片和普惠螺柱台肩。
资料来源：美国国际贸易委员会员工从多方信息收集。

机服务和供应中心的地位①。该国制造业致力于扩大商用飞机领域广泛应用的增值零部件的生产，例如发动机支架、起落架、驱动器和金属板组件②。同时，政府和航空产业都希望新加坡在产品设计和研发中能够发挥更大的作用，并将参与飞机项目视为获取此类能力的潜在手段③。

5.5.2 竞争力评估

5.5.2.1 资金可用性

作为亚洲领先的金融中心，新加坡发达的银行基础设施以及股票和债券市场为企业提供了多种资金来源。新加坡金融界也对一系列在新加坡成立合资企业和附属企业的主要外国航空产业实体表示支持，包括戴姆勒-奔驰、普惠和联合信号公司（Allied Signal）等。

国内外企业也得到新加坡政府的支持。新加坡采取了一系列举措发展国家在航空航天等高附加值和先进行业的技术能力。通过各种税收优惠，包括针对特定技术投资的免税期和税收减免，新加坡寻求吸引跨国企业在航空相关行业的投资④。在某些情况下，政府向企业或合资企业提供所需技术领域的启动资金，然后在所需企业成立时出售这些企业的国有部分⑤。

此外，除了涵盖所有高技术领域的一系列国家研发支持计划外，工

---

① Economic Development Board officials，interview by USITC staff，Singapore，May 12，1998.

② 同上；and Singapore Technologies Precision Engineering official，interview by USITC staff，Singapore，May 13，1998。

③ Singapore Government and industry officials，interview by USITC staff，Singapore，May 12 - 13，1998.

④ Economic Development Board and U. S. industry officials，interviews by USITC staff，Singapore，May 12 - 13，1998；and Mecham，"Singapore Turns 'Linkages' into Business Asset，" p. 67.

⑤ U. S. industry official，interview by USITC staff，Singapore，May 13，1998.

业和贸易部下属的国家科学和技术委员会（National Science and Technology Board，NSTB)还针对航空航天的研发计划进行指导。例如，1996 年，NSTB 启动了一个为期 3 年的航空航天技术计划，并向符合条件的研发项目提供了 1 600 万美元的资金①。

5.5.2.2　行业和人口特征

新加坡对民用飞机产业的参与度受到自然资源匮乏和国内市场较小的限制。然而，高技能从业人员、技术能力、发达的产业集群以及先进的运输和制造设施是支持新加坡作为全球航空产业参与者的有利因素。

新加坡在子系统升级方面的大量军事业务和经验提升了行业在航空电子和电气系统等领域的设计能力②。行业也一直在追求结构设计技术领域的能力，并确确实实参与了结构设计项目。例如，新加坡航空产业正在为欧洲直升机公司的 EC－120 设计机尾。业内人士强调，新加坡拥有打造其核心竞争力的技术基础和内在潜力③。虽然成本竞争力不如其他亚洲国家，但航空领域的用人成本却低于美国，而且新加坡的劳动力以生产质量高、进度控制好而闻名④。此外，政府提供培训补助金以打造国家的熟练技能工人储备⑤，航空产业利用外部学术资源来克服国内航空学位课程的不足。例如，新加坡技术精密工程公司有一

---

① National Science and Technology Board official，interview by USITC staff，Singapore，May 12，1998.

② Singapore Technologies Precision Engineering official，interview by USITC staff，Singapore，May 13，1998.

③ Singapore and U. S. industry officials，interviews by USITC staff，Singapore，May 13，1998.

④ U. S. industry official，interview by USITC staff，Singapore，May 13，1998.

⑤ Economic Development Board officials，interview by USITC staff，Singapore，May 12，1998.

个将员工送往美国、英国和法国大学接受教育的奖学金计划①。同样，政府的举措包括在航空产业等高科技领域招募外国科研人员②。新加坡科技宇航公司运营着一个拥有 200 名研发人员的工程和研发中心。国家科学和技术委员会（NSTB）下属两个研发中心，即新加坡精迪制造技术研究院和新加坡材料研究院，均为航空产业提供服务③。

5.5.2.3　企业和飞机项目特征

新加坡政府促进竞争性的商业环境，尽管国家参与航空领域，但新加坡航空企业以商业企业形式运营。因此，飞机产业能够从政府对投资、研究和培训的支持中获益，同时也能从主要基于经济可行性的公开披露和商业决策中获益。

新加坡航空领域已经表示无意于自主研发和销售商用飞机。因此，有关飞机市场吸引力的因素并不适用于新加坡航空产业的当前状况。然而，新加坡在服务和供应链方面的丰富经验、制造领域的良好声誉、对赢利能力的关注以及国际公认的认证和质量标准是本国航空企业可以为一款支线飞机研发联合体提供助力的宝贵资产。此外，新加坡航空企业参与建立合资企业或风险共担伙伴关系的举措可以增加市场对合作飞机项目的信任度。他们已表示愿意参与诸如 AE－31X 支线飞机等类似项目，并对未来的飞机项目充满兴趣。

5.5.2.4　与国外航空实体的合作

通过与美国和欧洲航空产业相关的合资企业及外国航空企业子公司的合作，新加坡的航空产业在专业制造过程中提高了能力，特别是在

---

① Singapore Technologies Precision Engineering official，interview by USITC staff，Singapore，May 13，1998.

② Economic Development Board officials，interview by USITC staff，Singapore，May 12，1998。如有需要，教育局亦正考虑与海外大学开展联合学位及交流项目。

③ Singapore Government and industry officials，interview by USITC staff，Singapore，May 12－13，1998.

发动机安装、航电设备和技术管理方面①。然而，新加坡的主要合作项目未能为其航空产业提供原本希望通过参与合资企业而获得的新技术转移、对制造周期的全面了解以及行业附带利益②。此外，行业代表人士指出，新加坡航空公司并未特别积极地利用飞机采购来确保补偿贸易并最终向国家航空领域转移技术③。

新加坡是 AIA 和中航工业终止的 AE-31X 支线飞机项目的合作伙伴之一。虽然新加坡的工作仅限于子系统集成④，并作为中国和欧洲参与者之间的联络人推动项目顺利进行⑤，但 AE-31X 项目的终止也结束了新加坡参与大型民用飞机项目研发并获得航空领域技术转移的机会。同样，新加坡在与欧洲直升机公司⑥和中国航空技术进出口总公司（现为中航技进出口有限责任公司）[通过哈尔滨飞机制造公司（现为哈尔滨飞机工业集团有限责任公司）实施]合作的 EC-120 直升机研发项目中所占份额为 15%，虽然该项目为其大型民用飞机产业提供了与法国设计师合作设计 EC-120 尾梁的机会，但大部分工程和制造工作是由欧洲和中国合作伙伴负责的。

虽然不是技术转移的受益者，但是新加坡在海外采购方面发挥着越来越重要的作用，他们将项目、材料和技能向海外转包转移，以利用更低廉的劳动力成本。例如，STPE 在中国拥有两家工厂，主要生产商

---

① Singapore Technologies Aerospace and Singapore Technologies Precision Engineering officials, interview by USITC staff, Singapore, May 13, 1998.

② Singapore Government officials, interview by USITC staff, Singapore, May 12, 1998.

③ Singapore industry officials, interview by USITC staff, Singapore, May 13, 1998.

④ Lewis, "Time Out in Asia," p. 39.

⑤ 同上，p. 40；Charles Bickers, "Will It Fly?" *The Far Eastern Economic Review*, Nov. 21, 1996, p. 69。

⑥ 欧洲直升机是通过法国宇航直升机分部和 MBB 整合建立的。欧洲直升机在 EC-120 项目中占比 61%，中航技占比 24%。

用飞机的发动机零件和组件①。此外，该公司表示，随着国内项目的成熟，将转移更多的工作到中国②。

5.6 日本

虽然日本支持本国先进的航空航天制造部门，但有限的国土面积、过去的商用飞机生产经验以及专注于军品和国际转包工作等原因使得日本不太可能成为大型民用飞机产业的竞争对手。然而，航空领域的先进技术能力、高质量产品的声誉以及相对较强的财务实力有助于日本继续与全球航空实体开展合作，并可能成为新机型项目研发的合作伙伴。

第二次世界大战后美国占领日本期间，日本被禁止生产飞机，直到1952年日本才重返航空领域。当时，日本开始参与军用飞机的许可生产，随后进行转包工作。日本试图将其创新技能和转包经验提升到民用机身竞争对手的水平，但基本上都以失败告终，这一点在YS-11支线飞机项目以及日本制造YS-11衍生机型的项目多次延误中可见一斑。YS-11是20世纪60年代由日本设计研发的一款64座涡桨飞机，虽然在技术上被认为是可靠的，但由于市场需求主要是喷气式飞机，以及缺乏全球服务支持，所以订单寥寥无几。该项目遭受巨大损失，1973年停产时，仅生产了182架飞机③。自20世纪80年代以来，

---

① 具体而言，普惠PW4000发动机的高压压缩机（HPC）叶片和螺柱台肩在苏州生产，A320舱门、MD-11舱壁和空客A340反推装置上舱门在北京生产。

② Singapore Technologies Precision Engineering official，interview by USITC staff，Singapore，May 13，1998. 新加坡已经宣布，在生产10架飞机之后，将把EC-120尾梁的制造转移到中国，并为中国工厂提供生产所需的所有工具和程序培训。

③ USDOC，ITA，National Trade Data Bank，"Japan-Civilian Aircraft，" National Trade Data Bank，Stat-USA Database，found at Internet address http://www.stat-usa.gov，posted July 1，1997，retrieved Oct. 28，1997.

YS-X 100 座级支线飞机作为后续项目开展，但只是进展到了可行性研究阶段，可能是由于中型飞机产业日益激烈的竞争环境和项目进展缓慢等原因，项目资金在 1998—1999 年被削减至 130 万美元①。日本在全面参与飞机制造方面还面临许多障碍，包括航空运输基础设施和国内市场支持飞机项目的监管限制、对军事部门的依赖②、相对较高的成本以及禁止军民两用技术和产品出口的国家政策③。

　　日本航空产业的特点是与外国航空航天实体有千丝万缕的联系，包括共同研发、合资企业、合作生产和许可协议，这为国家提供了技术转移机会，增长了民用飞机制造经验④。其中最密切的是日本制造商与波音之间的关系，波音为日本提供波音 737、波音 747、波音 757、波音 767 和波音 777 的转包业务。其中波音 767 飞机 15％的部件由日本生产，包括机身面板、整流罩、主起落架舱门；波音 777 飞机 20％的部件由日本生产，包括机翼中央部分、机身面板和舱门⑤。日本希望波音可作为西方合作伙伴支持其 YS-X 项目⑥，但波音生产波音 717-200 的决定似乎排除了美日在类似 YS-X 项目上的合作机会。以三菱重工、川崎重工、富士重工和新美华高益公司为首的日本航空制造企业也生产

　　① 　Paul Lewis, "Asian Austerity Reigns," *Flight International*, Feb. 25 - Mar. 3, 1998.

　　② 　日本飞机制造业高度依赖国防部门，大约 70％的飞机产业产出与国防有关。Hiroshi Kubota, Machinery and Information Industry Bureau, MITI, "Japan: Japan's Aircraft Industry Current, Future," *Tokyo Kikai Shinko*, July 1997, FBIS translated text FBIS-EAS-97-322。

　　③ 　David B. Friedman and Richard J. Samuels, "How to Succeed without Really Flying: The Japanese Aircraft Industry and Japan's Technology Ideology," ch. 7 in *Regionalism and Rivalry: Japan and the United States in Pacific Asia* (Chicago: University of Chicago Press, 1993), pp. 267 - 268; and USDOC, ITA, "Japan-Civilian Aircraft."

　　④ 　Friedman and Samuels, "How to Succeed without Really Flying," pp. 274 - 275.

　　⑤ 　USDOC, ITA, "Japan-Civilian Aircraft;" and Paul Lewis, "Japan Seeks Funds for 747X Development Work," *Flight International*, Sept. 25 - Oct. 1, 1997, p. 11.

　　⑥ 　Paul Lewis, "Difficult Journey," *Flight International*, Sept. 4, 1996, p. 61.

发动机、部件、电子设备和航电设备，并参与超声速飞机研究。

5.7　总结

　　由于缺乏技术经验和充分的国际和区域合作，亚洲国家似乎不太可能在未来 15～20 年内在大型民用飞机市场上与美国和欧洲制造商直接竞争。中国在最近的将来只能与西方和亚洲国家建立伙伴关系，并提升其作为大型民用飞机和发动机零部件和组件分包商的地位。中国航空产业缺乏基本的技术能力，质量、进度和系统协调方面的问题挥之不去，这使得中国航空界在未来几年内不可能启动独立的飞机项目。虽然重组可能会提高飞机制造业的效率和竞争力，但业内人士预测，中国需要 20～25 年左右的时间才能打造一个全面的自主飞机项目[①]。

　　韩国和印度尼西亚都受到亚洲金融危机的严重影响，面临着严重的资本限制，这将阻碍两国航空航天部门的发展及其特定目标的实现。韩国工业部门的重组可能会催生一个更具竞争力的航空产业，能够以更高效、更集中的方式利用其在研究、生产和营销方面的技能。然而，就支线飞机项目而言，亚洲航空产业希望与外国合作伙伴达成合作协议的可能性仍然难以预测。此外，尽管印度尼西亚可以通过筹资计划或风险共担伙伴关系恢复其喷气式飞机项目，但可靠性和售后服务问题可能会将印度尼西亚支线飞机局限于发展中国家市场。此外，如果没有基础技术、成熟的零部件和原材料的供应商集群以及政府的继续支持，IPTN 的持续存在仍然存疑。

　　新加坡和日本受物理空间、较小的市场和独特的生产能力的限制，

---

　　① 　European industry officials，interview by USITC staff，Paris，France，Apr. 2，1998.

可能会在任何一个飞机项目中扮演合作伙伴的角色。新加坡将重点放在有利可图的合资合作和特定的航空领域，这表明新加坡除了在支线喷气式客机项目中扮演辅助角色之外，不太可能扮演其他角色。同样，日本在其本土飞机项目中失败，而且最近自身也面临经济困难，据了解其将满足于成为美国航空产业的关键供应商[①]。

亚洲国家间的合作可以将飞机生产和研发项目的许多必要因素结合起来。然而，历史因素使得亚洲难以形成飞机联盟。例如，历史事件阻碍了日本与中国或韩国的合作。韩国业内人士透露，韩国和中国不可能再次尝试合作[②]。此外，无论是以自主研发还是合作的形式，即使亚洲国家能够积累到生产一款具有全球竞争力飞机所需的资源，可需要研发出系列飞机才有可能与西方大型民用飞机制造商同台竞争，而如果没有几十年的经验和大量的资金投入，要实现飞机系列化是不可能的。

5.8　对美国大型民用飞机产业竞争力的影响

虽然大型民用飞机产业近期似乎不太可能出现亚洲竞争对手，但亚洲国家获取先进飞机制造能力的愿望可能会影响美国航空产业，因为飞机制造商可通过与大型民用飞机销售绑定相关的抵销贸易而签订许可生产、转包、协同设计和联合研发合同。美国和西欧生产商都认为

---

① Asian and U. S. industry officials，interviews by USITC staff，Asia，Apr. 29 - May 4，1998，and Seattle，WA，Feb. 11，1998.

② Korean industry officials，interviews by USITC staff，Pusan and Seoul，Korea，Apr. 29 and May 1，1998.

市场准入是海外转包的关键因素①。因此，对飞机具有强大潜在需求的国家处于有利地位，可以要求获得工作包、工艺和基本技术指导以及联合研发协议。此外，一旦大型民用飞机制造商在特定国家立足，由于大量初始投资以及制造商希望与东道国保持长期工作关系，持续采购是很有可能的。例如，波音公司与中国和日本的长期合作历史肯定会保持下去，以便两国充分利用波音公司培育的资源和基础设施，减少因愿意提供类似制造协议的外部制造商竞争而失去市场份额的可能性。同样，随着新市场的开放或现有市场的扩大，市场准入问题可能促使与亚洲国家进行更广泛的合作，并深化现有的制造商-供应商关系。

这种合作的影响有三方面。第一，从短期来看，在飞机生产基础薄弱或缺乏的国家建立供应商集群需要大量资金，这会增加制造商的总体成本。美国和西欧的制造商都认为，在建立生产基础设施、培训外国管理人员和生产工人以及维持国内外派人员以提供技术支持和管理方面，需要付出相当大的成本②。

第二，亚洲国家参与飞机产业并力求获取先进的航空知识，可能导致向潜在竞争对手转让技术。迄今为止，美国制造商表示，他们只向亚洲飞机制造工厂提供工艺制造技能和过时技术③。然而，一些亚洲消息来源指出，西欧竞争对手在关键技术转移方面更加随意④，美国大型民用飞机制造商可能会发现要在市场准入和保护关键技术方面做好平衡越来越难。

---

① U. S. and European industry officials，interviews by USITC staff，Seattle，WA，Feb. 10，1998，and Toulouse，France，Apr. 6 - 7，1998.

② U. S. and European industry officials，interviews by USITC staff，Seattle，WA，Feb. 10，1998，and Toulouse，France，April 8，1998.

③ U. S. industry officials，interview by USITC staff，Seattle，WA，Feb. 10，1998.

④ Asian industry officials，interview by USITC staff，Korea，May 1，1998，and Singapore，May 13，1998.

第三，从长远来看，当技术流程和制造业基础成熟到位时，由于亚洲国家相对廉价的劳动力，加上资本投入和监管支出的减少，美国航空产业可以享受一段低成本红利期。此外，美国飞机制造商可以从亚洲制造商在风险共担协议中增加的资金投入中获益，这也可以降低美国航空产业，特别是在新项目方面的总体成本。

　　亚洲国家希望获得转包经验和关键技术的愿望可能会对美国零部件和组件供应商提出进一步的挑战。由于亚洲国家航空产业建立在西方承包商的基础上，并在从制造低水平组件到更复杂和技术要求更高的零部件和组件方面不断进步，因此亚洲供应商可能会成为美国同类产品制造商的竞争对手。届时，要想领先潜在的亚洲竞争对手一步，美国制造商将必须开发新技术，采用更具成本效益的生产流程，将工作转移至国外，或垂直整合其制造基地。与此同时，当亚洲制造商有能力为全球市场生产具有竞争力的飞机时，为了具备与现有飞机同等的效率和共通性，亚洲制造商不太可能生产所有必要的部件。与主要依赖进口部件的印度尼西亚 N‐250 和将从北美供应商采购航电、轮子、刹车和内饰部件的中国最新制造的 Y‐12 Ⅳ一样[①]，亚洲制造的飞机可以为美国飞机零部件、组件和子系统供应商提供更多的合同机会。

---

　　①　对于交付给加拿大航空航天集团的 Y‐12 Ⅳ飞机，65％的部件将来自加拿大。"CAG Secures its First Order for Y-12 Twin Panda," *Flight International*，June 24‐30，1998，p. 11。

第 6 章
大型民用飞机
市场结构的变化

6.1 引言

航空产业内价格竞争加剧和由此导致的成本压力，加上运输业监管环境的不断变化，都在促使民用飞机产品的上下游研发新型飞机。这些新项目将增加全球大型民用飞机生产商竞争的细分领域，并可能影响美国大型民用飞机产业在全球市场上的相对竞争地位[①]。本章将描述导致大型民用飞机全球市场结构变化的重要航空运输业因素，特别是那些促使制造商研发 100 座级和 500 座级飞机项目的因素。这些新项目对供应商、航空公司以及美国和外国飞机制造商可能产生的影响也会被讨论。最后，本报告会评估监管对大型民用飞机市场的潜在影响，包括管理国际交通的双边协议和空中交通管制系统的发展。

6.2 新商用飞机项目市场

航空公司在制定市场策略时面临着一系列相互冲突的利益——增加航班频次和直达航线，同时保持较低的票价。大型民用飞机制造商

[①] 如果空客的 500 座级飞机能够进入市场，那么其竞争地位的变化将主要取决于整个空客产品系列的市场吸引力。

正通过两款新机型来应对这些不同的需求。第一款新型大型民用飞机是专门为 100 座级市场设计的相对较小的客机,第二款是超高载客量(500～1 000 座级)的客机。这些飞机将有助于优化现有大型民用飞机制造商生产的产品所提供的航程-载客量组合,并可能对航空公司使用的产品组合产生重大影响。

不断变化的航空服务因素形成了对不同类型飞机的需求基础,从而导致了新的大型民用飞机项目的出现。例如,由于航空运输业放松管制,航空公司之间的价格竞争加剧①,这促进了"中心辐射型"航线网络的发展②,而反过来又改变了为这些航线服务的航空公司的机队组成。由于价格竞争,航空公司对飞机制造商施加越来越大的压力,要求他们提高飞机的运营效率来拓展市场③。此外,除了基于低价的激烈竞争外,航空公司目前还试图根据其他便利因素来区分服务,比如航班频率的增加和直航的可行性④。由于航空公司要适应现有市场和新市场预期的大幅增长的旅客需求,因此航空公司航线结构可能会进一步改变⑤。虽然航空公司经常利用现有飞机的改造来满足不断变化的市场

①　Steven A. Morrison and Clifford Winston, *The Evolution of the Airline Industry* (Washington, DC: The Brookings Institution, 1995), p. 11.

②　"中心辐射型"航线网络由进入枢纽机场的较短航班组成。采用这种航线结构的航空公司可能会使用更多、更小的飞机。

③　据估计,新飞机运营效率的提高对航空业生产率提高的贡献约为三分之一。Badi H. Baltagi, James Griffin, and Daniel Rich, "Airline Deregulation: The Cost Pieces of the Puzzle," *International Economic Review*, vol. 36, Feb. 1995, pp. 245 - 58。

④　其他便利因素包括准时出发和到达、取票和办理登机手续以及飞行常旅客计划。Morrison and Winston, *The Evolution of the Airline Industry*; and Atef Ghobrial and Soliman Y. Soliman, "An Assessment of Some Factors Influencing the Competitive Strategies of Airlines in Domestic Markets," *International Journal of Transport Economics*, vol. XIX, No. 3, Oct. 1992, pp. 247 - 58。

⑤　空客预计,到 2007 年,全球航空客运量每年将增长 5.3%,到 2017 年将增长 4.8%。Airbus Industrie, *Global Market Forecast*, 1998 - 2018 (Blagnac, France: Apr. 1998), p. 21.同样,波音公司预计客运量平均将增长 4.9%,直到 2017 年。波音和空客都预计这种增长主要体现在新兴的航空旅行市场。Boeing Commercial Airplane Group Marketing, *1998 Current Market Outlook* (Seattle, WA: June 1998), pp. 9 and 23。

需求，但制造商仍必须定期研发新的机型，以充分满足航空公司的需求。大多数为满足航空公司不断变化的偏好而推出的新飞机都是以前推出的飞机型号的衍生型或改进型，制造商根据载客量、航程、物理特性和运营经济性的特定组合进行重新设计从而扩大产品范围。只有当在产机型的衍生型不可行且在以前未开发市场上的预期财务回报大到足以保证新产品研发所需的大量、不可回收的投资时，制造商才会研发全新的飞机①。航空旅客需求的预期增长，以及航空公司竞争因素的演变，增加了正在研发的新的特制飞机②——100 座级和 500 座级产品的市场前景。

对 100 座级喷气式飞机的需求预测部分基于替换载客量较小的支线飞机，因为这些飞机无法满足高频或新开发航线预期的乘客需求增长。虽然较小的飞机可以让航空公司提供更高的飞行频率和更直接的服务，但与大型民用飞机相比，每座英里运营成本通常更高③。此外，增加航班以提高便利性并满足不断增长的需求，在一定程度上受到了大流量机场日益严重的拥挤程度的限制。

对 500 座级客机的需求基于某些客流量大的航线的旅客需求预期增长，而这些航线不能通过增加航班数量来满足。这尤其适用于连接流量限制不断增加的中转航线，以及可接受的相应起飞和降落时间窗口受实际和环境问题限制的长途航线④。此外，由于大型飞机每座英里

---

① European aerospace industry officials，interviews by USITC staff，London，Brussels，Bonn，and Paris，Mar. 30 - Apr. 3，1998.

② 特制飞机是指为特定的客运量/航空市场进行优化的飞机。

③ Boeing officials，interview by USITC staff，Seattle，WA，Feb. 10 - 12，1998；and European industry officials，interviews by USITC staff，London，Brussels，Bonn，and Paris，Mar. 30 - Apr. 3，1998.

④ 实际问题包括起飞和降落时间都在可接受的时间范围内（例如，两者都不是在凌晨 4：00）；环境问题包括出于噪声考虑而在某些时间内停止或减少运营。Boeing officials，interview by USITC staff，Seattle，WA，Feb. 10 - 12，1998；and European industry officials，interviews by USITC staff，London，Brussels，Bonn，and Paris，Mar. 30 - Apr. 3，1998。

运营成本低于小型飞机,这可能会加剧航空公司之间日益激烈的票价竞争趋势①。

6.2.1 100 座级新商用飞机市场

6.2.1.1 市场和产品的定义

100 座级飞机市场通常被定义为容纳 70～120 名乘客的商用飞机市场②。这些飞机通常适用于中短程、高频航线。这并不是一种全新的机型,因为美国在 20 世纪 60 年代早期到中期生产的第一款中短程喷气式飞机就有 100 座级的构型③。随着喷气航空运输需求的增长,新的中短程飞机设计了更大的座位容量,旧机型普遍被增加了座位数和航程能力的型号所取代。

在过去 18 年里,如果以座位容量衡量,美国商业航空公司机队的平均飞机尺寸持续增长,但由于"中心辐射型"航线网络的发展和短途支线航空公司进入市场,航空管制逐渐放松,飞机尺寸的增长速度也变缓④。100 座级飞机市场的新产品研发凸显了短途飞机的重要性,并对如下航空公司更加重要:① 希望更换现有小型飞机的航空公司;② 在现有航线上增加航班频率的航空公司;③ 将航线结构扩展到新的、正在增长的市场的航空公司。

新型 100 座级飞机介于一般大型民用飞机产业的机型和支线航空

---

① Boeing,*1998 Current Market Outlook*,p. 30.

② Compiled from responses to USITC airline questionnaires,Feb. 1998.

③ 例如波音 727 - 100(94 座)和 DC - 9 - 10(80 座)。波音 727 - 100 和 DC - 9 - 10 航程超过 1 100 海里(商载为 1.8 万～2.9 万磅)。John W. R. Taylor,ed.,*Jane's All the World's Aircraft*,*1974 - 1975* (London:Jane's Yearbooks,1975).

④ 在 1978—1983 年,美国商用航空公司机队中每架飞机的平均座位数增加了 20 个。不包括新的小型支线航空公司,1983—1996 年每架飞机的平均座位数仅增加了 6.9 个。包括小型支线航空公司在内,平均座位容量实际上下降了 4.5 个座位。Federal Aviation Administration,*FAA Aviation Forecasts:Fiscal Years 1997 - 2008* (Washington,DC:FAA,1997),p. Ⅲ - 29。

公司使用的小机型之间①。造成支线飞机和大型民用飞机之间历史差异的最重要因素之一是主要航空公司劳动合同中的"范围条款"。这些条款禁止大型航空公司的支线飞机飞行员驾驶 70 座以上的飞机（没有获得与驾驶大型民用飞机飞行员的较高工资相对等的报酬），并有效限制了支线航空公司可使用的飞机尺寸。由于范围条款限制了大多数航空公司运营高于或低于 70 座的飞机型号的能力，因此 50～100 座级的飞机系列的优势也相应受到了限制。

许多因素有助于放宽范围条款的限制。为了应对来自低成本航空公司和支线航空公司的竞争，大型航空公司已经开始或扩大使用子公司或附属运营商。这使得大型航空公司可以扩大他们的支线网络，同时降低成本，以便更好地与低成本的、独立的支线航空公司竞争②。随着此类服务需求的增长，所使用的飞机尺寸也在增加，从而突破了范围条款的座级障碍。飞机制造商正试图提供一系列 70 座级的飞机作为回应。因这些变化而暴露出的细分市场被称为 100 座级市场。因此，大型民用飞机制造商和支线飞机制造商的产品之间的区别变得不那么明显了。

6.2.1.2 市场分析

为了准确地描述 100 座级飞机市场，确定航空公司在这一细分市场考虑的飞机机型是很重要的，也就是说，要确定 100 座级飞机将与哪一种飞机竞争市场份额。由于新的 100 座级客机比传统支线航空公司使用的飞机大，而比主要商业航空公司使用的飞机小，这种类型的客机

---

① 支线飞机通常为涡桨飞机，大型民用飞机通常配备涡扇发动机。但是，由于乘客偏好喷气式飞机，因此支线航空公司已经开始选择稍大的配备涡扇发动机的飞机，这一区别也逐渐成为过去。有关该问题的讨论见 Ghobrial and Soliman。

② 虽然行业内仍存在限制条款，但大型商用航空公司正利用 100 座级飞机与新兴的低成本航空公司竞争，因为执飞小型飞机的飞行员工资较低。Boeing officials，interviews by USITC staff，Seattle，WA，Feb. 10 - 12，1998。

属于哪个细分市场并不明显①。因此,以下对窄体飞机市场的分析认为 100 座级飞机市场应该有以下三种描述:① 与一般大型民用飞机市场没有区别;② 属于新兴的 70～120 座级的细分市场;③ 属于成熟飞机市场的一部分②。为了对属于每个细分市场的飞机进行分组,窄体飞机市场的产品差异化程度通过关注飞机型号③的特定产品特性,并将它们与希望购买新飞机的航空公司可能需要的一组特性进行比较来确定。在分析了大量窄体飞机的典型产品特征后,分析结果表明,100 座级飞机有两大主要特征——座级和航程——似乎足以让航空公司对机型需求分类。

由于大型商业航空公司传统上只运营大型喷气式飞机,包括一些在 100 座级飞机市场范围内相近的型号④,因此将 100 座级飞机视为大型民用飞机产业中最小的单位似乎是合乎逻辑的。然而,由于目前生产的每一架低于 125 座的大型民用飞机都是为承载更大的载客量而设计的缩小版⑤,因此这种大型民用飞机的缩短机型运营成本高于优化后的 100 座级的飞机。另一个反对将 100 座级飞机归入大型民用飞机市场的理由是,为这一市场生产飞机的制造商大多是支线飞机制造商⑥。

---

① 业内人士还表示很难对最近提出的 100 座级飞机进行分类,因此无法对市场细分这一问题提供明确的答案。European aerospace industry officials,interviews by USITC staff,London,Brussels,Bonn,and Paris,Mar. 30 - Apr. 3,1998.

② 对 100 座级市场定义的分析和方法的完整描述见附录 H。

③ 具体来说,这包括所有可用的座位容量超过 32 名乘客的涡扇/喷气式窄体飞机,以及一些新提议的类似飞机。

④ 包括波音 737 - 500(108 座)、波音 737 - 200(115 座)、波音 737 - 300(128 座)、A319 - 100(124 座)、MD - 87(109 座)以及 DC - 9 - 40 和 - 50(132 座)。目前仅波音 737 - 500、波音 737 - 300 和 A319 - 100 在产。Paul Jackson,ed. ,*Jane's All the World's Aircraft* (Surrey,UK:Jane's Information Group Limited,various years)。

⑤ Jackson,ed. ,*Jane's All the World's Aircraft*,1996 - 1997,various pages.

⑥ 制造商的此类机型还包括英国宇航 AVRO 产品(70～128 座)、福克 F28、F70 和 F100(70～100 座)。

分析结果表明，将新提出的 100 座级飞机项目单独视为航空公司的新市场最为合适。根据市场细分分析，窄体喷气式飞机市场似乎至少有三层结构，包括小于 70 座的飞机细分市场、70～120 座窄体飞机的较新 100 座级细分市场以及其余窄体大型民用飞机细分市场。目前所有涡扇飞机制造商生产的飞机都大于或小于 70 座，这也进一步支持了将 100 座级作为独立细分市场的观点。到目前为止，波音、空客、前麦道公司和英国宇航支线飞机/AVRO 生产的商用飞机都配置了 70 个或更多的座位，而庞巴迪、巴西航空工业公司和费尔柴尔德·道尼尔生产的机型都少于 70 座[①]。此外，在役的支线和大型民用飞机中与新的 100 座级飞机类似的机型基本都已停产[②]。

6.2.1.3 影响项目需求的因素

100 座级飞机的需求主要受几个因素驱动，包括现有全球机队飞机的更换、航空运输市场的扩大以及航空产业航线结构向增加频率和直航方向的转变。业内人士称，直到现在，这些需求因素才形成足够大的基础，以支持新设计的 100 座级机型的生产和推出[③]，而这些机型的利润率通常很低。多种需求来源的综合效应可能使制造商有足够的生产能力，以便在制造过程中利用规模收益递增的优势。

首先，影响这个市场最重要的因素是 100 座级市场中仍在运行的老旧飞机的更换需求[④]。在 1997 年时，全球航空公司机队有 2 217 架

---

① 福克是唯一一家生产跨越 70 座级门槛的涡扇飞机制造商，但该公司处于破产状态，目前正在清算中。注意：在福克的破产与它是唯一一家拥有跨越 70 座级产品线的飞机制造商这一事实之间无法推断出任何因果关系。

② 福克 F100 是一个例子。

③ European aerospace industry officials, interviews by USITC staff, London, Brussels, Bonn, and Paris, Mar. 30 - Apr. 3, 1998.

④ 这些飞机将替代 DC - 9、MD - 80 到 MD - 857、波音 727 - 100 和波音 737 - 100、福克 F28 和更早的 BAe - 146。

载客量为 70～124 座的老飞机,目前仅剩 16 架在役①。尽管新的 100 座级飞机最初将面临来自二手飞机市场老机型的价格竞争,但从长期来看,由于这些老旧飞机被替代,新机型将享有合理的需求水平②。更换飞机的决定在很大程度上受运营成本的影响,但也受到监管环境重大变化的影响,例如对旧的二阶段标准飞机进行升级,以满足更严格的噪声污染标准的要求。为了满足这些标准,航空公司可以购买符合三阶段标准的新飞机,或者在现有飞机上安装降噪套件或新发动机。许多在役的 100 座级机型无法满足目前的三阶段噪声污染标准③。因此,更换飞机的决定将取决于新生产飞机的价格和运营成本以及改造旧飞机的成本④。

其次,较小或新兴市场的收入和人口增长将促使市场服务需求增加,这通常会导致小型支线飞机被大型飞机取代。同样地,如果发展中国家的市场以类似于发达国家的方式成熟化,其收入的增长可能为 100 座级飞机提供一个巨大的市场。市场初期通常会使用载客量较小的飞机,进而随着市场的扩大逐步转向大型民用飞机。

再次,如果航空公司越来越以便利性为基础开展竞争,则小型 100 座级飞机将在建立航线结构方面变得更加重要,以适应更多的航班频次和直达航线。新的专门制造的 100 座级飞机(相对于那些大飞机的缩小版本)设计效率的提高,也将允许大型民用飞机制造商扩大机会将产品提供给希望有效优化其机队的航空公司,以提供更低成本、更高频率的服务⑤。

---

① Jet Information Services, *World Jet Inventory: Year-End 1997*; *and World Jet Inventory: Year-End 1995*（Woodinville, WA: Jet Information Services, Inc. , 1998 and 1996）.

② 所有制造商的市场分析都得出这一结果。

③ 更多数据见 Jet Information Services, *World Jet Inventory: Year-End 1997*。

④ Airbus Industrie North America, interview by USITC staff, Herndon, VA, Oct. 23, 1997.

⑤ 新的 100 座级飞机可能会与波音和空客目前提供的 120 座级飞机重叠,这可能会影响最终型号的生产时间。这个市场上的新飞机是否会与当前的大型民用飞机产品有共性还有待观察。如果是这样,这些飞机将更容易被归类为大型民用飞机。

最后，100 座级飞机的设计方案为新的城市航线组合提供了服务赢利的可能性。很难预测新的、以前未曾出现的经济活跃情况能否出现，但可以确定会刺激新的服务需求，因为低成本涡扇飞机不仅刺激了航空公司进入该市场①，针对短程、高频航线设计的新机型还将促进更多直飞航线的开通。

在对全球飞机需求的年度分析中，空客预测了 70～100 座级飞机的需求量至少为 2 124 架②，占 1998—2017 年大型民用飞机总市场的12％③。波音将小型涡扇飞机市场划分为两类：50～90 座级的飞机和91～120 座级的飞机④。1998—2017 年，预计交付量分别为 1 578 架和2 127 架，合计市场份额略高于 21％。对 100 座级飞机未来积极需求的主要障碍是新型飞机的成本和航空公司的融资能力。由于现有的旧飞机可以通过改装满足更严格的噪声污染标准，因此新飞机必须具备更有竞争力的定价并提供显著的运营成本优势才能被广泛接受。此外，对于所有制造商来说，100 座级飞机的生产成本仍然是个棘手问题，因为其系统与大型飞机类似，而且通常与大型飞机一样昂贵，但 100 座级飞机必须比大型飞机价格更低才具有竞争力。

6.2.1.4　新 100 座级飞机的制造商和潜在制造商

许多制造商都有兴趣研发新飞机来满足这一细分市场，竞争可能会比大多数其他细分市场更激烈，这可能会使大型民用飞机制造商与

---

①　20 世纪 90 年代初，AirTran 和 Kiwi Airlines 就是这种情况，这两家公司之所以能够进入市场，是因为可以使用相对便宜的二手飞机。

②　对 70～100 座级飞机的需求预测为 2 124 架（1 649 架新飞机），这并不代表对这些尺寸类别飞机的总需求，因为小型航空公司和当前涡轮螺旋桨飞机运营商的需求未包括在 *Global Market Forecast* 中。Airbus，*Global Market Forecast*，1998 - 2018（Blagnac，France：Airbus Industrie，Apr. 1998），p. 41。

③　按美元计算，该类别飞机的订购量仅占全球总量的 3％。Airbus，*Global Market Forecast*，1998 - 2018（Blagnac，France：Airbus Industrie，Apr. 1998），p. 45。

④　Boeing Commercial Airplane Group，*1998 Current Market Outlook*（Seattle，WA：June 1998），p. 49.

一些同样研发这一座级飞机的支线飞机制造商形成直接竞争。100 座级飞机市场的新进入者和潜在进入者包括传统的西方大型民用飞机制造商①、目前生产支线喷气式运输机的飞机制造商以及其他几个政府已经表示有兴趣鼓励飞机制造的国家的制造商。

在 100 座级飞机市场，波音将因从麦道收购波音 717 - 200 飞机获得先发优势。然而，空客很可能会以现有机型 A318 的缩短型号进入这个细分市场②。与衍生机型相比，特制的波音 717 - 200 可能会为航空公司提供显著的运营成本优势，但 A318 机型与其他空客机型的通用性可能会比波音 717 - 200 和其他波音机型的通用性更高。波音将这款飞机瞄准了支线飞机市场③。波音 717 - 200 两舱布局下通常可容纳 106 名乘客，单舱布局下可容纳 117 名乘客。为了增加市场吸引力，对基本型的更改可使该款飞机容纳 70～130 名乘客④。另一家制造商英国宇航公司（British Aerospace）自 1983 年以来就以 BAe 和 AVRO 的名义生产涡扇支线飞机。该公司目前生产可容纳 70～128 名乘客的飞机。到 1997 年为止，BAe 已经交付了 317 架支线飞机⑤。

空客通过研发 AE - 31X 极力追求这一市场，组建了一个空客工业亚洲公司、中国航空工业集团有限公司和新加坡科技私人有限公司共同参与的联合体⑥。预计该联合体将成为 100 座级飞机市场的重要参

---

① 目前，成熟的制造商通过推出座位容量更大的飞机改型参与这个市场。例如，波音公司生产的波音 737 - 500 和波音 737 - 600 有 108 个座位，但最初并未针对该市场进行优化。这也适用于空客的 A319（124 座），该机型是 150 座级 A320 的缩短型。

② A318 是 A319 的缩短型，A319 是 A320 的缩短型。

③ 波音表示，这一市场需要全尺寸喷气式客机的舒适性、低运营成本、高度可靠的时刻表、高效的短程服务、短场运营、机场登机口的快速周转以及每天维持大量航班的能力。Found at Internet address http://www. Boeing. com/commercial/717/index. html，retrieved July 6，1998.

④ "MD-95 Re-emerges as Boeing 717," *Flight International*，Jan. 14 - 20，1998，p. 4.

⑤ Jet Information Services，*World Jet Inventory: Year-End 1997*，p. 14.

⑥ 有关该联合体的详细描述见第 3 章和第 5 章。

与者。因为中国的深入参与可能会影响中国航空公司选择这款飞机作为潜在的替代机型，以供应其庞大的国内市场。然而，有关生产安排的问题没有得到令人满意的解决，该项目于 1998 年 7 月被取消。AE-31X 这个 100 座级飞机项目的取消可能会增加其他新兴 100 座级制造商的市场潜力。

俄罗斯制造商图波列夫设计局也一直在研发 100 座级的图-334 飞机[①]，该机型载客量为 72～126 人。但由于资金不足，该机型的首飞已被大大推迟。图波列夫还没有生产一款获得认证的面向西方市场的飞机。一旦获得西方适航当局的认证，图波列夫将需要更多的资源，使图-334 获得广泛认可，包括一个可靠的全球服务和部件网络以及必要的资金水平，以确保飞机购买方对制造商长期生存的信心[②]。

考虑研发 100 座级飞机项目的小型支线飞机制造商包括加拿大庞巴迪和巴西航空工业公司。两家公司目前都在制造 50 座的涡扇飞机[③]。1997 年 1 月，庞巴迪宣布推出 70 座的 CRJ700 系列，这是其 50 座 CRJ100/200 飞机的加长型。日本三菱公司也与加拿大航空公司就新设计的机翼在 100 座级飞机系列上的使用进行了讨论[④]。

费尔柴尔德·道尼尔公司正在研发一款新的 32～34 座涡扇飞机 328JET，并宣布了另外两个支线飞机项目。一个是将现有的 328JET 从 32 座加长到 42 座，另一个（已经推出）将引入三种新机型：55 座、

① 有关图波列夫产品线的更多讨论见第 4 章。

② European aerospace industry officials, interviews by USITC staff, London, Brussels, Bonn, and Paris, Mar. 30 - Apr. 3, 1998.

③ 巴航工业选择不立即在 70 座级市场上竞争，并于 1997 年 9 月宣布将生产一款 37 座的飞机。这一决定部分基于巴航工业不能在 70 座级飞机上使用当前 50 座级飞机的机身或机翼的限制。因此，该设计将需要全新的飞机，会显著提高进入该市场的价格。巴航工业目前正在与韩国和瑞典公司进行讨论，试图为更大的飞机寻找风险共担合作伙伴。

④ 该机翼目前用于 Global Express 公务机。

70～75 座和 90 座①。这些项目将与风险共担伙伴共同研发②。其他考虑制造支线飞机的公司包括印度尼西亚的 IPTN 和瑞典的萨博 (Saab)。印度尼西亚已经表示希望将 IPTN 设计的 104～132 座的 N - 2130 涡扇飞机推向市场,该机型最初是 N - 250 涡螺旋桨飞机的衍生型③。尽管萨博宣布将停止生产新的萨博 2000 涡轮螺旋桨飞机,但已就与其他飞机制造商合作生产支线飞机的可能性进行了讨论④。

6.2.1.5 对大型民用飞机产业的影响

分析结果表明,波音和空客提出的新的 100 座级飞机项目代表着市场领域的扩张,可以使现有的大型民用飞机制造商与新的竞争对手相抗衡。基础广泛的大型民用飞机制造商进入这一产品细分市场可能会显著影响现有支线飞机制造商的竞争力,激烈的竞争也可能使新制造商更难成功。基于优势资源,波音和空客可以建立对这个细分市场的控制。然而,从支线飞机制造商的行列中脱颖而出的新进入者可能也有其优势,因为他们对市场更加了解,并具有之前制造类似小型飞机的经验。

6.2.2 500 座级或更大载客量的大型民用飞机市场

6.2.2.1 市场和产品的定义

波音和空客都在积极研究超高载客量飞机的新兴市场前景。这种新型飞机被命名为超高载客量飞机、新型大型飞机和超大型飞机。这

---

① Gregory Polek,"Fairchild Dornier launches new jets,"*Aviation International News*, June 1, 1998, pp. 1, 42.

② 同上。

③ 印度尼西亚最近的宏观经济危机可能会使其航空产业的发展延迟数年。有关印度尼西亚航空航天产业的进一步讨论,请参见第 5 章。

④ 尽管萨博将在 1999 年中停止生产小型支线飞机,但仍将继续提供产品支持。Found at Internet address http://www. aerokurier. rotor. com/akNachr/AKNACHF/ AenVere. htm,retrieved on July 6,1998。

种新型飞机独特的性质决定了这个特殊的细分市场。预计新飞机将在现有最大飞机运营的航线上投放，其客运量将超过现有的任何飞机。因此，该机型是为具有极高客流量/增加航班频率可能性有限的城市而设计的。这种新型 500 座级飞机的第二个重要特点是每座英里的成本通常比大型飞机低。到目前为止，可能进入这一细分市场的潜在飞机模型仍处于研究和设计阶段。

6.2.2.2 影响预计需求的因素

由于飞机的尺寸和超过 2 亿美元的预计价格，500 座级飞机的交付数量预计相对较少①。这款飞机最初只会用于流量非常大的航线，在这些航线上的一个或两个机场同时面临拥堵问题，数量有 30～90 个城市对，但这一需求基础远小于市场其他细分类别。由于长途、高速航空旅行的替代品很少，因此客运航空服务的持续增长和空中交通管制系统内日益拥挤的情况表明，大载客量飞机将成为大型民用飞机市场越来越重要的一部分。尽管这款飞机的首次亮相预计将基于相对较少的航线②，但波音估计将在 2000—2014 年最终交付 368 架超高载客量飞机，而空客估计到 2014 年将交付 800 架超高载客量飞机③。对于所有超过 400 座的飞机，包括现有的和新的超高载客量飞机，空客预测到 2017 年的总需求量为 1 332 架，波音预测到 2017 年的非替换飞机需求量为 696 架④。

波音和空客对 500 座级市场的预测存在差异的原因是两家公司对航线结构的发展方式判断存在分歧。总乘客需求（收入客英里）可以以

---

① Aerospace and airline industry representatives, interviews by USITC staff, Seattle, WA, Feb. 10 - 12; London, Mar. 30 and May 22; and Paris, Apr. 2, 1998.

② Aerospace and airline industry representatives, interviews by USITC staff, London, Mar. 30 and May 22, and Paris, Apr. 2, 1998.

③ Airbus, *Global Market Forecast*, 1998 - 2018, p. 41; and Boeing, *1998 Current Market Outlook*, p. 49.

④ 同上。这一类别还包括波音 747 现有机型、波音 777、A330 和高密度型 A340。

相对较高的可信度进行预估。然而,由于引入了主观因素,如航线结构的变化可能性,因此对特定飞机市场的需求预测就不确定了。在 500 座级的市场中,对飞机需求的预测结果对两方面很敏感:利用现有的航线结构是否能满足预期的乘客需求增长,以及航空公司是否会进一步"切割"其服务网络①。例如,切割意味着扩大美欧航线服务的方式是新开一条芝加哥—布鲁塞尔航线,而不是增加纽约—巴黎航线的运力。

波音的预测认为服务切割仍将是市场扩张的一个重要因素,这导致其对 500 座级飞机需求水平的预测较低。空客对 500 座级市场规模的预测更高,因为空客不认为航空公司会通过不断增加航班满足市场需求。在不增加航班的情况下,航空公司必须扩大飞机机队的载客量,因此空客得出了对 500 座级飞机需求量更高的预测。

尽管长期的市场预测可能表明有足够的需求来保证超高载客量的商用飞机的研发和生产,但业内人士指出,市场可能不足以支持一家以上的制造商②。如果市场只支持一个制造商,那么能够率先进入这个市场的制造商将获得显著的长期优势③。因此,无论是研发衍生飞机还是推出和生产新飞机的决定,都可能受到以下因素的强烈影响:先发优势的渴望、飞机捆绑销售的预期收益④以及需求增长的预期超过当前预测。

6.2.2.3 进入 500 座级市场的途径:波音和空客

目前,波音和空客在研发超高载客量商用飞机方面采取了截然不同的方法。空客正专注于研发一种全新的飞机,而波音则专注于研发

---

① 切割包括使用市场之间的大量点对点航线。

② Aerospace and airline industry representatives, interviews by USITC staff, London, Mar. 30 and May 22, and Paris, Apr. 2, 1998.

③ 这被称为先发优势,经济结构包括有限的潜在进入者;通过学习提高生产率;市场首个进入者获得规模经济,具有成本或市场份额优势。

④ "捆绑"是指将几款不同型号的飞机组合在一份合同中,也称为"一揽子交易"。

现有波音 747 飞机的衍生型①。波音公司正在考虑研发一款 416 个座位、航程 8 800 海里的波音 747 - 400 机型,以及另外一款 500 个座位、航程 8 600 海里的加长型②。波音已经生产了波音 747 - 400"国内型号",即一种特殊的、高密度的、限定航程的波音 747 - 400 衍生机型,有 568 个座位,已有数家日本航空公司订购③。

目前,空客还没有一款载客量超过 378 座的机型,这一座级市场仅由波音 747 供应。在没有现有机型可供改进的情况下,空客已经开始研发一种全新的设计,以满足 500 座以上飞机市场的需求。这两款飞机分别被命名为 A3XX - 200 和 A3XX - 300,典型的三舱布局④预计可容纳 555～656 名乘客。这款飞机的高密度布局最多可容纳 1 000 人,预计航程为 7 650～8 750 海里⑤。开展这款超大载客量飞机设计的同时,空客很可能并行设计一款较小的衍生机型,以能够与波音 747 的加长机型波音 757 竞争⑥。缺乏大载客量的客机使空客目前在向航空公司提出一揽子交易时处于不利地位。尽管在研发成本、最终产品的价格和规格方面存在不确定性,但业内人士表示,空客必须在大型民用飞机市场拥有一款高端新飞机,以扩展其产品系列⑦。

6.2.2.4　对大型民用飞机产业的影响

对大型民用飞机的生产商、供应商和航空公司来说,500 座级细分

---

① 对全新飞机的最低要求可能会使新产品的价格高于波音公司预计市场愿意为这种飞机类型支付的价格。

② Polly Lane, "Boeing Studies Stretching Its 747 Jetliner," *The Seattle Times*, June 2, 1998, found at Internet address http://www. newsedge, retrieved June 3, 1998.

③ Jackson, ed., *Jane's All the World's Aircraft*, 1997 - 1998, p. 597.

④ 典型三舱布局包括头等舱、商务舱和经济舱。

⑤ Jackson, ed., *Jane's All the World's Aircraft*, 1997 - 1998, p. 184.

⑥ 制造商选择这款飞机的规格(航程和容量)取决于两个抵消因素。规格与竞争对手的飞机越相似,每次销售的利润潜力越小,因为购买者有类似的选择。然而,规格与成熟市场中高端的其他飞机的规格差异越大,每次销售的利润潜力越高,但需求基数越小。

⑦ European airline official, interview by USITC staff, London, May 31, 1998.

市场的最终结果可能会产生重大的长期影响。500 座级飞机市场的最终竞争情况将取决于该座级飞机的最终制造商数量，也就是说，可能存在两个制造商，也可能只有一个制造商，或是两个制造商之间开展合作①。总的来说，无论哪种情形，对供应商和航空公司的影响都是相似的。

两个 500 座级飞机项目/制造商对供应商和航空公司客户的影响通常是积极的。大型民用飞机供应商将有更多机会参与其中一个 500 座级的项目，航空公司也会从制造商之间的价格竞争中获益②。如果两个 500 座级飞机项目启动，则对大型民用飞机制造商的影响在很大程度上取决于最终市场规模以及先发优势。如果这个细分市场的总需求实际上大到足以容纳两个制造商，那么即使每一家制造商获益都较少，也比市场规模不够大的情况要好。然而，从长远来看，鉴于预期需求和目前的生产技术水平相对较低，出现两个制造商的局面似乎不太可能③。

如果最终只有一个 500 座级的飞机项目进入市场，那么相比市场上有两个制造商的情况，供应商和航空公司通常都会处于更不利的地位。航空公司将面对单一卖家，因此只能获得更少的价格优惠、质量改进或设计修改。供应商将面对该项目零部件的单一买家，这使得制造商可以获得比有两个项目情况下更多的价格让步。在单一项目市场中，两个大型民用飞机制造商的相对影响显然取决于将产品推向市场的生产者的身份和最终研发的项目的可行性。此外，由于飞机的捆绑

---

① 波音和空客从 1994 年 6 月开始合作研发超高载客量飞机；然而，合作于 1995 年年中结束，在具体产品规范方面没有取得实质性进展。Jackson, ed., *Jane's All the World's Aircraft*, 1996‐1997, p. 164。

② 对航空公司来说，一个抵消效应是如果两个供应商减少与这些飞机生产相关的规模经济，那么每生产一架飞机的生产成本就会更高。然而，只有将与一个制造商相关的成本节省转嫁给航空公司时，航空公司才会在两个制造商的情况下处于不利地位——业内认为这种可能性不大。

③ European aerospace and airline industry representatives, interviews by USITC staff, London and Paris, Mar. 30, Apr. 2, and May 22, 1998.

销售在飞机制造商之间是常见的做法，机队的共通性已被确定为机队扩张决策的一个因素，因此 500 座级飞机的唯一制造商将使其在全球主要航空公司的总销售方面具有优势。

如果大型民用飞机制造商之间的联合研发和生产协议导致了单一供应商的结果，那么对于任何一个大型民用飞机制造商来说都没有明显的优势或劣势。制造商的相对影响将主要取决于联合协议的组织方式。航空公司和供应商将再次面临 500 座级飞机的单一来源，这使它们相对于大型民用飞机制造商而言处于不利地位。

6.3　影响全球大型民用飞机市场的外部因素

外部因素①，比如管理国际交通的新双边协议和空中交通管制系统的发展②，也可能对大型民用飞机市场产生重大影响。目前正在就新的双边开放天空协议进行谈判以增加航空公司选择和扩大国际航线服务的自由度，并预期通过最终采用自由飞行的方式使空中交通管制系统增加空中交通流量的处理能力。随着这些变革的实施，它们将影响航空公司的飞行频率和航线，帮助商业航空公司确定他们将运营的飞机的数量和类型。

6.3.1　开放天空

开放天空（Open Skies）双边航空服务协议允许一国的航空公司随时飞往另一国的任何城市，延长飞往第三国（也被称为"中间点权"）的

---

①　大型民用飞机市场的外部因素不是由飞机市场直接驱动的因素，而是监管实践和由航空运输业的政府和官方机构制定的政策。

②　空中交通管制系统用于调节可以在特定空域安全运行的飞机数量。

航班,并通过代码共享协议推销他们的服务①。然而,一般来说,完全自由化的开放天空协议的公认定义不包括国内航线运输②,也不包含外国拥有和控制美国承运商的条款。美国交通部(Department of Transportation,DOT)定义的完全开放的开放天空协议包括:

(1)对两国指定的航空公司数量不设限制。

(2)所有航线的载客量和频次不受限制。

(3)不受限制的航线和交通权利,包括不受中间和超越点的限制。

(4)定价的灵活性。

(5)自由包机安排。

(6)快速、不受限制的转换收入和硬通货汇款。

(7)开放代码共享的机会。

(8)自行处理规定(承运人为支持其运营而履行和控制其机场功能的权利)。

(9)航空公司自由开展与其飞行业务有关的商业交易的能力。

(10)对计算机预订系统非歧视性操作和访问的明确承诺。

(11)以第七航权③换取定期和包机全货运服务的选择权④。

6.3.1.1 潜在收益

1)政府视角

美国政府希望上述开放天空协议能够增加竞争、降低票价和运费,

---

① 代码共享协议是航空公司之间的联盟,航空公司共享预订计算机代码,协调航班时刻表,并允许通过任一承运人单次付款以连接航班,以促进更快、更有效地将乘客转移到最终目的地。

② 国内航空运输是在同一国家的任意两点之间运送乘客。因此,开放天空协议不允许外国承运人在合作伙伴国家内点对点运送乘客。

③ 第七航权是指一国的航空公司有权在不返回本国的情况下,在两个其他国家之间进行交通运输活动。

④ Office of the Assistant Secretary for Aviation and International Affairs, "Elements of Open Skies," found at Internet address http://www. ostpxweb. dot. gov/aviation/IntAv/OpenSky. htm, retrieved Sept. 22,1997.

并促进签署国的贸易和旅游业①。这些协议将增加进入国际市场的机会，并创造更多与航空产业相关的就业机会。例如，根据美国运输部的数据，与加拿大的跨国界协议②使美国和加拿大的经济总量增加了 20 亿美元，到 2000 年将使经济活动增加 150 亿美元③。同样，针对美国和日本之间签署开放天空协议的影响的研究表明，签署中间点权协议将有助于美国进入亚洲其他市场，交通量的增加有助于提升经济活动和美国的就业机会④。然而，这些研究没有考虑到日本机场的容量限制，也没有考虑到最终在美国和日本之间达成不完全开放天空协议的可能性。

2）航空公司视角

一项全面的开放天空协议允许航空公司在不受政府限制的情况下，在单一航线上使用最具成本效益的飞机，允许航空公司提供与市场需求相适应的服务水平⑤。因此，航空公司预计此前受限的市场对大型民用飞机的需求将会增加。然而，开放天空的好处可能在以下市场不太明显：有相当大容量限制的市场、已建立自由准入的市场以及少数占主导地位的航空公司可能阻止竞争对手从而获得足够的起降时段的

---

① U. S. Department of Transportation（DOT）representative，telephone interview by USITC staff，Jan. 15，1998.

② 1995 年 2 月，美国与加拿大签署了开放跨境协议，并未赋予美国承运人中间点权。

③ Federal Aviation Administration（FAA），*21st Annual FAA Commercial Aviation Forecast Conference：Proceedings*，FAA-APO 96 - 3，（Washington，DC：Office of Aviation Policy and Plans，1996），p. 20.

④ ACCESS U. S. -Japan，The Impact of Increased Passenger Flights to Japan on U. S. Employment，found at http：//www. accessusjapan. org，retrieved Dec. 18，1997. 美日市场每年客运量为 1 100 万人，收入超过 100 亿美元。美国航空公司占客运量的三分之二。Paul Stephen Dempsey，"Flying into Trade Headwinds，Northwest has Agenda in Pushing for Open Skies，" http：//www. newsedge，retrieved Nov. 28，1997。

⑤ Kang Siew Li，"Northwest to Make Comeback，" http：//www. newsedge，retrieved June 26，1997.

市场^①。

现有的开放天空协议允许航空公司使用任何尺寸的机型,不受限制地往返于签署国。航空公司最终将使用最适合航线的机型,因此很难预测哪种尺寸的机型会受到最大影响。那些重视中间点权而不是增加国家准入机会的航空公司可能寻求在某些国家建立分布网络^②,利用小型飞机将乘客运送到第三国。例如,美国航空公司每年在日本和其他亚洲市场之间运送大约 140 万名乘客^③。因此,与日本签署第五航权^④是美国航空公司在亚洲市场竞争的一个重要因素。在现有交通网络中纳入第五航权将有助于美国航空公司建立一个亚洲开放天空网络。

竞争可能受到能力限制,而航空公司联盟的日益普及表明,由于航空公司通过其外国合作伙伴向新目的地提供服务而不是自己开辟新服务,因此代码共享权可能会削弱中间点权的重要性^⑤。在竞争加剧的情况下,运营成本可能成为选择飞机更重要的因素,这可能刺激对运营成本较低的大型民用飞机的需求^⑥。

3)乘客视角

开放天空协议鼓励新增航线并允许增加航班频次,选择国际航空

---

① Compiled from responses to USITC airline questionnaire,Feb. 1998.

② 这些网络与枢纽不同,因为航班必须从美国出发。建立国外枢纽的权利是第七航权,并不属于标准的开放天空协议。

③ J. A. Donoghue,"Getting a Grip on the Gripes," Air Transport World,Feb. 1996,p. 51.

④ 航空运输的第五航权是 1944 年芝加哥公约的产物,包括下列权利:飞越他国上空;在他国降落,但不载客或落客;在承运人所在国乘机的旅客在他国下机;将他国旅客运送到承运人所在国;将旅客从一个非承运人国家运送到另一个国家。政府可以选择批准或拒绝任何这些自由,从而部分或完全限制航空公司进入其领空。在开放天空协议中,超越权指的就是第五航权。第六航权不是最初公约的正式组成部分,它是承运人通过自己领土上的机场在其他两个国家之间进行运输的权利。在两国之间提供独立服务的第七航权也不是原始公约的正式组成部分。

⑤ Compiled from responses to USITC airline questionnaire,Feb. 1998.

⑥ 同上。

出行的旅客将享受更多的便利（例如更多的直航），并可能因特定航线上的竞争加剧而享受更低的票价。例如，因为美国和加拿大于1995年2月签署了跨境协议①，美国客运量增加了28%，另有17个美国城市新开通了直达定期航班或包机服务，从1995年2月到1997年2月，全球前50大市场的票价以年均22%的速度下降②。

6.3.1.2　全球执行情况

美国最近为实现全球航空服务自由化的努力已经促成与许多国家达成协议。1992年3月31日，美国交通部长宣布与欧洲达成开放天空协议并与12个欧洲国家签署协议，这为后续一系列协议的签署打响了第一枪③。1996年，美国发起了"美国-亚洲开放天空协议"（U. S. - Asian Open Skies Initiative），并最终促成了与包括新加坡、文莱、马来西亚和新西兰等在内的几个亚太国家的协议。1996—1997年，6个拉丁美洲国家及阿鲁巴与美国签署了协议。到目前为止，美国已经签署了32个全面的开放天空协议和几个部分航空服务协议。

1997年6月，美国提议与其他国家进行一系列谈判，以在国际航空服务领域建立一个开放的全球市场。目前，美国正在与英国和意大利进行谈判，最近还与日本、韩国和法国达成了协议。这些协议实现了空中交通自由化，但不是完全的开放天空协议④。例如，只有三家美国现有航空公司（西北航空、联合航空和联邦快递）可以在美国任何城市和

---

①　跨境协议不赋予中间点权。

②　Statement of Theodore E. Mathison, Executive Director, Maryland Aviation Administration, Airports Council International, testimony before the U. S. House Aviation Subcommittee of the Transportation and Infrastructure Committee, July 31, 1997.

③　Angela Edwards, "Foreign Investment in the U. S. Airline Industry: Friend or Foe?" Emory International Law Review, Vol. 9, Fall 1995, No. 2, found at Internet address http://www. law. emory. edu/EILR/volumes/fall95/edwards. html, retrieved July 15, 1997.

④　根据上述美国国防部标准。

日本任何城市之间飞行,全日空航空公司和日本航空公司在美国也享受同等待遇。

美国与英国的谈判仍在美国航空公司与英国航空公司潜在的联盟问题上陷入僵局。美国政府将"开放天空协议"作为批准结盟的前提条件,而欧盟委员会警告称,联盟将使两家航空公司掌握英国市场60%的定期航班客运量①。英国航空公司目前在伦敦希思罗国际机场拥有大量的起降机位,以限制美国和其他航空公司的竞争。美国和英国在英国航空公司应该转让的机位数量方面仍存在分歧。

6.3.2 自由飞行

自由飞行是一种空中交通管理(air traffic management,ATM)概念,它允许飞行员在特定情况下实时选择飞行路径和飞机速度,并根据天气模式和飞机运行特点制订最高效、最经济的飞行计划②。交通流量的增加使目前的空中交通管制(air traffic control,ATC)系统变得超载,而且美国国家空域系统(National Airspace System,NAS)在一些市场上接近容量饱和③,航线变得迂回,导致严重延误。在自由飞行的情况下,飞行员可以在全球定位系统④(Global Positioning System,GPS)增强监视系统的帮助下,避开拥堵的航线,选择更多的直飞航班⑤。空中交通管理人员实施限制仅仅是为了确保飞机隔离、防止飞机

---

① Neil Buckley, "BA Accuses Brussels of Sloppiness," http://www. newsedge, retrieved Sept 6,1997.

② 目前,FAA 在航空公司指定的始发地和目的地之间分配一条航线。

③ FAA 预测 1996—2015 年,美国国内客运量每年将增长 3. 9%。FAA, *7th Annual FAA General Aviation Forecast Conference*, FAA-APO-97-3,(Washington, DC: Office of Aviation Policy and Plans,1997),p. 69。

④ GPS 使用一组卫星和无线电信号来确定配备 GPS 的飞机的位置、速度和高度。

⑤ GPS 可以精确定位飞机,并且飞机能够自动(通过数据链)将其位置广播到其他飞机和 ATM 中心。ATM 中心负责利用计算机监控可能的飞行路径冲突。

超过机场容量、防止飞机未经授权使用特殊用途空域[①]，并确保飞行安全。对大型民用飞机需求的影响将取决于自由飞行在多大程度上有助于扩大空中交通系统的容量，以及实施自由飞行的地区的数量。自由飞行也可能对不同类型飞机的需求产生影响。如果 ATM 系统更高效地鼓励短途直航，则航空公司可能会需求更多的小型飞机，以增加飞行频次。

6.3.2.1 潜在收益

1）政府视角

美国政府的目标是提高国家空域系统（NAS）的安全性和效率[②]，在自由飞行概念下实施的空中交通管制现代化计划将是实现这些目标的手段。自动化和更精确的定位旨在减少人为失误。例如，提高 GPS 系统地面站精度的局部区域增强系统将提升系统的安全性，即使在能见度有限的恶劣天气下也能确保精确进近机场[③]。

2）航空公司视角

自由飞行可以让航空公司以最有效率的方式运营飞机——以最优的速度、高度和航线——而不是沿着严格规定的航线飞行，这可能会给航空公司带来可观的成本节约[④]。由此节省的运营成本主要体现为燃油成本和与飞行时长相关的其他成本的降低[⑤]，但除此以外，减轻拥堵和流量限制会增加航空公司的运营能力，满足不断增长的需求，并将与开放天空协议共同作用，扩展空中交通。

---

① 特殊用途空域是指定义尺寸的空域，其中活动因其性质而必须受到限制，或对不属于这些活动的飞机运行施加限制，或两者兼而有之。14 CFR 73.3。

② *Final Report to President Clinton*，White House Commission on Aviation Safety and Security，Feb. 12，1997.

③ FAA representative，telephone interview by USITC staff，Mar. 26，1998.

④ "FAA and Aviation Community to Implement Free Flight，" FAA Press Release，Mar. 15，1996.

⑤ Compiled from responses to USITC airline questionnaire，Feb. 1998.

然而,航空产业仍然不确定在不久的将来国家空域系统(NAS)现代化改造的资金是否可用,以及航空公司适应改造和再培训的成本是多少。航空公司预计改进费用将会很高,而且预计资金授权方面的立法可能会延迟,这些都将导致工作时间表很难预计①。如果没有一个明确的时间表,则自由飞行给航空公司带来的收益可能会推迟②。

3) 乘客视角

对乘客的潜在好处主要是更加方便和安全。对于越来越多乘坐飞机旅行的乘客来说,一个明显的好处是国家空域系统有助于预防交通堵塞。自由飞行可以减少延误,缩短航班,提高安全性。此外,航空公司可以为乘客提供大量的直飞航班或到更便利机场的新服务。

6.3.2.2　全球执行情况

1994 年美国航空无线电技术委员会(Radio Technical Commission for Aeronautics,RTCA)③自由飞行特别工作组成立,这是一个由来自美国航空产业各个领域的大约 250 名专家组成的政府/行业联合机构,目的是针对美国的自由飞行开展研究并提出建议。与此同时,航空安全委员会呼吁自 2005 年起实施自由飞行。为了响应该呼吁,美国联邦航空局发起了"2000 航班"计划④,重新组织机载和空中交通管制程序,为阿拉斯加和夏威夷的大约 2 000 架飞机和空中交通设施配备必要的航空电子设备,由联邦航空局提供电子设备并补偿安装成本⑤。该项目将确定自由飞行技术的名义效益,并揭示从目前的空中交通管制(ATC)系统过渡到自由飞行空中交通管理(ATM)系统所涉及的一些

---

① Compiled from responses to USITC airline questionnaire,Feb. 1998.

② 同上。

③ 前身为航空无线电技术委员会,自成立以来非正式地称为航空需求及技术概念委员会。

④ 该项目预估成本为 3.5 亿～4.5 亿美元。David W. Robb and Bill Carey,"Flight 2000 and Beyond,"*Avionics Magazine*,June 1997,p. 22。

⑤ Robb and Carey,p. 20。

问题。

欧盟委员会正在欧洲开展类似"2000 航班"的项目。然而，美国和欧洲的项目有一些不同。例如，FAA 倾向于采用更高级的协议，与欧盟使用的国际民用航空组织（International Civil Aviation Organization）①的航空电信网络信息②格式标准不兼容③。如果欧洲和美国采用不同的系统，则航空公司的运营成本可能会大幅上升，飞行员和空中交通管理（ATM）系统出错的可能性也会增加。

6.4　对美国大型民用飞机产业竞争力的影响

6.4.1　100 座级项目

新的 100 座级飞机项目有可能增加全球大型民用飞机需求，为航空公司提供更经济的方式来应对此前未开发的市场。由于波音公司是目前唯一一家生产 100 座级飞机的大型民用飞机制造商，因此这款飞机的航空客运市场的发展可能会对波音公司和美国航空产业带来巨大的好处。然而，这是以飞机以相对较低的单价销售为前提的，这也是飞机在全球市场取得成功的必要条件。一款新的、价格有竞争力的 100 座级飞机可能会在成本较低的基础上推动一批航空公司进入该市场。这也可以使主要航空公司通过使用专门为 100 座级市场设计的飞机来

---

① 国际民用航空组织充当了一个论坛的角色，全球航空产业通过该论坛采用消息格式标准。J. A. Donoghue, "Diverging Courses," *Air Transport World*, Mar. 1997, p. 65。

② 航空电信网络旨在促进飞机与地面航空公司和空中交通管制系统之间的通信。"Report of the Federal Internetworking Requirements Panel," The Energy Sciences Network, found at Internet address http://www2. es. net/pub/nist/firp/firp-report. txt, retrieved Jan. 18, 1997。

③ J. A. Donoghue, Diverging Courses, p. 65。

应对低成本航空公司日益增加的竞争压力。这些更具成本竞争力的飞机将用于服务新市场、增加航班频率，并取代旧飞机。

尽管波音和空客推出新的 100 座级飞机代表着产品线的扩张，这会使大型民用飞机制造商面对更多的竞争对手，这仍不太可能给波音和空客产品线上的其他产品带来竞争压力。相反，100 座级飞机市场的竞争可能会给新进入者和支线飞机制造商——而不是老牌民用飞机制造商——带来相对更大的压力。分析表明，100 座级飞机项目在大型民用飞机产业占据了一个单独定位的市场。

大型民用飞机和支线飞机制造商之间的直接竞争加剧，有可能会使行业更加合理，并导致较弱的制造商被淘汰。然而，政府意识到飞机制造的战略意义后，这种直接竞争有可能促使更多的外国政府参与到飞机市场中。

6.4.2 500 座级项目

由于波音可以研发一款低成本的衍生机型，在低端市场与空客生产的新型超高载客量飞机竞争，因此波音在 400 座级以上市场的主导地位在短期到中期不太可能受到威胁。不过，因为目前空客没有一款机型拥有超过 378 个座位，所以其投资开发座级数大于当前波音 747 机型的制造商将获得进入这一潜在市场的先发优势，并与由波音主导的高端市场展开竞争。然而，超高载客量飞机项目的发展对美国大型民用飞机产业的最终影响程度还不确定。拥挤、高流量航线的数量较少以及预计超过 2 亿美元①的售价，都可能导致 500 座级的超高载客量

---

① 最初估计售价为 2 亿美元（以 1996 年美元估计）。Anne Swardson，Airbus：No. 2 and Flying Higher，Washington Post Foreign Service，Nov. 26，1996，p. D-1，found at Internet address http://www. washingtonpost. com/wp-srv/inatl/daily/dec/02/airbus/airbus. htm.

飞机市场规模相当小。对美国和外国大型民用飞机制造商和供应商的影响将取决于市场的最终规模以及每个制造商投放到该市场的飞机特点①。

6.4.3 外部因素

虽然最近影响大型民用飞机市场外部因素的变化也会通过影响特定机型的市场规模来影响大型民用飞机制造商的竞争力,但这些外部因素对波音和空客的影响基本相同。制造商的相对竞争力将取决于它能在多大程度上识别并应对这些会影响航空公司运营的结构性变化。例如,空中交通管制系统的进步可以使航空公司通过暂时提高机场流量来分散服务;这可能会缓解对超高载客量客机的迫切需求,但会增加对100座级飞机的过渡需求。然而,从长远来看,如果基础设施仍然受到限制,那么对500座级飞机的需求将会继续增长。

---

① 一种可能的情形是一个或两个制造商都最终决定不将具有这些特性的飞机推向市场。

第 7 章
主要研究成果

7.1　美国和西欧大型民用飞机产业结构的变化

目前全球大型民用飞机制造业的竞争环境是由波音和麦道合并创造的双头垄断以及波音和空客的重大重组所形成的。在这个过渡阶段，两家公司都有机会通过提高生产效率和巩固运营来降低成本，获得或保持市场份额，打造市场竞争优势。

两家公司在完成重组之前都必须克服重大障碍。尽管波音收购了规模极大的国防部门业务以及前竞争对手的专业知识和能力，以缓和大型民用飞机产业的周期性，但波音仍难以将两家公司的企业政策和文化融合并整合运营。此外，在合并时出现的生产线问题，已导致波音在过去一年中出现了相当大的财务亏损。公司可能还必须应对由于更大、更多样化的企业结构所导致的响应速度变慢和灵活性降低的问题。

与此同时，空客正试图合理化其企业结构，以实现更高的运营效率和响应能力。它正努力创建一个单一的公司实体，若能实现，可能会使得公司运营更精简和成本意识更强。为了实现最佳运营水平的目标，空客需要解除影响运营灵活性的内部限制，如外包和融资选择方面的限制，并解决根深蒂固的合作伙伴分歧。空客对未来市场需求和周期性波动的反应，可能最能体现该公司作为由市场驱动、有凝聚力实体的最终能力。

随着大型民用飞机市场日益关注单位成本和运营成本,波音和空客之间的价格竞争加剧。因此,技术创新一直着重于改善飞机制造流程,以降低飞机制造商的内部生产成本。此外,由于仅存的两家主要大型民用飞机制造商致力于将更多的设计和融资责任转移到供应链的更下游,因此整个大型民用飞机供应链正在通过几种策略来降低成本,其中包括与主要零部件制造商开展风险共担项目。

7.2　来自俄罗斯和亚洲制造商的潜在竞争

与西方大型民用飞机制造商相比,俄罗斯和亚洲制造商缺乏资本、核心技术、高效的企业结构和全球支持网络等关键竞争因素,这阻碍了它们成为全球大型民用飞机制造商。为了提高竞争力,俄罗斯的机身设计和制造业需要西方的发动机和航空电子设备等零部件,而亚洲企业缺乏支持自主飞机项目所需的综合技能,所以需要额外的分包合同和与西方制造商在大型民用飞机项目上的共同合作。与西方大型民用飞机制造商和供应商合作可以为俄罗斯和亚洲航空产业提供培训、经验和技术转移,这可能会加强它们的能力,并使一些国家能够获得长期竞争力。

俄罗斯大型民用飞机制造商不太可能在未来 10 年内获得全球市场份额,所以在此期间对美国的大型民用飞机产业几乎构不成任何挑战。尽管俄罗斯航空产业拥有优秀的设计师和工程师,几十年来一直在为国内市场和卫星市场设计和制造民用飞机,但无数问题困扰着其航空产业。最主要的障碍是缺乏资金,其次是松散的企业结构以及俄罗斯政府对这些问题缺乏集中和全面的解决办法。

西方大型民用飞机制造商和零部件供应商正在与俄罗斯公司进行

各种类型的项目合作。这些合作将使西方大型民用飞机制造商和零部件供应商从俄罗斯的设计工程、研究和制造能力中受益，并增加进入这一被认为是全球剩余未开发的市场之一的机会。这种市场准入战略是否成功可能会受到俄罗斯国内关于西方大型民用飞机制造商的市场准入程度的争论的影响。

尽管亚洲国家正在追求商用飞机产业的先进技术和能力，但在未来 15～20 年里，亚洲航空实体不太可能对现有的大型民用飞机制造商构成重大直接竞争。然而，一些亚洲制造商在联合研发项目中扮演供应商或分包商的角色，美国大型民用飞机产业供应商的竞争地位可能会受到不利影响。

由于缺乏基本的技术和管理能力以及缺乏现代化的制造基础设施，中国制造大型民用飞机的愿望受到了抑制。然而，中国飞机市场的潜在规模，让中国航空产业拥有了双重竞争优势。首先，强劲的预期需求和政府在飞机采购方面的持续影响力为未来中国制造的大型民用飞机创造了一个巨大的潜在市场。其次，西方制造商的市场准入兴趣有助于促进分包、风险分担、共同设计和联合研发项目，这为技术转移、加强培训和提升与飞机相关的制造经验提供了机会。如前所述，此类合作对美国大型民用飞机产业的好处是市场准入、风险分担和获得具有成本竞争力的供应商。

由于最近的亚洲金融危机，韩国和印度尼西亚的航空业的资金来源受到限制。韩国拥有技术和转包经验，但一直未能与外国合作伙伴就其支线飞机研发计划达成协议。印度尼西亚历来享有政府的大力支持，但缺乏对西方适航标准的普遍认可，也缺乏成熟的零部件和原材料供应商基地。此外，短期内政府继续提供资金或私人资本注入的可能性似乎非常小。

新加坡和日本是大型民用飞机产业的其他亚洲参与者。在大型民用飞机制造方面,他们都受到相对较小的地理空间和不同的制造能力的限制。因此,除了在飞机项目中承担分包商或风险共担的角色之外,他们不太可能有其他作为。

7.3 新的市场细分和外部市场因素

尽管对美国竞争力的最终影响将取决于每款产品满足航空公司需求的程度、全球市场的规模、项目赢利能力以及任何先发优势,但在新的 100 座级和 500 座级飞机项目中波音似乎仍有可能保持竞争优势。新的空中交通发展,包括开放天空双边协议和自由飞行,可能通过改变对不同类型飞机的需求间接影响大型民用飞机需求,但不太可能对波音或空客产生不同的影响。相对竞争力将取决于每个制造商能够在多大程度上应对适用于所有国家的市场变化。

在 100 座级飞机市场上,波音将通过从麦道收购的波音 717 - 200 飞机项目获得先发优势。不过,空客很可能会以现有机型的缩短版进入这个细分市场。由于波音目前最接近交付专为 100 座级市场设计的飞机,因此这一客运市场的任何进一步发展都可能对波音公司和美国航空产业有利。波音和空客进入 100 座级市场也将加剧这一产品利基市场的竞争。这将给支线飞机制造商带来相对更大的压力,并使得有抱负的制造商更难成功,相对而言,大型民用飞机制造商因拥有巨大的资源和广泛的产品系列等竞争优势而受到的影响较小。

由于波音可以研发一款低成本的衍生机型,在超高载客量市场的低端竞争,因此波音 400 座级以上市场的主导地位不太可能在短期到中期受到空客的威胁。然而,为了在大型民用飞机市场的各个领域竞争,从而增加其整个产品系列的吸引力,空客已经表示需要研发更大的飞机。A3XX 计划是否能成功将取决于空客是否有能力在具有竞争力的运营成本参数范围内提供更大的载客量和更长的航程，从而将其产品与波音机型区分开来。如果波音或空客最终制造出一款超高载客量飞机，那么对美国和外国大型民用飞机供应商的影响将取决于市场的最终规模和所生产飞机的特性。

　　开放天空双边协定和通过实行自由飞行实现的空中交通管制系统现代化将改变航空公司机队的运营方式，从而间接影响新飞机市场。开放天空协议可能会增加交通流量，这将对飞机和零部件的需求产生积极的影响。自由飞行可能会推迟或缓解运力限制。反过来，这将有助于确定航空公司的飞机组合，或许会导致短期内对更大载客量飞机需求量预测的下降。任何大型民用飞机制造商预测和响应此类需求变化的能力将决定其竞争优势。

附录 A[①]　请求函

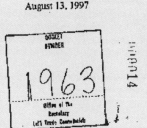

COMMITTEE ON WAYS AND MEANS

U.S. HOUSE OF REPRESENTATIVES
WASHINGTON, DC 20515-6348

August 13, 1997

The Honorable Marcia E. Miller
Chairman
U.S. International Trade Commission
500 E Street, S.W.
Washington, D.C. 20436

Dear Chairman Miller:

The Committee on Ways and Means is interested in obtaining current information on the global competitiveness of the U.S. large civil aircraft industry. The Committee is seeking a report similar in scope to the report submitted to the Senate Committee on Finance by the U.S. International Trade Commission in August 1993. That report was initiated under section 332(g) of the Tariff Act of 1930 (USITC Inv. No. 332-332, *Global Competitiveness of U.S. Advanced-Technology Manufacturing Industries: Large Civil Aircraft*, Publication 2667).

Since the study was completed, there have been many important developments in the global large civil aircraft industry. In order to better assess the current market conditions confronting the U.S. industry, I request that the U.S. International Trade Commission conduct an investigation under section 332(G) of the Tariff Act of 1930 [19 U.S.C. 1132 (g)] and provide a report setting forth the results of the investigation.

The report should include:

- changes in the structure of the global large civil aircraft industry, including the Boeing-McDonnell Douglas merger, the restructuring of Airbus Industrie, the emergence of Russian producers, and the possibility of Asian parts suppliers forming consortia to manufacture complete airframes;

- developments in the global market for aircraft, including the emergence of regional jet aircraft and proposed jumbo jets, and issues involving "open skies" and "free flight";

A-3

---

① 译者注：附录 A 为请求函原件的复印页，意在展示原件，不作翻译。

- implementation and status of the 1992 U.S.-EU Large Civil Aircraft Agreement; and

- other significant developments that affect the competitiveness of the U.S. large civil aircraft industry.

The report should focus on the period 1992-96, and to the extent possible, 1997.

The Committee requests that the Commission transmit its report to Congress no later than fifteen months following the receipt of this request. It is the Committee's intent to make the Commission's report available to the public in its entirety. Therefore, the report should not contain any confidential business information.

Thank you for your attention to this request. With best personal regards,

Sincerely,

Bill Archer
Chairman

cc: The Honorable Philip M. Crane
The Honorable Charles B. Rangel
The Honorable Robert T. Matsui

附录 B① 联邦注册公告

51486 Federal Register / Vol. 52, No. 190 / Wednesday, October 1, 1997 / Notices

Application and Permit, authorized by the regulations at 43 CFR parts 3620 and 3610. The form contains information that BLM uses to determine whether or not the timber, plant or mineral material applied for qualifies for free use and whether or not disposal is consistent with land-use plans and to ensure that the appropriate BLM administrative office is issuing the permit.

Bureau Form Number: 5510–1.

Frequency: On occasion, as applied for.

Description of Respondents: Respondents are generally individuals who are procuring timber, other vegetive or mineral materials for personal or construction use.

Estimated Completion Time: 30 minutes (0.5 hour) per response.

Annual responses: 430.

Annual Burden Hours: 215.

Bureau Collection Clearance Officer: Carole Smith, (202) 452–0367.

Dated: August 28, 1997.

Carole Smith,

Bureau of Land Management Information Clearance Officer.

[FR Doc. 97–25986 Filed 9–30–97; 8:45 am]

BILLING CODE 4310–84–M

DEPARTMENT OF THE INTERIOR

Bureau of Reclamation

Pima-Maricopa Irrigation Project Final Programmatic Environmental Impact Statement

AGENCY: Bureau of Reclamation, Interior.

ACTION: Notice of availability of the final programmatic environmental impact statement INT–FES 97–30, filed September 26, 1997.

SUMMARY: The Gila River Indian Community (Community) and the Bureau of Reclamation (Reclamation) have prepared a Final Programmatic Environmental Impact Statement (PEIS) on the Pima-Maricopa Irrigation Project (Project) in compliance with the National Environmental Policy Act of 1969, as amended, and other applicable environmental laws. The purpose of the final PEIS is to assist in decision making by the Commissioner of Reclamation regarding the approval of construction-related expenditures of funds authorized for the Central Arizona Project (CAP) to implement portions of the Project within the constraints of law. Any project that involves a major Federal action, such as Federal funding, permitting or approval, must comply with NEPA.

This final PEIS describes four alternatives for rehabilitation of 66,000 acres and new development of 80,330 acres of irrigated agricultural lands. The proposed action is to rehabilitate San Carlos Indian Irrigation Project (SCIP) facilities and build new facilities both on and off the Reservation. Ultimate project size would be 146,330 acres, which will enable the Gila River Indian Community to better utilize water supplies and provide additional economic employment opportunities. A No Federal Action alternative is also described.

The Community is the Project proponent and is responsible for the preparation of this final PEIS through a Self-Governance Agreement with Reclamation. Reclamation is responsible for disbursing CAP-related funds and functions as the lead Federal agency for the Project. The Bureau of Indian Affairs (BIA) is a cooperating agency in this process because of its trust responsibility and administration of SCIP.

ADDRESSES: Single copies of the final PEIS may be obtained on request. Requests for copies should be addressed to: Mr. Bruce D. Ellis (PXAO–1500), Bureau of Reclamation, PO Box 9980, Phoenix, AZ 85068. Copies may also be requested by telephone at (602) 395–5685.

Copies of the final PEIS are available for inspection at the address above and also at the following locations:

Office of the Commissioner, Bureau of Reclamation, Room 7B12, 849 C Street, NW, Washington DC 20240

Reclamation Service Center, Bureau of Reclamation, Library, Room 167, Building 67, Denver Federal Center, Denver CO 80225

Lower Colorado Region, Bureau of Reclamation, Library, Room 105, Mead Building, 3 Miles South on Buchanan Boulevard, Boulder City NV 89005.

Libraries

Arizona Department of Library Archives and Public Records, Phoenix AZ

Phoenix Public Library, Phoenix AZ

Chandler Public Library, Chandler AZ

Florence Public Library, Florence AZ

Coolidge Public Library, Coolidge AZ

Arizona Collection, Hayden Library, Arizona State University, Tempe AZ

University of Arizona, Main Library, Tucson AZ

Ms. Rebecca Burks, Government Document Service, Arizona State University, Tempe AZ.

FOR FURTHER INFORMATION CONTACT: Mr. Bruce D. Ellis (PXAO–1500), Bureau of Reclamation, PO Box 9980, Phoenix, AZ 85068; telephone: (602) 395–5685.

SUPPLEMENTARY INFORMATION: The recommended plan proposes construction of a common-use irrigation system to deliver water to 146,330 acres within the Gila River Indian Reservation (Reservation) and to rehabilitate SCIP Joint Works facilities. The recommended plan, known as the Project, represents a component of the Community's Master Plan for Land and Water Use (Fransoy Corey, 1996). The Master Plan identifies the Community's major goals and preferences for improving and developing Reservation land and water resources.

The Project would support the continued role of agriculture as a primary element of the Community's traditional economy and way of life. The Project would enhance economic growth, development and self-sufficiency of the Community. The Project has the potential to significantly improve the standard of living for Community members. No significant changes have been made to the recommended plan as presented in the draft PEIS (DEIS 96–46).

The final PEIS presents the recommended plan, alternatives, and the no Federal action alternative. The document describes the existing environment and analyzes, at a programmatic level, the environmental consequences of project construction. The final PEIS also includes responses to comments received during the 60-day public review and hearing process on the draft statement.

Dated: September 26, 1997.

V. LeGrand Neilson,

Assistant Regional Director.

[FR Doc. 97–25987 Filed 9–30–97; 8:45 am]

BILLING CODE 4310–94–P

INTERNATIONAL TRADE COMMISSION

(Investigation No. 332–384)

The Changing Structure of the Global Large Civil Aircraft Industry and Market: Implications for the Competitiveness of the U.S. Industry

AGENCY: United States International Trade Commission.

ACTION: Institution of investigation and scheduling of public hearing.

EFFECTIVE DATE: September 23, 1997.

SUMMARY: Following receipt of a request on August 18, 1997, from the House Committee on Ways and Means, the Commission instituted investigation No. 332–384, The Changing Structure of the Global Large Civil Aircraft Industry and Market: Implications for the Competitiveness of the U.S. Industry,

B–3

---

① 译者注：附录 B 为联邦注册公告的复印页，意在展示原件，不作翻译。

under section 332(g) of the Tariff Act of 1930 [19 U.S.C. 1332(g)].

FOR FURTHER INFORMATION CONTACT: Industry-specific information may be obtained from Mr. Peder Andersen (202–205–3388), Office of Industries, U.S. International Trade Commission, Washington, DC 20436. For information on the legal aspects of this investigation contact Mr. William Gearhart of the Office of the General Counsel (202–205–3091). The media should contact Ms. Margaret O'Laughlin, Office of External Relations (202–205–1819). Hearing impaired individuals are advised that information on this matter can be obtained by contacting the TDD terminal on (202) 205–1810.

Background

As requested by the House Committee on Ways and Means in a letter dated August 13, 1997, the Commission, pursuant to section 332(g) of the Tariff Act of 1930, has instituted an investigation and will prepare a report examining key developments pertinent to the competitiveness of the U.S. large civil aircraft industry, focusing on the period 1992–96, and to the extent possible, 1997. The Commission will address changes in the structure of the global large civil aircraft industry, including the Boeing-McDonnell Douglas merger and the restructuring of Airbus Industrie. The report will also examine the emergence of Russian producers of large civil aircraft and the potential for Asian parts suppliers to form consortia to manufacture airframes. In addition, the Commission will address the implementation and status of the 1992 U.S.-EU Large Civil Aircraft Agreement, developments in the global market for aircraft, including the emergence of markets for regional jet aircraft and jumbo jets, issues involving "open skies" agreements and "free flight" systems, as well as other developments affecting the competitiveness of the U.S. industry.

The report in this investigation will be similar in scope to the report prepared by the Commission in investigation No. 332–332, Global Competitiveness of U.S. Advanced-Technology Manufacturing Industries: Large Civil Aircraft, prepared at the request of the Senate Committee on Finance and transmitted to the Committee in August 1993. The report was published in August 1993 (USITC Publication 2667) and may be accessed through the USITC Internet server (http://www.usitc.gov or ftp://ftp.usitc.gov).

Public Hearing

A public hearing in connection with the investigation will be held at the U.S. International Trade Commission Building, 500 E Street SW, Washington, DC, beginning at 9:30 a.m. on March 17, 1998. All persons will have the right to appear, by counsel or in person, to present information and to be heard. Requests to appear at the public hearing should be filed with the Secretary, United States International Trade Commission, 500 E Street SW, Washington, DC 20436, no later than 5:15 p.m., March 3, 1998. Any prehearing briefs (original and 14 copies) should be filed not later than 5:15 p.m., March 3, 1998; the deadline for filing post-hearing briefs or statements is 5:15 p.m., March 31, 1998. In the event that, as of the close of business on March 3, 1998, no witnesses are scheduled to appear at the hearing, the hearing will be cancelled. Any person interested in attending the hearing as an observer or non-participant may call the Secretary of the Commission (202–205–1816) after March 3, 1998 to determine whether the hearing will be held.

Written Submissions

In lieu of or in addition to participating in the hearing, interested parties are invited to submit written statements concerning the matters to be addressed by the Commission in its report on this investigation. Commercial or financial information that a submitter desires the Commission to treat as confidential must be submitted on separate sheets of paper, each clearly marked "Confidential Business Information" at the top. All submissions requesting confidential treatment must conform with the requirements of section § 201.6 of the Commission's Rules of Practice and Procedure (19 CFR 201.6). All written submissions, except for confidential business information, will be made available in the Office of the Secretary of the Commission for inspection by interested parties. To be assured of consideration by the Commission, written statements relating to the Commission's report should be submitted to the Commission at the earliest practical date and should be received no later than the close of business on March 31, 1998. All submissions should be addressed to the Secretary, United States International Trade Commission, 500 E Street SW, Washington, DC 20436.

Persons with mobility impairments who will need special assistance in gaining access to the Commission should contact the Office of the Secretary at (202) 205–2000. General information concerning the Commission may also be obtained by accessing its Internet server (http://www.usitc.gov).

Issued: September 24, 1997.
By order of the Commission.
Donna R. Koehnke,
Secretary.
[FR Doc. 97–26021 Filed 9–30–97; 8:45 am]
BILLING CODE 7020–02–P

INTERNATIONAL TRADE COMMISSION

[Inv. No. 337–TA–383]

Certain Hardware Logic Emulation Systems and Components Thereof; Notice of Commission Determination Granting Complainant's Petition to Modify the Amount of Respondents' Temporary Relief Bond

AGENCY: U.S. International Trade Commission.

ACTION: Notice.

SUMMARY: Notice is hereby given that the Commission has determined to grant complainant's petition to modify respondents' temporary relief bond in the above-captioned investigation. Respondents' temporary relief bond for all entries made since issuance of temporary relief in this investigation remains at 43 percent of the entered value of the subject imported articles if entered value equals transaction value as defined in applicable U.S. Customs Service regulations. Respondents' temporary relief bond for all entries made since issuance of temporary relief in this investigation is increased to 180 percent of the entered value of the subject imported articles if entered value does not equal transaction value as defined in applicable U.S. Customs Service regulations.

FOR FURTHER INFORMATION CONTACT: Jay H. Reiziss, Esq., Office of the General Counsel, U.S. International Trade Commission, telephone 202–205–3116.

SUPPLEMENTARY INFORMATION: This investigation and temporary relief proceedings were instituted on March 8, 1996, based upon a complaint and motion for temporary relief filed on January 26, 1996, by Quickturn Design Systems, Inc. ("Quickturn"). 61 Fed. Reg. 9486 (March 8, 1996). The respondents are Mentor Graphics Corporation of Wilsonville, Oregon ("Mentor") and Meta Systems of Saclay, France ("Meta") (collectively "respondents"). The products at issue are hardware logic emulation systems that are used in the semiconductor manufacturing industry to test

附录 C^①　公开听证会议程

CALENDAR OF PUBLIC HEARINGS

Those listed below appeared as witnesses at the United States International Trade Commission's hearing:

Subject:　　　THE CHANGING STRUCTURE OF THE GLOBAL
　　　　　　LARGE CIVIL AIRCRAFT INDUSTRY AND MARKET:
　　　　　　IMPLICATIONS FOR THE COMPETITIVENESS OF
　　　　　　THE U.S. INDUSTRY

Inv. No.:　　332-384

Date and Time.　March 17, 1998 – 9:30 a.m.

Sessions were held in connection with the investigation in the Main Hearing Room 101, 500 E Street, S.W., Washington, D.C.

ORGANIZATION AND WITNESS

Panel 1

Aina Holdings, Incorporated, Herndon, Virginia

Ian Massey, Chief Financial Officer, Airbus Industrie

Jonathan Schofield, Chairman of the Board, Airbus Industrie
of North America

Panel 2

Rolls Royce North America, Incorporated, Arlington, Virginia

James Guyette, President and CEO, Rolls-Royce North
America, Incorporated

T. Charles Coltman, Director of Strategic Planning, Rolls-Royce plc

-MORE-

C- 3

---

①　译者注：附录 C 为公开听证会议程原件的复印页，意在展示原件，不作翻译。

ORGANIZATION AND WITNESS

Panel 3

The Boeing Company, Arlington, Virginia

> Stanley Ebner, Senior Vice President, Washington D.C. Operations

Panel 4

International Association of Machinists and Aerospace Workers,
Upper Marlboro, Maryland

> Robert Thayer, General Vice President

> Owen Hernnstadt, Director, International Department

-END-

C-4

附录 D　术语表

作动器(actuators)：一种将液压或电能转化为可控运动的装置。

飞机利用率(aircraft utilization rate)：飞机每天的平均飞行小时数。

机体(airframe)：飞机的组装结构件和空气动力学部件,用于支持不同系统和子系统的集成。

适航(airworthiness)：飞机适航合格审定包括贯穿飞机服务周期的检查和审批。飞机必须符合针对飞机类型和类别制定的设计和生产标准,其在生命周期内必须按照美国标准进行维护。

应用研究(applied research)：通常遵循基础研究,但可能与相关的基础研究不可分割;试图确定和利用科学发现或技术、材料、工艺、方法、设备或技术改进的潜力;试图推进最先进的技术。应用研究不包括以设计、研发或试验拟出售的特定物品或服务为主要目的的工作。

可用座公里(available seat kilometer, ASK)：一个座位飞行一公里。ASK 是衡量航空公司运力的标准。

可用座英里(available seat mile, ASM)：一个座位飞行一英里。ASM 是衡量航空公司运力的标准。

航空电子(avionics)：与飞行导航和控制相关的飞机仪器和系统。

基础研究(basic research)：直接增加科学知识的研究。基础研究的主要目的是对研究对象更加了解,而不是注重其实际应用。

中间点权（beyond rights）：也叫第五航权（fifth freedom rights）或延远权，指航空运营商可以将乘客从一个国家（非本国）运送到另一个国家（非本国）。

双边适航协议（bilateral airworthiness agreement，BAA）：美国与国外政府的双边协议规定互相认可适航合格审定职能。这些协议现在正在被双边航空安全协定所代替。

双边航空安全协定（bilateral aviation safety agreement，BASA）：为便于 FAA 在双边协议中纳入更多航空安全计划领域的需要，美国政府现已制定了一种新的双边协议格式，将美国政策和技术程序分开。BASA 正在取代现有的 BAA。除了满足美国的适航要求外，产品通常只能从与 FAA 签订了（BAA 或 BASA）并附有适航实施程序的国家进口。该国的适航当局必须为该产品签发出口证书。

国内航空运输（cabotage）：在同一国家的任意两点之间运输乘客。

财阀（Chaebol）：韩国大型工业集团。

数控机床（CNC machine）：计算机数值控制（computer numerical control，CNC）机器由一台专用计算机控制和运行，轴数代表机器可以执行的运动数量。增加轴数能够在单个设置中加工更加复杂的零件形状，并且能够降低出错的概率。制造商通过使用数控机床，可以更好地控制精度和质量，减少生产所需的空间、时间和设备。

代码共享协议（Code-sharing Arrangement）：一种航空公司之间的联盟。航空公司可以共享计算机订票代码，协调航班时刻，乘客可在任意一家运营商处通过一次付款购买中转航班。代码共享能够更快、更高效地将乘客运送到最终目的地。

通用性（commonality）：指大型民用飞机制造商的飞机采用相同的特征、零部件和系统，这可让航空公司尽可能运营同类型的机队。

复合材料（composites）：复合材料结合两种或多种不同的材料，以利用材料的特性,可以根据用户的需求进行定制。例如,金属基复合材料结合了金属的延展性和碳纤维的强度与刚度。

计算流体动力学(computational fluid dynamics,CFD):计算流体动力学是一种通过使用计算机求解一组数学方程来预测空气在飞行器周围流动时的空气动力学和流体动力学的工具。CFD 也称为"数值空气动力学模拟",用于飞机研发项目,以提高对亚声速流动物理学的理解,并作为飞机设计工具。CFD 最初由武器实验室开发,用于模拟核弹爆炸的现象。在 20 世纪 60 年代初期,CFD 主要应用于飞机结构分析。由于现有计算机的处理速度相对较低,从 20 世纪 50 年代到 20 世纪 80 年代初,飞机设计过程仍然在风洞中通过飞机模型进行验证。随着处理速度更快的计算机,尤其是超级计算机的出现,CFD 成为一种更可行的设计工具。

核心技术(core technology):核心技术是指作为某一行业生产的首要条件的工艺流程和实用知识。

交叉机组资格(cross crew qualification,CCQ):起源于空客。在两款机型具备类似的驾驶舱、操纵特点和程序时,飞行员无须接受全新的完整的机型型别训练课程,只需要完成"差异训练"。

衍生机型(derivative aircraft):衍生机型是基于制造商现有机型,对机身部段进行加长或缩短,或更换发动机/航电系统后推出的新机型。

研发(development):在设计、研发、试验或评估潜在的新产品或服务(或改进现有产品或服务)中以任何名称系统地使用科学和技术知识,以满足特定的性能要求或目标。研发包括设计工程、原型设计和工程试验等职能。研发不包括仅为现有产品开发额外来源而进行的分包技术工作,或用于制造或生产非销售用的材料、系统、工艺、方法、设备、工具和技术的研发工作。

尾翼（empennage）：安装在飞机尾部的起稳定和控制作用的装置。

金融工业集团（financial industrial group，FIG）：工业主导的金融工业集团结构松散，以一家工业企业为中心，包含多家相关企业，这些企业可能会，也可能不会参与单一产出的生产。集团通常还设有一个中央管理委员会。FIG 是一种过渡性组织，以帮助行业在资金、订单和政府支持萎缩的情况下进行重组。

先发优势（frist-mover advantage）：先发优势的特点是经济结构中潜在进入者数量有限，可通过学习提高生产力，或规模经济为市场中的先行者或进入者提供成本或市场份额优势。先行者进入市场的风险和成本包括典型的投资风险以及另类投资的机会成本。此外，先行者还面临其他潜在进入者可能做出反应的额外风险。也就是说，潜在的先入者面临着要么落后，要么与其他进入者同时进入市场的风险。在这些情况下产生的成本要么是损失，要么是由于不首先进入市场而导致的收益减少。

航班频率（flight frequency）：航空公司在给定时间段内为给定航线提供的航班数量。

五大航权（five freedoms）：五大航权是 1944 年签订的《芝加哥公约》的产物。权利包括领空飞越权、技术经停权、目的地下客权、目的地上客权、中间点权。在开放天空协议中，第五航权还被称为中间点权。

电传飞行控制系统（fly-by-wire control system）：电传操纵是指使用计算机驱动的电子伺服电机代替液压作动器，来移动飞机操纵面。该技术通过减少部分/所有液压飞控系统/波导管来降低飞机重量，并且可生成运行的电子记录。地面支持人员可在地面上或飞机飞行中访问这些记录。电传操纵的首次商业应用是在协和飞机上。

国外销售公司（foreign sales corporations，FSC）：美国国外销售公司项目允许美国企业部分出口收入可免征美国所得税。该豁免适用于按市值计算至少有 50％ 来自美国的出口收入。

自由飞行(free flight)：自由飞行是一种空中交通管理概念，允许飞行员在某些情况下，利用 GPS 技术和数据通信以及自动监控实时选择他们的飞行路径和飞机速度。

频率(frequency)：见"航班频率"。

机身(fuselage)：飞机的主体结构，呈圆柱形，包含驾驶舱、主舱和货舱。

全球支持网络(global support network)：一家飞机制造商在全球支持网络的战略地点建立供应站和支持人员，以便在任何地点提供快速、高效的客户支持。

全球定位系统(Global Positioning System, GPS)：全球定位系统通过使用一组卫星和无线电信号来确定配备 GPS 的飞机的位置、速度和高度。

枢纽(hub)：作为航空公司门户点的机场，连接其航线系统上"辐射"城市的航班。

型架(jigs)：精确建造的框架，用于调整飞机结构零件和铝蒙皮面板。一个型架可以长达一百英尺，比两层楼还要高。

大型民用飞机(large civil aircraft, LCA)：通常来说，大型民用飞机是指 100 座级以上的客机，或重量超过 3.3 万磅的货机。

启动客户(launch customer)：启动客户是首家签署一款新机型确认订单的航空公司。

交付周期(lead times)：产品从下订单至交付的时间。

航班载运率(load factor)：付费乘客占可用座英里(或公里)的百分比。

中型飞机(medium-sized aircraft)：亚洲国家用来表示 100 座级飞机的术语。

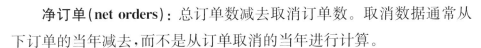

净订单(net orders)：总订单数减去取消订单数。取消数据通常从下订单的当年减去，而不是从订单取消的当年进行计算。

净现值(net present value, NPV)：净现值是以适当的资本成本折现后的所有现金流的总和。如果一个项目净现值为正，则该项目现金流产生的回报率高于要求的回报率。

抵销(offsets)："抵销"一词是指某些政府作为从外国购买防务或商用产品的条件所要求的让步。抵销有多种形式，包括联合生产、许可生产、分包商生产、海外投资／技术转移。

开放天空(Open Skies)：开放天空是指双边航空服务协议，航空公司可不受限制地进入签署国国内市场、加入代码共享联盟，以及将航班延长至第三方国家的权利（中间点权）。

第23部(Part 23)：FAA有关正常类、实用类、特技类和通勤类飞机适航标准的规定。

支线航空公司(regional airline)：支线航空公司是在中小型社区和国家枢纽机场之间提供服务的短途定期运营商。支线航线主要由19～70座的涡轮螺旋桨飞机执飞，尽管一些航空公司运营50～100座的小型涡扇飞机。

研究(research)：旨在对研究主题具有更全面的科学知识及理解的系统研究。根据赞助机构的目标，研究可分为基础研究和应用研究。

研发(research and development)：科学和工程的基础和应用研究，以及原型机和工艺的设计和研发。该定义不包括质量控制、常规产品检测、市场研究、促销、销售服务、社会科学或心理学研究，以及其他非技术活动或常规技术服务。

收入客公里(revenue passenger kilometer, RPK)：一位收入乘客乘坐收益航班飞行一公里。收入客公里等于该航班飞行的里程乘以收入乘客数量。

收入客英里(revenue passenger mile, RPM)：一位收入乘客乘坐收益航班飞行一英里。

逆向工程(reverse engineering)：逆向工程是指将一个成品解构，从而确定其制造商是如何制造该产品的。

风险共担合作伙伴关系(risk-sharing partnerships)：风险共担伙伴承担(飞机)研发和生产的部分财务风险，在某些情况下，风险共担伙伴似乎被部分整合进大型民用飞机制造商。

范围限制条款(Scope Clauses)：劳动合同条款，规定了哪类飞行员可以飞行航空公司拥有/运营的飞机。限制条款是航空公司决定是否允许旗下支线/通勤航空公司飞行员驾驶喷气式飞机(即支线喷气式飞机)的核心。

座英里成本(seat-mile costs)：每一可用座英里的成本，通常为航空公司整个机队的平均成本。

影子审查(shadow certification)：一种合格审定流程，FAA 遵循外国适航当局的航空器合格审定流程，旨在了解和评估民用航空产品的设计、生产和适航认证能力，以及观察 FAA 适航法规的应用情况。

"软"贷款(soft loans)："软"贷款可能被解释为具有低于市场条件的贷款，通过较低的优惠利率、不寻常的还款条款实现，或者两者兼而有之。

特殊用途空域(special use airspace)：特殊用途空域指具有确定范围的空域，其中活动因其性质而必须受到限制，或对不属于这些活动的飞机运行施加限制，或两者兼而有之。

第二阶段噪声标准(Stage 2)：用于描述喷气式飞机在起飞和降落时满足一定噪声参数的术语。

第三阶段噪声标准(Stage 3)：比第二阶段噪声标准更严格的起降噪声参数。

站程（stage length）：每段飞机的平均里程。

子组件（subassembly）：装配组件，可与其他单元一起集成至成品中。飞机子组件包括机翼、起落架、飞控系统和主登机门。

涡轮风扇（turbofan）：一种部分气流绕过燃烧室的喷气发动机。

涡桨（turboprop）：一种用喷气发动机带动螺旋桨的发动机。涡桨发动机通常用于支线飞机和公务机，因为这种发动机与典型喷气发动机相比，在速度更慢，高度更低的情况下，相对效率更高。

型别等级（飞行员）[type-rating（pilot）]：飞行员型别等级允许飞行员驾驶特定品牌和基本型号的飞机，包括不改变飞机操纵或飞行特性的改型。飞行员只能驾驶拥有飞行员型别等级的飞机。

超高载客量飞机（ultra-high capacity aircraft）：座位数超过 500 个的飞机。

风洞（wind tunnel）：通过引导受控气流绕过缩比飞机模型，对飞行特性进行试验的地面试验设施。风洞试验测试空气动力，如升力、阻力和侧向力，由一个封闭的通道组成，测试气体通过该通道由风扇或其他类型的驱动系统驱动。

附录 E 1992 年《美欧大型民用飞机贸易协定》的实施

1992 年《美欧大型民用飞机贸易协定》的实施
签署方意见

尽管 1992 年的协定解决了美国和欧盟(EU)在政府支持大型民用飞机(LCA)产业问题上的诸多关切,但该协定的某些条款仍持续引发争议。美国和欧盟在直接和间接政府补贴的定义上仍有分歧(见第 3 条和第 5 条)。协定签署双方对"生产支持"(专门针对直接补贴)一词的定义不尽相同,对政府间接补贴水平的含义阐释和评估方法也大相径庭[①]。欧盟对美国不承认军事研发的外溢效应表示失望。据欧盟估计,军事研发为美国工业界带来了 8%～15% 的利益[②]。空客声称,这些政府支出降低了波音公司的年度研发成本[③]。然而,波音声称,"没有

[①] International Trade: Long-Term Viability of U. S.-European Union Aircraft Agreement Uncertain, Government Accounting Office (GAO), Dec. 19, 1994, found at Internet address http://frwebgate. access. gpo. gov/cgi-bin/useftp. cgi? IPaddress = wais. access. gpo. gov&filename = gg95045. txt&directory =/diskb/wais/data/gaop. 38, retrieved Aug. 25, 1997, pp. 17 - 23.

[②] European Commission official, interview with USITC staff, Brussels, Mar. 30, 1998.

[③] 在间接支持领域,空客正在寻求修改可识别利益概念;向外国招标开放美国政府资助的研发项目;恢复使用美国政府资助研发的特许权使用费;建立公开禁止贸易程序规则。Airbus Industrie official, interview with USITC staff, Apr. 7, 1998。

任何依据可以假设或断定存在任何利益转移",或者军事研发对商用领域有任何实质性的帮助①。

双方还对协定的第 8 条表示不满,该条涉及透明度规则和数据报告要求②。空客认为,美国对欧洲提出的透明度规则建议没有做出充分的回应③。欧盟委员会认为,美国最终会对其提高透明度的要求作出回应,但回应的形式和内容可能不够充分④。然而,波音坚持认为,其民用和军用部门之间"几乎没有技术共享",因为这些技术并不兼容⑤。空客的重组预计将提高数据透明度⑥,这有助于减轻美国对空客公司财务数据透明度的担忧。

尽管双方都表示有意为该协定吸引更多的签署方,但目前非签署方似乎并不支持将该双边协定纳入世界贸易组织⑦。欧盟委员会表示,中国和俄罗斯有可能成为重要的签署方,此外由于加拿大和巴西航空工业具有竞争力,因此应该对他们使用更严格的规则⑧。空客也表达了

---

① U. S. International Trade Commission (USITC), investigation No. 332 - 384, The Changing Structure of the Global Large Civil Aircraft Industry and Market: Implications for the Competitiveness of the U. S. Industry, transcript of the hearing on Mar. 17, 1998, p. 93.

② GAO, International Trade, p. 25.

③ 为了提高透明度,空客希望在项目投产前公开研发程序、研发结果的早期宣传、中期结果的披露、研发成功与失败的披露、每个行业/政府合作项目的声明,以及军民两用研发项目申报。Airbus Industrie official, interview with USITC staff, Toulouse, France, Apr. 7, 1998。

④ European Commission official, interview with USITC staff, Brussels, Mar. 30, 1998.

⑤ USITC, transcript of the hearing for investigation No. 332 - 384, pp. 95 - 96.

⑥ European industry officials, interview with USITC staff, Brussels, Mar. 30, 1998.

⑦ "Brittan Says EU Wants to Reopen Aircraft Subsidies Deal with U. S." May 9, 1997, Inside U. S. Trade, found at Internet address http://www. insidetrade. com/sec-cgi/as_web. exe? SEC_IT1997+D+1260079, retrieved Aug. 25, 1997.

⑧ European Commission official, interview with USITC staff, Brussels, Mar. 30, 1998.

对多边化的支持，以便对间接支持制定更有效的限制措施，并提高透明度①。然而，波音对该协定的多边化不太关心，并认为如果空客在其重组计划中采用更为市场导向的体系，则该协定的重要性可能会下降。波音认为，该协定以及任何政府支持都应该终止，部分原因是空客已是一家成熟的、蓬勃发展的飞机公司②。

美利坚合众国政府与欧洲经济共同体
关于在大型民用飞机贸易中适用关贸总协定
《民用航空器贸易协定》的协定

美利坚合众国政府（以下简称"美国"）

欧洲经济共同体（以下简称"欧共体"）

咸认需为大型民用飞机的国际贸易营造更佳的环境，并缓解该领域的贸易紧张局势。

咸认应强化关贸总协定《民用航空器贸易协定》的约束力，逐步减少政府支持。

忆及美国与欧共体代表于 1987 年 10 月 27 日在伦敦会议上商定的原则和目标。

力求实现上述共同目标，即防止因政府直接或间接支持大型民用飞机的研发和生产而造成贸易扭曲，并对这种支持实行更严格的限制，以及鼓励在关贸总协定的多边框架内采取限制措施。

虑及双方有意采取行动而不危及各自在关贸总协定下的权利和义务以及在关贸总协定主持下谈判达成的其他多边协定下的权利和义务。

---

① Airbus Industrie official，interview with USITC staff，Toulouse，France，Apr. 7，1998.

② Boeing official，interview by USITC staff，Seattle，Feb. 11，1998.

兹协议如下：

第 1 条
政府指定采购，
强制分包及诱导

关于关贸总协定《民用航空器贸易协定》（以下简称"《航空器协定》"）第 4 条的问题，双方同意按照本协定附件 I 中所记载的对《航空器协定》第 4 条的解释性说明行事。

第 2 条
政府先前的承诺

政府对当前大型民用飞机项目的支持，在本协定生效之日前承诺的除下文另有规定外，不受本协定规定的约束。提供这种支持的条款和条件不得以如下方式进行修改；但是，最低限度的修改不应视为与本协定不一致。

第 3 条
生产支持

自本协定生效之日起，除了已经坚定地承诺用于大型民用飞机的生产外，双方不应给予政府直接支持。这一禁止应适用于现有和未来的项目。

第 4 条
研发支持

4.1 各国政府只有在基于保守假设的关键项目评估确定有合理的预期，在自首次支付这种支持之日起 17 年内收回的所有费用，包括偿还政府的支持时，才可为新大型民用飞机项目提供研发支持。《航空器协定》第 6 条第 2 款所定义的所有费用,包括按照以下规定的条款和条件偿还的政府支持。

偿还政府支持具体条款和条件如下。

4.2　自本协定生效之日起,一方承诺的用于研发新的大型民用飞机项目或衍生产品的政府直接支持不应超过:

(a) 承诺时估计的该项目总研发成本的 25%(或实际研发成本,以较低者为准);这一部分的特许权使用费支付应在承诺研发支持时确定,即在第一次付款后不超过 17 年的时间内,以不低于政府借款成本的利率偿还。

(b) 承诺时估计的该计划总研发成本的 8%(或实际研发成本,以较低者为准);这一部分的特许权使用费支付应在承诺研发支持时确定,即在第一次付款后不超过 17 年的时间内,以不低于政府借款成本加 1%的利率偿还。

这些计算应根据关键项目评估中对飞机交付的预测来进行。

4.3　每架飞机的特许权使用费应在承诺提供研发支持时计算,并按以下原则偿还:

(a) 按照第 4.2 条计算的付款总额的 20%。缴付依据是交付的飞机数量相当于 40%的预测交付量。

(b) 按照第 4.2 条计算的付款总额的 70%。缴付依据是交付的飞机数量相当于 85%的预测交付量。

第 5 条

间接政府支持

5.1 双方应采取必要的行动以确保政府的间接支持既不赋予受益于这种支持的大型民用飞机制造商不公平的优势，也不导致大型民用飞机国际贸易的扭曲。

5.2 截至本协定生效之日，本协定所涵盖的任何产品的研发或生产所获得的可识别的利益，扣除收回的费用后，在任何一年内不得超过：

（a）本协定所涵盖产品的相关方民用飞机产业的年商业营业额的 3%。

（b）本协定所涵盖产品的相关方任何一家公司的年商业营业额的 4%。

5.3 本协定生效后在航空领域进行的受政府资助的，使大型民用飞机的成本明显降低的研发项目，应视为间接支持的获益。

如果能够证明研发成果已经在非歧视的基础上提供给缔约方的大型民用飞机制造商，则这些技术所产生的利益应排除在第 5.2 条的计算之外。

然而，当大型民用飞机制造商负责或提前接触这些研究的过程或结果时，可能产生可识别的利益。

如果一方有理由相信，一方政府提供的其他间接支持正在导致大型民用飞机成本可识别地减少,则双方应进行磋商,以量化这种减少并将其纳入上述计算。

通过政府资助的研发项目或其他政府项目而获得的技术所产生的间接支持的获益,通常应按研发成本的减少和生产设备或生产工艺技术成本的减少来计算。

第 6 条
一般目的贷款

除通过符合经合组织大型飞机领域谅解的官方出口信贷融资外,双方不对飞机制造商通过直接贷款、担保或其他方式向航空公司提供的具体贷款承担责任。

第 7 条
股权注入

股权注入被排除在本协定的范围之外。但是,提供股权注入的方式不得破坏本协定中的准则。

第 8 条
透明度

8.1　在确保有效执行本协定的必要范围内,双方应定期、有系统地交换政府向各自国家民选议会提供的与本协定及其附件所涉事项有关的所有公开信息。这种公开信息将至少包括以下内容:政府对新的研发项目的支持及其在总研发成本中的份额,与政府对商用飞机项目的直接支持有关的支付和偿还的总数据,第 8.5(b)条规定的民用飞机产业的年度商业营业额,以及大型民用飞机制造商获得的可识别的间接利益的总额。

8.2 此外，关于第 2 条所述的政府先前对大型民用飞机计划的承诺，应单独提供本协定缔约方已经支付或承诺支付的此类完整清单，包括关于偿还义务类型和计划偿还期的信息。提供这些支持的每个政府的年度支付和偿还情况也应通知另一缔约方。此外，一方应将使这些支持承诺的条款和条件变得更有利于受援国的任何变化通知另一方，包括还款期的变化、未能还款或减少预定的偿还额。

8.3 此外，关于未来的大型民用飞机项目，缔约方应在向政府承诺时提供以下与研发有关的具体信息：

——政府支持的总金额。

——政府支持的金额占估计总研发成本的百分比。

——对政府的预期回报。

——政府支持的计划偿还期。

——根据第 4.2 条计算的预测飞机数量。

8.4 在第 11 条规定的协商过程中，双方应交换有关政府承诺和各方政府所提供支持的信息，包括但不限于：

——任何使条款和条件对受援国更有利的变化，包括偿还期的改变、不偿还或减少预定的偿还额；以及

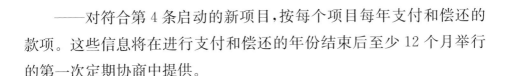

——对符合第 4 条启动的新项目，按每个项目每年支付和偿还的款项。这些信息将在进行支付和偿还的年份结束后至少 12 个月举行的第一次定期协商中提供。

8.5　在根据第 11 条进行协商的过程中，

（a）双方将每年提供关于前一年由政府资助的新的研究和开发项目以及正在进行的研究和开发项目的信息，包括大型民用飞机制造商参与项目的每个方案细节。这应包括有关活动领域的信息和政府为这些项目提供的资金。

（b）双方将提供关于从每个大型民用飞机项目的间接支持中获得的可识别利益的信息。

这将包括从大型民用飞机制造商处收到的每个项目的偿还款项。以下的具体信息将每年提供：

（1）与本协定涉及的产品的相关方的民用飞机产业的年度商业营业额。

（2）有关缔约方生产该协定所涵盖产品的每家制造商的年商业营业额。

（3）第 5.2 条定义的，与本协定所涵盖产品有关的民用飞机产业和参与制造这些产品的每家公司的间接利益总额。

8.6　如果一方认为有必要提供与执行本协定条款直接相关的补充信息，则在有适当动机的情况下提供这种信息。

8.7　双方应根据适当的要求，在承诺提供新的研发项目支持时，提供与第4.1条的规定有关的关键项目评估的非专有信息。

8.8　一方可能提供的不属于公共版权的任何信息，经提供信息的一方要求，应视为专有信息。受援国政府应采取一切必要措施，确保即使在本协定到期或终止后这样的信息也不被披露给该政府以外的任何人。此外，专有信息不得用于可能的贸易争端，政府内部有关执行本协定的秘密讨论和决定除外。

8.9　除非另有说明，双方应每年交换上述信息。对根据本条规定提供的信息的任何分歧都应通过第11条规定的协商解决。

8.10　双方应提供关于政府向从事民用飞机生产的公司注入新的股本或改变其股本状况的信息，包括所提供的股本的数量和类型，以及对其的影响。

8.11　双方将鼓励大型民用飞机制造公司增加对其民用飞机业务的分类财务结果的公开披露，可将军用和民用飞机业务的报告分开，并采用业务线的财务报告。这些分类的财务结果将至少包括有关资金来源和使用的信息，包括有关收入、营业收入、净资产、财务状况和其他方面的具体信息。

8.12　本协定的任何内容都不得解释为要求任何缔约方提供有违

其基本安全利益的任何信息。

第9条
特殊情况

9.1 如果由于不可预见的特殊情况,一方(1)的大部分民用飞机制造活动的存续以及公司或负责此类民用飞机制造的公司部门的持续财务可行性受到威胁,则该方可暂时违背本协定的规定。在这种情况下,民用飞机业务的分类财务结果将由该公司或部门公开报告(2)。但是对于第 4 条适用于启动新民用飞机项目的规定,不得援引此条。

----

(1) 就本款而言,"缔约方"应被视为包括共同体的任何个别成员国。

(2) 这些分类财务结果至少包括资金来源和使用的信息,包括收入、营业收入、净资产、资本投资和政府股权注入的具体信息。

9.2 有关缔约方应将其意图通知另一方,并提供事先协商的机会,除非出于法律原因而被阻止,并应在任何情况下立即通知另一缔约方其援引本条的理由,充分披露其已采取的具体措施,包括措施的数量和性质及预期持续时间。

9.3 缔约方根据本条款采取的具体措施应:

(a) 在范围和期限上受到严格限制,以弥补第 1 款所述的困难。

（b）旨在使受益公司尽快恢复商业活力。

（c）适当考虑对其他大型民用飞机制造商可能产生的影响，并应避免在无确定订单的情况下制造飞机，从而压低民用飞机在全球市场上的价格。

9.4　如果根据第 11 条进行协商后，一方确定根据本条采取的行动严重损害本协定的目标，则该方有权暂停本协定的部分或全部规定，或在协商结束后 15 天内终止本协定。

第 10 条

避免贸易冲突和诉讼

10.1　双方应努力避免在本协定（1）所涵盖事项上发生任何贸易冲突。

（1）关于"本协定所涵盖事项"的行动是指与本协定所定义的直接和间接政府支持有关的贸易行动。它不包括与倾销、知识产权保护、反垄断法或竞争法有关的行动。

10.2　只要本协定有效，双方就不会基于其国家贸易法，根据本协定授予的政府支持自行采取行动。但是，本款的任何规定均不得阻止一方以另一方不遵守为由废除本协定。

10.3　为避免贸易冲突，双方将大力鼓励私营方要求使用第 11 条的规定来解决本协定所涵盖事项的任何争端。但是，如果私人请愿人要求根据国家法律就本协定所涵盖事项采取行动,则请愿人政府将立即通知另一方,并建议根据第 11 条进行协商。被起诉的一方有权暂停适用本协定的部分或全部规定,或在协商结束后 15 天内终止本协定。

10.4　在对因私人请愿而根据国家贸易法提起的与本协定所涵盖产品有关的任何贸易指控进行调查时,双方应根据其法律考虑有关遵守本协定条款的陈述。

<h3>第 11 条</h3>
<h3>协商</h3>

11.1　无论在任何情况下,双方都应每年至少定期协商两次,以确保本协定的正确实施。

11.2　任一缔约方可要求就与本协定的实施有关的任何事态发展进行协商。此类协商应在收到请求之日后 30 天内举行。

11.3　双方同意在首次协商请求之日起 3 个月内解决任何争议。在 3 个月期限届满之前,就第 8 条和第 9 条而言,协商不会被视为结束。

<h3>第 12 条</h3>
<h3>关贸总协定《民用航空器贸易协定》</h3>

12.1　双方应共同向第 1 条所述《航空器协定》的其他签署方提议,按照本协定和附件Ⅰ中给出的解释性说明所规定的原则,将规定纳入《航空器协定》。双方还应提议,乌拉圭回合多边贸易谈判中商定的经改进的争端解决条款用于解决因执行新《航空器协定》而产生的任何争端。

12.2 双方应尽最大努力确保这些或类似的协定被纳入《航空器协定》或尽早被主要签署方采用，并将本协定规定范围扩大到《航空器协定》涵盖的所有产品。

12.3 如果一年内没有实现多边化，则缔约方应审议本双边协定的继续适用问题。

第 13 条
最终条款

13.1 本协定自双方接受之日起生效。

13.2 考虑到可能出现的任何新情况，包括对《航空器协定》的可能修订，经双方同意，可对本协定进行修订。

13.3 本协定生效后一年，任何一方均可退出本协定。如果一方希望退出，应书面通知另一方。撤回应自收到通知之日起 12 个月后生效。

附件 I
关贸总协定签署国对《民用航空器贸易协定》第 4 条的解释

关贸总协定《民用航空器贸易协定》（以下简称"协定"）第 4 条涉及三个具体问题：

- 政府指导采购（第 2 款）。

- 强制性分包合同（第 3 款）。

- 诱导（第 4 款）。

条款 4.1

本条款规定了适用于整个第 4 条的一般原则,即民用飞机(1)的购买者应根据商业和技术因素自由选择供应商。

---

(1) 就本附件而言,"民用飞机"的定义见关贸总协定《民用航空器贸易协定》的条款。

条款 4.2

（政府指导采购）

本条款规定,"签署方不得要求航空公司、飞机制造商或从事民用飞机采购的其他实体,也不得对其施加不合理的压力,从任何特定来源采购民用飞机,这将对任何签署方的供应商造成歧视。"

这意味着签署方必须避免实施有利于或不利于一个/多个签署方供应商的优惠政策。

此外,禁止政府对航空公司、飞机制造商或从事民用飞机采购的其他实体("买方")在选择供应商方面施加不合理的压力。"不合理的压力"是指任何有利于产品或供应商的行为,或以任何其他签署方对供应商造成歧视的方式影响采购决策的行为。

签署方认为以下是不被视为施加不合理压力的示例:

● 政府或前政府代表加入政府全资或部分出资买方的董事会,但前提是他们的行为符合相关买方的最佳商业利益,并且不会影响采购决策,从而造成对任何其他签署方供应商的歧视。

● 政府出于安全和环境考虑的决定。

条款 4.3

（强制性分包合同）

第一句规定，"签署方同意，只能在具有竞争力的价格、质量和交货基础上购买协定所涵盖的产品。"这意味着签署方不会干预以获得特定公司的优惠待遇，并且不会在不同签署方的供应商竞争的情况下，干预供应商的选择。

通过强调采购决策中应涉及的唯一因素是价格、质量和交货条件，签署方同意第 4.3 条不允许政府授权的抵销。此外，他们不要求将其他因素（如分包）作为出售的条件或考虑因素。具体而言，签署方不得要求供应商提供抵销、特定类型或数量的商业机会或其他类型的产业补偿。

因此，签署方不得强加要求分包商或供应商具有特定国籍的条件。

本款第二句规定，"在批准或授予本协议所涵盖产品的采购合同时，签署方可要求其合格企业在竞争的基础上，以不低于其他签署方企业的条件获得商业机会。"

这意味着签署方可以要求制造商在任何投标机会和对这些企业的任何竞争性投标的评估方面不得歧视签署方的合格企业。

条款 4.4

（诱导）

本条款规定，"签署方同意避免对来自任何特定来源的民用飞机的销售或购买附加任何形式的诱导，以免对任何签署方的供应商造成歧视。"

这意味着签署方应避免在民用飞机的出售或购买与其他政府决定或政策之间使用消极或积极的联系，这些决定或政策可能会影响签署方供应商之间的竞争。

以下是一份商定的、说明性的、非详尽的此类违禁诱因清单：

● 与航空产业有关的权利和限制，如着陆权或航线权。

● 一般经济方案和政策。例如进口政策、旨在改变双边贸易失衡的措施、关于外籍工人的政策或债务重组。

● 研发支持计划和政策，如政府拨款、贷款和基础设施融资；据了解，使用此类援助购买民用飞机不属于这一类别，只要这些资金的发放不以购买为条件。

● 国防和国家安全政策和计划。

在不影响第 4.3 条的情况下，这也意味着签署方不得以任何方式干预，也不得对其他政府或参与采购决策的任何实体施加任何直接或间接压力，包括在有关民用飞机采购的决定与可能影响进口国利益的任何其他领域的任何其他问题或行动之间建立任何消极或积极的联系。

条款 4.2 和 4.4

（政治代表）

签署方在国内政治决策过程中的所有参与者不得采取任何行动，包括但不限于在政治上代表其他政府或外国航空公司、对其施压或引诱，这将违反本附件中解释的第 4 条。签署方应提请参与方注意对第 4

条的解释，并应尽最大努力确保参与方不采取此类行动。

附件 Ⅱ

就本协定而言，以下定义应适用于：

1. "大型民用飞机"：指由现有大型民用飞机制造商在美国生产的此类飞机，以及空客联合体或其继任实体在欧洲生产的此类飞机，如关贸总协定《民用航空器贸易协定》第 1 条所定义，但其第 1.1(b) 条所定义的发动机除外，其设计用于客运或货运，并且有 100 座或更多，或在货舱布局中配备等效物。

2. "衍生产品"：主要设计元素源自前序机型的飞机型号。

3. 第 4.2 条中提到的"总研发成本"，在取证日期之前产生的以下成本项目是在评估第 4.2 条中提到的"总研发成本"时可以考虑的项目：

- 初步设计。

- 工程设计。

- 风洞、结构、系统和实验室试验。

- 工程模拟器。

- 设备研发工作，设备和发动机制造商直接资助的工作除外。

- 飞行试验，包括相关地面支持、取证所需的分析。

- 取证所需的文件。

- 原型机和试飞机的制造成本，包括备件和取证所需的改装，减去翻新后飞行飞机的公平市场价值估算。

- 用于特定项目的夹具和工具（机床除外）。

4. "生产"：除第 3 点所述之外的所有制造、营销和销售活动，符合经合组织官方出口融资协议的大型飞机产业协议的官方出口信贷融资除外。

5. "间接政府支持"：签署一方政府或其领土内的任何公共机构为航空应用提供的财政支持，包括研究和开发、示范项目和军机研发，为一个或多个特定的大型民用飞机项目的研发或生产提供可识别的利益。

6. "直接政府支持"：签署一方政府或其领土内的任何公共机构提供的财政支持，包括：

（1）向特定大型民用飞机项目或衍生机型提供的支持。

（2）向特定企业提供的支持，大型民用飞机项目或衍生机型可直接受益。

7. "特许权使用费"：为每架交付的飞机支付一定数量的研发支持费用。

附录 F　美国、西欧和俄罗斯的大型民用飞机数据

以下图表使用的符号：

▲　空客

▢　阿夫罗（英国）

X　英国宇航

■　波音

●　加拿大航空

✖　道格拉斯

◗　巴西航空工业公司

▦　伊留申

○　洛克希德

◆　麦克唐纳·道格拉斯

◑　图波列夫

◇　福克

★　费尔柴尔德·道尼尔

注：福克飞机上的后缀"＋"表示有可供选择的发动机

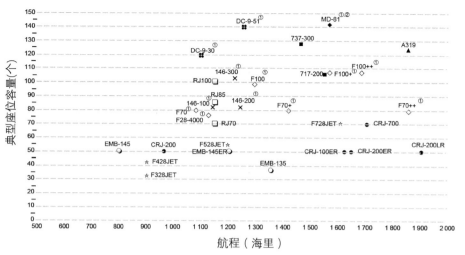

① 已停产　② 搭载 155 名乘客的航程
注：31 款飞机平均载客量为 81 人。

图 F-1　航程不超过 2 000 海里的西方涡扇飞机

来源：USITC estimates based on data from Airbus Industries，G. I. E；The Boeing Company；Paul Jackson，ed.，*Jane's All the World's Aircraft*，1997-1998（Surrey，UK：Jane's Information Group，1997）；and GRA Aviation Specialists，Inc.

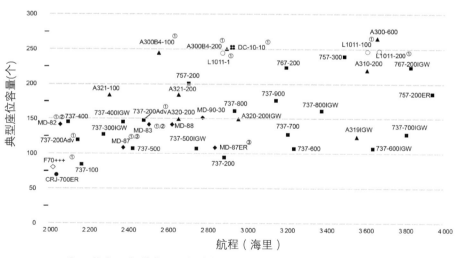

① 已停产　② 搭载 155 名乘客的航程　③ 搭载 130 名乘客的航程
注：42 款飞机平均载客量为 163 人。

图 F-2　航程在 2 000～4 000 海里的西方涡扇飞机

来源：USITC estimates based on data from Airbus Industries，G. I. E；The Boeing Company；Paul Jackson，ed.，*Jane's All the World's Aircraft*，1997-1998（Surrey，UK：Jane's Information Group，1997）；and GRA Aviation Specialists，Inc.

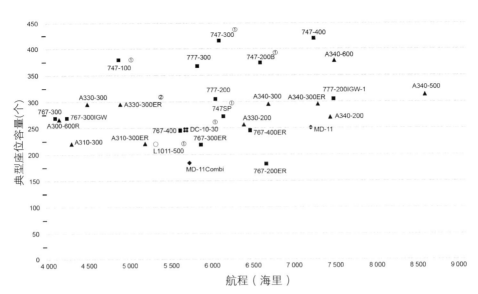

① 已停产　② 搭载 335 名乘客的航程
注：29 款飞机平均载客量为 288 人。

图 F - 3　航程超过 4 000 海里的西方涡扇飞机

来源：USITC estimates based on data from Airbus Industries，G. I. E；The Boeing Company；Paul Jackson，ed.，*Jane's All the World's Aircraft*，1997 - 1998（Surrey，UK：Jane's Information Group，1997）；and GRA Aviation Specialists，Inc.

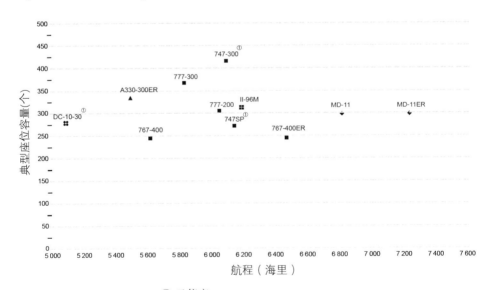

① 已停产
注：11 款飞机平均载客量为 306 人。

图 F - 4　伊尔 - 96M 和类似的西方飞机

来源：USITC estimates based on data from Airbus Industries，G. I. E；The Boeing Company；Paul Jackson，ed.，*Jane's All the World's Aircraft*，1997 - 1998（Surrey，UK：Jane's Information Group，1997）；and GRA Aviation Specialists，Inc.

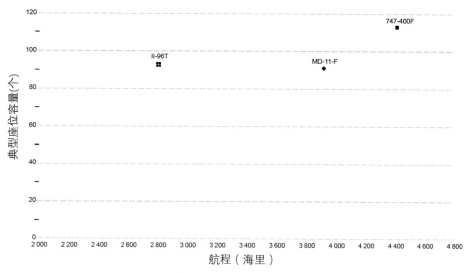

注：3 款飞机平均载荷为 98 596 千克。

图 F-5 伊尔-96T 和类似的西方飞机

来源：USITC estimates based on data from Airbus Industries，G. I. E；The Boeing Company；Paul Jackson，ed. ，*Jane's All the World's Aircraft*，1997 - 1998（Surrey，UK：Jane's Information Group，1997）；and GRA Aviation Specialists，Inc.

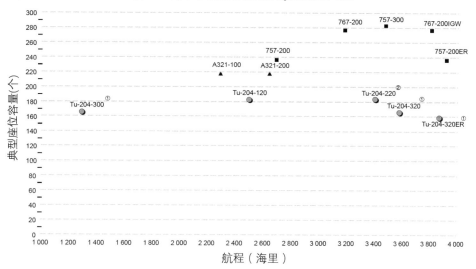

① 高密度布局
② 航程指的是配备俄罗斯发动机的图-204-200。虽然没有配备西方发动机的图-204-220 的数据,但该机型航程将可能超过 3 415 海里。
注：12 款飞机平均载客量为 218 人。

图 F-6 图-204 和类似的西方飞机

来源：USITC estimates based on data from Airbus Industries，G. I. E；The Boeing Company；Paul Jackson，ed. ，*Jane's All the World's Aircraft*，1997 - 1998（Surrey，UK：Jane's Information Group，1997）；and GRA Aviation Specialists，Inc.

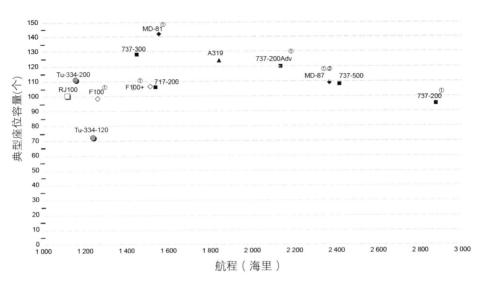

图 F-7　图-334 和类似的西方飞机

来源：USITC estimates based on data from Airbus Industries，G. I. E；The Boeing Company；Paul Jackson，ed.，*Jane's All the World's Aircraft*，1997 - 1998（Surrey，UK：Jane's Information Group，1997）；and GRA Aviation Specialists，Inc.

附录 G 抵销

抵销

"抵销"一词指广泛的补偿做法，是特定政府作为向国外来源采购防务或商用产品的条件。政府要求抵销的原因有很多，比如增加国内就业，获得所需技术，减轻大量国外采购对一个国家经济的负担，或促进某一特定产业的发展。抵销交易可采取多种方式，包括合作生产、特许生产、分包生产、海外投资/技术转移。根据商定商品或服务是否为采购产品的组成部分，抵销可分为直接抵销、间接抵销或者两者兼而有之，这取决于协议的商品或服务是否是整体购买产品的一部分①。

总体而言，一些协议限制了全球大型民用飞机（LCA）产业内的抵销贸易。首先，1979 年关贸总协定《民用航空器贸易协定》和 1992 年《美欧大型民用飞机贸易协定》②这两份管理民用飞机和部件贸易的协定在不同程度上包括限制签署国之间政府强制采购的条款③。此外，

---

① 在直接抵销中，出口产品的生产者可能在制造过程中使用采购国生产的某个组件。在间接抵销中，生产者通过采购获得制造其最终产品的外围产品。

② 1992 年《美欧大型民用飞机贸易协定》签署国包括美国、法国、德国、西班牙和英国政府及欧盟。

③ 关贸总协定规定禁止政府强制采购来自特定供应商的产品，签订强制性分包合同，以及以具体的诱因歧视任何签署国的供应商。《美欧大型民用飞机贸易协定》采用关贸总协定禁止的解释意图禁止可能导致歧视性待遇的政府授权决定。Manufacturers Alliance，"Offsets in Foreign Sales of Defense and Nondefense Equipment，A Manufacturers Alliance Review，"Feb. 1997，p. 3。

1996 年世界贸易组织《政府采购协议》[1]限制了所有政府采购中除了
"国家安全"和某些其他领域的抵销。然而，这三份协议中均未具体禁
止在非防务和非政府采购中的抵销[2]。

对全球大型民用飞机产业的影响

从历史上看，抵销一直是与国防有关的问题。但是因为许多国家
将设计和制造大型民用飞机的能力视为在高技术产业经济中成为一等
公民的象征[3]，所以越来越多航空航天产业刚刚起步的国家迫切希望与
全球大型民用飞机制造商签订抵销协议，作为他们增强航空航天能力
的手段。此外，主要的全球大型民用飞机制造商认为抵销是进入外国
市场的必要方法。但是，民用飞机购买者越来越多地使用抵销协议加
剧了美国航空航天产业某些领域对就业和行业国际竞争力的担忧[4]。
航空航天产业劳工代表认为抵销和类似抵销的安排[5]增多对美国供应
商基础和美国航空航天产业竞争力构成严重风险，这会将美国的就业
机会和技术转移至海外竞争对手[6]。而这些有抱负的生产国不太可能
对美国大型民用飞机制造商的竞争力构成直接威胁（主要是因为他们
缺乏高科技设计能力和生产自己的大型民用飞机所需的集成过程管理

---

① 《政府采购协议》签署国中生产大型民用飞机和零件的国家，包括美国、欧盟成员
国、韩国、日本和新加坡。

② Manufacturers Alliance，"Offsets in Foreign Sales of Defense and Nondefense
Equipment," p. 3.

③ Randy Barber & Robert E. Scott，"Jobs On the Wing：Trading Away the Future
Of the U. S. Aerospace Industry," Competition Pressures the U. S. Aerospace Industry to
Outsource Jobs and Production，Washington，DC：Economic Policy Institute，1995，p. 23.

④ Manufacturers Alliance，"Offsets in Foreign Sales of Defense and Nondefense
Equipment," p. 3.

⑤ "类似抵销的安排"这里指由采购国政府授权的商业补偿。

⑥ International Association of Machinists and Aerospace Workers，post-hearing
submission，USITC inv. No. 332 - 384，pp. 4 - 5.

技能），这些生产商确实制造了大量的飞机部件和结构，并直接与制造技术含量较低的零部件和结构的美国供应商竞争，可以想象这是对美国航空航天产业该细分市场的一个重大挑战。

附录 H 窄体飞机市场细分分析

　　窄体涡扇飞机市场细分分析的重点是，大部分出售的商品和服务代表了满足最终客户需求的基本特征、属性或特性的独特组合。就飞机而言，客机均需满足通过航空方式运输乘客/货物的基本要求。然而，除了上述一般要求，客机间的不同点体现在许多其他特质和特性上，如载客数/载货量、航程、可靠性和运营效率。本分析确定并量化了窄体飞机最重要的可测特性，并利用这些特性评估市场细分。

　　正如第 6 章所讨论的，本附录的分析针对解决了 100 座级飞机是否适用于以下描述的问题：① 难以区别于常见的大型民用飞机市场；② 70～120 座级新兴细分市场的一部分；③ 支线喷气式飞机市场的一部分。分析结果并未提供市场细分问题的确切答案；相反，必须根据客机型号间的相似程度对结果进行解读。

　　研究分为两个层面。首先，通过分析 32 款窄体飞机集合的价格和可测特性信息，确定最重要因素①。找出这些关键特性后，将进行两项分析，确定机型之间的相似程度。第一项分析旨在明确相较于其他所有型号，每对飞机的相似程度；第二项分析旨在直接量化每对飞机的经

---

　　① 价格和特性信息搜集自 *The Guide*（Herndon，VA：GRA Aviation Specialists，Inc.，第 3 卷，1997 年 11 户）。该出版物中列出的全部窄体客机均用于分析的第一部分（确定一组重要特征）。

济距离①。

方法和分析

量化飞机重要特性

通过航空公司对研究问卷答复的评估,发现航空公司在做出机队采购决策时会考虑大量因素。航空公司会同时评估其特定航线结构、现有机队、特定航线预计客运量、融资方案以及出售飞机的价格和性能特征。在乘客偏好、航空公司要求和与飞机特性相关的重要因素的基础上,机队采购决策通常简化为比较备选机型的财务回报(现值全生命周期营收减去现值全生命周期成本)。因此,乘客偏好、航线、飞机的众多特性会影响这一决策。

客机具有许多有形和无形特性。飞机价值与其包含的独特的重要特性组合有关。然而,此类分析只能使用可测特性②。因此,本分析首先需获取直接或间接影响飞机市场功能/吸引力的估值(价格)和特性的一致性数据,搜集展示赢利能力的典型布局座级数、最大座级数和最大起飞重量数据,以及展示直飞航班收入能力和吸引力/必要性的典型航程和最大航程数据。本分析还确定了获得认证的涡扇发动机型号数量、典型布局座级数和最大座级数之间的差异、典型航程与最大航程之间的差异(绝对值和百分比)数据,因为这些数据能显示机型重要的灵活性或适应性特征。

发动机制造商或团体的数据可说明飞机发动机生产厂商之间竞争加剧的情况。本分析收集了飞机噪声取证状态(第二阶段或第三阶段)数据,是因为仅满足第二阶段要求的飞机必须退役、安装新发动机或降

---

① 经济距离是指在特性空间中,解释飞机价格或估值的每个重要特征的相对大小加权的距离。

② 就如直接运营成本在内的其他因素,本分析无合适数据。

噪套件，或出售给少数未执行第三阶段噪声标准市场运营的航空公司[1]。采用机龄数据是因为客机价值随机龄增长而下降，且本分析中采用的定价数据包括新旧飞机的数据[2]。各机型首次交付的年份代表机体技术新旧（也是一项效率指标）[3]。采用主制造商数据，代表多个特定机型间通用性优势。最后，采用机身长度和翼展长度这两个物理特性，在控制其他变量的情况下，确定上述特性是否对飞机价值产生细微影响。

估值和特性数据来源一致，均出自 *The Guide*。*The Guide* 中缺失的数据出自 *Jane's All the World's Aircraft* 及制造商网站。表 H-1 列出了能提供本分析第 1 阶段所需数据的 32 款窄体机型。

表 H-1　分析中明确产品重要特性的机型

RJ70	波音 737-500	福克 F70
RJ85	波音 737-600	福克 F100
RJ100	波音 737-700	DC-9-30
A319 IGW	波音 737-800	DC-9-51
A320-200	波音 757-200	DC-81
A321-100	波音 757-200ETOPS	DC-82
A321-200	BAe146-100	DC-83

---

[1]　标记飞机是否满足第 3 阶段（1）或第 2 阶段（0）噪声标准的二进制变量。1990 年《机场噪声和容量法案》和随后的 FAA 规定要求 1999 年 12 月 31 日完成第 2 阶段飞机退役。

[2]　仅使用最新机型年份的价格。机龄按 1999 年与所用估值的机型年份之间的时间差计算。

[3]　机龄按 1999 年与机型首次推出年份之间的时间差计算。

（续表）

波音 727 - 200Adv.	BAe146 - 200	DC - 87
波音 737 - 200Adv.	BAe146 - 300	DC - 88
波音 737 - 300	CRJ - 100ER	DC - 90 - 30
波音 737 - 400	EMB - 145ER	

资料来源：*The Guide*，GRA Aviation Specialists，Inc.，Reston VA。

为确定飞机市场中最有价值的一组特性，我们进行了一项分析，其中价格根据一组可实测的飞机特性进行回归[1]。客机价格预计会随着航程和载客数/载货量的增加、符合更严格的（第 3 阶段）噪声标准而上涨。机龄也会影响飞机市价，飞机越新则价格更高。

本研究构建了一个二元变量，区分飞机是由波音/空客生产还是由第三家制造商生产。鉴于上述两家制造商既有机队规模，若机队通用性收益并非微不足道，且两者均可因上述收益获得显著溢价，则估值与该变量预计呈正相关。由于发动机通常与机体分开采购，发动机供应商数量越多，发动机价格可能越低（而非相反），因此客机估值与发动机供应商数量预计呈正相关。最后，机体技术越新，零部件和设计则越高效。因此，控制其他变量，机体设计越老旧，客机价值越低。

上述全部特性已经过核验。第二步调研保留估计系数中具有统计显著性的因素[2]。由于多重共线性问题，核验后省略了回归中数个特征。特别是飞机物理尺寸相关变量，如机身长度、翼展长度和最大起飞

---

① 本分析确定一组因素，赋予各因素权重，以更好地解释不同机型的价格变化。尽管有足够的数据可进行小组分析，但对于每个特定的机型，价格随时间的变化似乎仅基于相对线性的折旧时间表。因此，该类分析并不合适。

② 可使用替代方法确定是否应从回归中包含/忽略变量，例如最大化 AIC 统计数据，但航程、载客数/载货量和机龄的重要性使结果不太可能发生明显改变。

重量，与直观上更有意义的航程和载客数/载货量数据高度相关。最终回归包含的特征是飞机的航程、载客数/载货量、机龄和噪声等级。

式（H-1）确定了最终回归模型（模型1），该模型用于确定市场细分分析第2阶段所需参数[①]。

$$P_i = \beta_0 + \beta_1 \times 航程 + \beta_2 \times 载客数 / 载货量 + \beta_3 \times$$
$$噪声等级 + \beta_4 \times 机龄 + u_i \qquad （H-1）$$

表H-2（模型1）展示了式（H-1）的回归估计[②]。因为估算方程使用对数设定，所以连续变量的系数估计可直接解释为弹性。因此，若将模型1的结果应用于一架新机，可见典型航程和载客数/载货量每增加1％，估值分别增加约0.24％和0.61％。控制其他变量，相较于仅满足第2阶段噪声标准，满足第三阶段噪声标准估值增加约180万美元[③]。最后，机龄每增加1％，平均估值预计降低0.331％[④]。

这些系数估计值都很显著，在回归中增加其他变量也维持稳健。模型2、3、4显示三个附加设定的结果说明了这点[⑤]。上述三个模型分别展示了采纳区分波音/空客产品、机体技术年代、各机型额定发动机数量变量的影响。尽管上述各变量系数估计值都产生预期符号（即效果）[⑥]，但仍被排除在第2阶段分析之外，因为系数估计值不具统计显著性，也就是说在统计上与0无异。

[①] 前面的讨论意味着 β_1、β_2 和 β_3 应为正，β_4 应为负。

[②] 异方差检验表明它存在于每个回归中，因此使用 White 程序校正报告的标准误差。使用 TSP 软件包估计回归。

[③] 据报道，727-200Adv. 降噪套件金额从 202 万美元到 263 万美元不等，详见 GRA Aviation Experts，*The Guide*，p. 48。

[④] 据估计，绝对折旧水平估计为非线性（以年计），早期折旧水平较高，后期较低。

[⑤] 除了稳健的系数估计外，回归解释了 93％ 以上的机型价格变化，因为校正决定系数超过 0.93。

[⑥] 系数符号表明波音和空客或能为其飞机提取略高的价格，较旧的机身技术与较低的飞机估值相关，并且当有更多的发动机可供选择时，飞机似乎具有溢价。这些因素都是在所有其他产品特性保持不变的情况下估计的。

表 H-2 飞机特性和预计市场估值回归结果

特性（变量）	模型 1	模型 2	模型 3	模型 4
	估计系数/标准误差			
典型航程	0.244[①] (0.124)	0.205[①] (0.111)	0.204[①] (0.118)	0.205[①] (0.120)
典型载客数/载货量	0.605[②] (0.117)	0.590[②] (0.122)	0.592[②] (0.136)	0.588[②] (0.143)
噪声等级	0.598[②] (0.204)	0.644[②] (0.170)	0.642[②] (0.167)	0.644[②] (0.170 9)
机龄×标准典型载客数/载货量	−0.331[②] (0.045)	−0.314[②] (0.049)	−0.312[②] (0.049)	−0.311[②] (0.053)
波音/空客		0.063 (0.086)	0.061 (0.091)	0.058 (0.097)
机体年龄			−0.003 (0.029)	−0.006 (0.040)
获认证发动机数量				0.009 (0.076)
常数	−1.851[②] (0.590)	−1.563[②] (0.669)	−1.558[②] (0.676)	−1.555[②] (0.702)
实测数	32	32	32	32
校正决定系数	0.943	0.942	0.939	0.937
残差平方和	0.573 6	0.608 1	0.608 1	0.608 1

注：① 90%和99%之间的统计显著性。

　　② 99%的统计显著性。

资料来源：美国国际贸易委员会工作人员计算。

市场细分

1）初步分析

由于对于飞机的需求直接来自航空旅行的偏好和要求，因此该分析旨在识别和区分航空公司的要求与可供购买的特定产品。该分析对两个市场参与者进行了明确的区分，认识到只有在极少数情况下，市场上生产的飞机才能完全满足航空公司的要求。相反，考虑到价格的可比性，航空公司会选择购买与他们所需规格最接近的飞机。本节主要分析描述的是当接近航空公司"正确的"或"最佳的"要求时，对飞机进行比较，但（通常）与现有产品所体现的特性不同①。第二次分析是试图直接对每对飞机之间的经济差距进行衡量。市场细分是通过评估每个飞机型号存在的一组"相邻"产品来确定的。

一旦确定了"相邻"产品，100 座级的机型就将对通常与大型民用飞机市场相关的机型以及与成熟的涡扇支线飞机市场相关的机型（70座及以下）进行比较，以确定在不同的客机群内部或之间是否存在集群模式。新提议的 100 座级飞机与现有的 100 座级飞机（尽管已不再生产）相比，更接近大型民用飞机或小型涡扇支线飞机。

图 H-1 说明了用于确定"相邻"产品的主要方法。三架飞机由 A、B、C 三点描述，这三点根据两个关键的产品特征，即典型座位数和典型航程来绘制飞机。

---

① 对汽车市场进行的类似分析见 James Levinsohn，"Empirics of Taxes on Differentiated Products：The Case of Tariffs in the U. S. Automobile Industry，"Robert E. Baldwin，ed.，*Trade Policy Issues and Empirical Analysis*，（Chicago，IL：University of Chicago Press，1988），pp. 11 - 44。该研究对汽车进行了分析，以确定用于构建相邻产品相互竞争的汽车价格指数。虽然该分析是基于最终需求和消费者效用最大化得出的结构，但该分析在很大程度上借鉴了该研究。

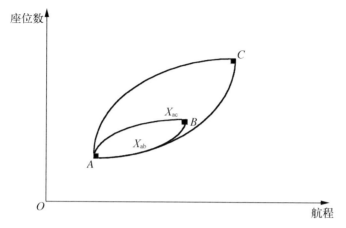

图 H-1 用于评估"相邻"产品的飞机模型和最佳配置示例

如上所述,考虑到这些飞机的可用性,航空公司将获得与他们的最优选择相似但不完全相同的客机的竞标。因此,在本次分析中,在每队飞机之间选择了中间点,来代表一个航空公司潜在的最佳选择。例如,点 X_{ac} 确定了介于飞机 A 和 C 之间的一种可能的客机配置。

最佳选择(X_{ac})是用下文描述的方式来选择的,将点 A 和点 C 置于一个椭圆上,代表与所选最优值等距的点,然后对其他飞机进行测试,以确定是否有一架(或多架)替代飞机比被测试的两架飞机更接近最佳选择[①]。在这种情况下,B 点所代表的客机在椭圆内,因此比 A 点和 C 点更接近最佳选择 X_{ac}。因此,A 和 C 这对飞机不相邻,第 3 架飞机 B 比它们更接近,因此 B 才是"相邻"产品。

产品的评估是基于盈余或净利润函数[式(H-2)]定义为代表飞机的利润,该飞机体现了一组特性 z,与航空公司可能确定为其运营的最佳特性 z^* 不同[②]。(Π)计算为飞机的净营业收入(R)减去购买的总

---

① 椭圆是以最佳点为中心的。

② 变量代表向量,除非明确地用下标进行索引,下标是用来识别向量中单个元素的符号。

成本(P)。

$$\Pi(z, z^*) = R(z, z^*) - P(z) \qquad (H-2)$$

净收入函数是通过以下方式得出的：正如上一节讨论的，一架飞机的价格$[P(z)]$取决于模型中所代表的特性。净营业收入函数基于产品的基本特征，以及一组偏好/制度因素，r 表示一个恒定的替代弹性函数。

$$R(z, r) = \sum_i^n r_i(z_i^\delta - 1)/\delta \qquad (H-3)$$

其中 δ_1 参数反映了特征之间的替代弹性。

$$-\infty < \left(\frac{1}{\delta - 1}\right) < 1 \quad \text{[1][2]}$$

为了简化分析，假设决策过程和航空公司外部的航线需求是可分离的。决策过程需要使该客机的营业收入最大化以及分离该架客机的计价操作 N：

$$\underset{z, N}{\text{Max}} R(z, r) + N \qquad (H-4)$$

受制于 $P(z) + N \leqslant D$，其中 D 代表一个航空公司航线结构存在的外生需求。将式$(H-3)$和式$(H-4)$的解代入式(2)可以得到表达式：

$$\Pi(z, z^*) = \exp(C + \beta\ln z^*) \times \sum_i^n \left(\frac{\beta_i}{\delta}\right)(z_i^*)^{1-\delta}(z_i^\delta - 1) -$$

$$\exp(C + \beta\ln z) \qquad (H-5)$$

---

① 在编写式$(H-2)$时，所有特征都是用 Box-Cox 转换来重新定义，并且特征本身是以对数形式存在的。二元变量的定义是，对数值为零或一。

② 该分析仅对特征间的替代弹性略微敏感。δ 的值选择在 -1.5 和 -3.0 之间以分析敏感性；使用 -2.25 的值来确定表 H-3 中报告的结果。

这种关系意味着,具有一系列特征的产品会使利润最大化,(z) 等于最优 (z^*)。因此,航空公司在具体的机队评估中往往选择最接近最优特性的飞机。如果有一个以上的产品与最优特性飞机相似,它们应该争夺相同的市场,在本分析中被视为"相邻"产品。因此,如果客机位于代表可能的航空公司需求点的产品区域内,本分析就将其确定为"相邻"产品。

对于每一对飞机,都选择了一个最佳特性集 $A(z, z^*)$,以使这对飞机的值相等。对 62 架飞机中的每一架都进行了单独的分析,对每架具体的飞机进行了 61 个最佳特征选择[①]。然后将这大约 1 900 对飞机与分析中其余 60 个型号进行测试[②]。

在上一节中,对飞机价格或估值的决定因素进行了分析,并表明是用四种关键的客机特征来解释。然而,典型的航程和座位数仍然是航空公司在决定新机型时可用的因素。在较早的回归分析中纳入折旧,以控制不同的飞机机龄;然而,航空公司通常不考虑飞机的实际机龄,因此该因素被排除在本分析之外。同样,在回归分析中采用噪声认证措施来控制飞机符合现行的环境标准。噪声认证特性不包含在"相邻"产品的分析中,第三阶段噪声标准通常是新采购的重要依据,航空公司不能选择在何种噪声认证水平下运营飞机。

2)补充分析

为了衡量主要分析结果的稳定性,进行了二次比较计算。在这种情况下,衡量了每对客机之间的经济差距,并报告了 5 架最相似的飞

---

① 分析第 1 阶段(回归)中使用的 32 架飞机是第 2 阶段中考虑的 62 架客机的子集。
② 分析约 1 900 对可能的飞机需要计算相同数量的最佳航空公司特征选择。尽管在特征空间中存在无限多的可能性,但相似产品仅由这些潜在组合确定。在成对飞机之间选择"最佳"特征组合的一个缺点是,它忽略了分析中包含的 64 架飞机所代表的最小值和最大值之外的所有可能特征组合。GAMS 软件包用于计算每对产品的最佳特征集,以及分析所需的大约 270 000 个产品比较。

机。这种方法因为使用先前分析中的剩余函数测量每对飞机之间的差距而相对简单。该方法不是为每对飞机选择一个最佳特征集，而是直接通过模型进行比较。假设最优特征集由特定的客机代表，式（H-5）适用于该分析。该飞机与所有其他客机之间的差距是通过计算所有其他飞机的盈余来获得的，航空公司更喜欢用一架飞机来表示最佳选择。形式上，对于特定的飞机（由 z^* 表示），计算式（H-6）中所示的剩余函数 $P(\tilde{z}, z^*)$，以将剩余的每架飞机（$\tilde{z}$）与认为最优的飞机进行比较：

$$\Pi(\tilde{z}, z^*) = \exp(C + \beta \ln z^*) \times \sum_i^n \left(\frac{\beta_i}{\delta}\right)(z_i^*)^{1-\delta}(\tilde{z}_i^\delta - 1) -$$

$$\exp(C + \beta \ln \tilde{z}) \qquad\qquad (H-6)$$

这项分析不是将一对飞机与所有其他可选飞机进行比较，而是简单地计算出可选客机在产品区域内的距离。因此，该分析的结果对所有飞机之间的差距进行排序，而不考虑可能更接近于航空公司最佳选择的飞机规格或数量。

表 H-3 显示了分析中使用的所有飞机，以及典型航程和座位数两个关键变量。这些机型包括当前可用的客机以及计划生产的客机。表 H-3 还显示了两个互补的分析结果。列表中飞机的编号是用来识别结果中的"相邻"产品的。对于列出的每架客机，表 H-3 中的第四列显示了所有利用式（H-5）进行分析发现的飞机的"相邻"产品[1]。最后一列报告了二次分析中发现的最接近的 5 架客机，使用式（H-6）计算机型之间的距离[2]。

---

[1] 这些飞机在表格内按数字顺序列出。初步分析确定飞机是否是"相邻"产品，但不对产品的接近程度进行排名。

[2] 飞机按顺序列出，从产品空间中最接近的飞机型号到较远的飞机型号。

表 H‑3　市场细分比较中包括的飞机型号的数据和结果

描　　述	航程[1]	座位数[1]	初次分析[2]	二次分析[2]
	（海里）	（个）	\"相邻\"产品型号编号	
1. RJ70	1 415	70	38,43,44,45,47	44,39,45,47,46
2. RJ85	1 230	85	33,50	33,32,47,46,50
3. RJ100	1 195	100	34,50	34,50,62,51,11
4. A319M5	1 850[3]	106	5,13,52,58	52,11,51,58,20
5. A319	1 850	124	4,15,16,55	15,16,17,55,58
6. A319IGW	3 550	124	23,24,25	24,25,23,60,19
7. A320‑200	2 650	150	12,19,61	19,61,12,8,60
8. A320‑200IGW	2 950	150	25,26,61	61,7,19,26,60
9. A321‑100	2 300	185	10,26	10,26,28,29,27
10. A321‑200	2 650	185	9,26,28,29	9,28,26,29,27
11. 波音 717	1 547	106	51,52,62	51,52,62,4,34
12. 波音 727‑200Adv.	2 475	148	7,19,57,60	60,19,57,7,61
13. 波音 737‑100	2 160	85	4,14,49,50,51	49,48,51,4,11
14. 波音 737‑200	2 880	95	4,13,20,21	20,21,58,59,22
15. 波音 737‑200Adv.	2 140	120	5,17,58,59	5,17,58,20,21
16. 波音 737‑300	1 459	128	5, 52, 53, 54, 55,62	54,5,55,15,52
17. 波音 737‑300IGW	2 270	128	15,24,56,57,59	15,56,5,18,57
18. 波音 737‑400	2 090	146	56,57	56,57,12,60,19

描 述	航程	座位数	初次分析	二次分析
	（海里）	（个）	\"相邻\"产品型号编号	
19. 波音 737 - 400IGW	2 700	146	7,12,60	7,60,12,61,57
20. 波音 737 - 500	2 420	108	14,21,58	58,21,59,15,14
21. 波音 737 - 500IGW	2 740	108	14,20,59	59,20,58,22,15
22. 波音 737 - 600	3 230	108	23,59	22,59,21,6,24
23. 波音 737 - 600IGW	3 630	108	6,22	23,59,21,20,58
24. 波音 737 - 700	3 200	128	6,17,60	6,25,60,57,19
25. 波音 737 - 700IGW	3 800	128	6,8	6,24,8,19,60
26. 波音 737 - 800	2 930	162	8,9,10,27,61	27,8,61,7,28
27. 波音 737 - 800IGW	3 370	162	26,28	26,28,8,10,61
28. 波音 737 - 900	3 140	177	10,27,30	10,27,26,29,9
29. 波音 757 - 200	2 700	201	10,30,31	10,28,9,30,27
30. 波音 757 - 200 ETOPS	3 929	186	28,29,31	28,29,27,10,26
31. 波音 757 - 300	3 485	240	29,30	30,29,28,10,9
32. BAe146 - 100	1 140	82	33,46	33,46,2,47,45
33. BAe146 - 200	1 240	82	2,32,47	2,32,47,46,45
34. BAe146 - 300	1 220	103	3,62	3,50,62,51,11
35. CRJ - 100ER	1 620	50	37,42,43	37,38,43,42,36
36. CRJ - 200	965	20	41,42	41,42,43,35,37

（续表）

描　述	航程（海里）	座位数（个）	初次分析	二次分析
			"相邻"产品型号编号	
37. CRJ－200ER	1 645	50	35,38	35,38,43,42,36
38. CRJ－200LR	1 900	50	1,37	37,35,43,42,1
39. CRJ－700	1 702	70	40,44	44,40,1,47,48
40. CRJ－700ER	2 032	70	39,48	39,44,48,49,47
41. EMB－145	800	50	36	36,42,43,35,37
42. EMB－145ER	1 200	50	35,36,43	43,36,35,37,41
43. 费尔柴尔德·道尼尔 F528	1 200	55	1,35,42,45	42,35,37,36,38
44. 费尔柴尔德·道尼尔 F728	1 600	70	1,38,39,47	39,1,40,47,45
45. 福克 F28	1 125	75	1,46	46,32,1,33,47
46. 福克 F70	1 070	79	32,45	45,32,33,2,47
47. 福克 F70＋	1 415	79	1,33,44,48	33,2,32,44,39
48. 福克 F70＋＋	1 855	79	40,47,49,50	49,40,13,47,39
49. 福克 F70＋＋＋	2 015	79	13,48	48,13,40,47,39
50. 福克 F100	1 290	97	2,3,48	3,34,62,51,2
51. 福克 F100＋	1 550	105	11,13	11,52,62,4,34
52. 福克 F100＋＋	1 680	107	4,11,16	4,11,51,62,16
53. DC－9－30	1 100	119	16,54,62	62,34,11,51,3
54. DC－9－51	1 250	139	16,53,55	16,55,5,53,15

（续表）

描　　述	航程 （海里）	座位数 （个）	初次分析	二次分析
			\"相邻\"产品型号编号	
55. MD－81	1 564	142	5,16,54,56	54,16,5,56,18
56. MD－82	2 050	142	17,18,55	18,57,17,12,60
57. MD－83	2 502	142	12,17,18,60	60,12,19,7,18
58. MD－87	2 372	109	4,15,20	20,21,59,15,14
59. MD－87ER	2 833	109	15,21,22	21,22,20,58,23
60. MD－88	2 618	143	12,19,24,57	57,19,12,7,61
61. MD－90－30	2 770	152	7,8,26	8,7,19,12,60
62. 图－334	1 300	110	11,16,34,53	11,51,53,34,52

注：① 资料来源：*Jane's All the World's Aircraft*，（Surrey，UK：Jane's Information Group，Limited），各种刊物；Gregory Polek，"Fairchild Dornier Launches New Jets," *Aviation International News*，June 1，1998，pp. 1，42.

② 美国国际贸易委员会(USITC)工作人员的计算结果。

③ 空客尚未公布技术规格，航程是根据A319估算的。

对这两种"相邻"产品的分析得到了相似的结果，但预计他们不会产生相同的结果。例如，列出的第一架飞机RJ70，被发现有五个"相邻"产品：CRJ－200LR，费尔柴尔德·道尼尔F528和F728型号，以及福克F28和F70＋型号。分析中，当在RJ70和这些机型中的每个机型之间选择一个中点时，没有其他飞机被确定在等同于这对飞机的椭圆内。二次分析表明，CRJ－700和福克F70是产品区域内第二和第五接近的飞机型号，但它们在第一次分析中没有被确定为"相邻"产品，因为存在与这些机型非常相似的其他飞机，最佳特性配置被确定为更具有替代性。

每次分析中确定的飞机数量也可能不同。请注意，表H－3中列出的第二架飞机，尽管二次分析总是列出产品区域内最接近的五架飞机，但 RJ85 被确定为只有两个相似产品。波音 737-300 在初次分析中被发现有六个"相邻"产品,是所有飞机型号中最多的。

结论

根据对表 H-3 中结果的审查,窄体涡扇飞机市场似乎至少分成三个部分。如上所述,市场细分的程度是通过飞机型号聚集的程度来判断的。表 H-4 说明了聚集的程度,并对表 H-3 的结果进行了总结。飞机型号被分为三类:70 座及以下、71～120 座、120 座以上。表 H-4 确定了这三类飞机相似产品的数量。

表 H-4　与表 H-3 相似的产品结果汇总

有座位的相似产品数量			
有座位的飞机	70 座及以下	71～120 座	120 座以上
70 座及以下	25	5	0
71～120 座	4	64	8
120 座以上	0	9	74

资料来源:美国国际贸易委员会工作人员计算。

表 H-4 中的汇总结果表明,可容纳 71～120 个座位的飞机有 76 个"相邻"产品,这些"相邻"产品中有 64 架为 71～120 座级飞机。在剩下的"相邻"产品中,有 4 架是 70 座及以下的飞机,8 架是 120 座以上的飞机。

正如本附录介绍中所讨论的,在本分析中没有精确地确定市场细分。相反,表 H-4 中的结果表明,小型(70 座及以下)飞机和 71～120 座的飞机类别之间有很强的市场细分。71～120 座和 120 座以上飞机类别之间的差异不太明确，但各组之间的交叉程度较高，主要是由于 71～120 座的一些飞机是对高座级飞机进行性能和座级优化后产生的较小型号。这些飞机航程相对较长，使它们与 120 座以上类别的飞机有更紧密的联系。

与高端市场相比，100 座级低端市场出现了更强的细分。70 座及以下的小型飞机和 71～120 座飞机之间的分界线被航空公司飞行员合同中的范围条款所加强，这些条款限制了主要航空公司服务网络中的小型涡扇飞机的数量和规模。表 H-5 总结了美国大多数主要航空公司的飞行员劳动合同中的范围限制条款。尽管航空公司试图放宽这些限制，以便更直接地与低成本航空公司进行竞争，但它们仍是许多机队采购决策的一个重要限制。70 座的门槛似乎是一条强有力的分界线，因此，加强了 100 座级客机和较小的支线涡扇飞机之间的划分。

表 H-5　美国一些主要航空公司的范围限制条款限制说明

航空公司	对飞机的限制[1]	对飞机数量的限制[1]
美国航空	最大 RJ 容量 70 座 最小 RJ 容量 45 座 最大平均机队规模 50 座 最大飞行距离 500 海里	整个系统只限于 67 架 RJ。如果美国干线机队下降到 628 架以下，则在 628 架以下每两架飞机就减少一架 RJ
大陆航空	最大 RJ 容量 59 座	对 RJ 的数量没有限制
达美航空	最大 RJ 容量 70 座 对 70～89 座位的 RJ 飞机给予最多 20 架豁免	对 RJ 的数量没有限制
西北航空	最大 RJ 容量 70 座，目前正在谈判中	目前正在谈判中
美国联合航空公司	最大 RJ 容量 50 座	整个系统在 2000 年之前只限于 30 架 RJ，2000 年后每架干线窄体飞机可增加 3 架 RJ

（续表）

航空公司	对飞机的限制	对飞机数量的限制
全美航空	最大 RJ 容量 69 座 任何 RJ 都不得在过去 12 个月内在"干线喷气机"服务的航线上运营	范围条款有递增的规定。 第一年最多 12 架 RJ，第二年最多 15 架 RJ，第三年最多 25 架 RJ。

注：① RJ 指的是涡扇支线飞机。

资料来源：Profile：Regional Jets and Their Emerging Roles in the U. S. Aviation Market，Office of the Assistant Secretary for Aviation and International Affairs. U. S. DOT，June 1998。

在表 H-4 中，100 座级客机与传统大型民用飞机之间的差异没那么明显，因为没有明确的制度因素来划分这两类飞机。然而考虑到座级的差异以及飞行范围的显著差异，100 座级飞机和那些由 120 座级改装为 100 座级的飞机之间似乎存在明显的差异。

目前，将提议的 100 座级的新项目与已成熟的 70～120 座的飞机联系起来，而不是那些低端大型民用飞机市场的飞机①。在发现新的 100 座级飞机与现有飞机型号最相似的情况下，那些支线飞机和大型民用飞机型号一般不再生产。因此，正如第 6 章所讨论的，预计需求将来自拟开辟新的短途高频率服务航线而产生的新的 100 座级飞机，但在产品推出后的最初阶段，替换销售可能是重要的销售来源。

---

① 当拟议的 AE316 和 AE317 被纳入分析时，拟议的空客 100 座级飞机与 100 座级市场的关系比 A319M5 飞机更为密切。